旅游商业模式创新与转型发展：
融合视角与浙江实践

易开刚 等 著

浙江工商大学出版社
ZHEJIANG GONGSHANG UNIVERSITY PRESS
·杭州·

图书在版编目（CIP）数据

旅游商业模式创新与转型发展：融合视角与浙江实践 / 易开刚等著. — 杭州：浙江工商大学出版社，2019.11

ISBN 978-7-5178-3483-0

Ⅰ. ①旅… Ⅱ. ①易… Ⅲ. ①地方旅游业—旅游业发展—研究—浙江 Ⅳ. ①F592.755

中国版本图书馆 CIP 数据核字（2019）第 217552 号

旅游商业模式创新与转型发展：融合视角与浙江实践
LUYOU SHANGYE MOSHI CHUANGXIN YU ZHUANXING FAZHAN：RONGHE SHIJIAO YU ZHEJIANG SHIJIAN

易开刚 等 著

责任编辑	范玉芳　谭娟娟
责任校对	何小玲
封面设计	林朦朦
责任印制	包建辉
出版发行	浙江工商大学出版社
	（杭州市教工路 198 号　邮政编码 310012）
	（E-mail：zjgsupress@163.com）
	（网址：http://www.zjgsupress.com）
	电话：0571—88904980，88831806（传真）
排　　版	杭州朝曦图文设计有限公司
印　　刷	虎彩印艺股份有限公司
开　　本	710mm×1000mm　1/16
印　　张	17
字　　数	312 千
版 印 次	2019 年 11 月第 1 版　2019 年 11 月第 1 次印刷
书　　号	ISBN 978-7-5178-3483-0
定　　价	49.80 元

本著作得到浙江工商大学旅游产业转型发展协同创新中心和旅游创新与治理研究院的支持,浙江省软科学研究计划重点项目"特色小镇的发展路径与模式研究"(课题编号:2018C25017)的资助!

前 言
PREFACE

习近平总书记在党的十九大报告中提出,"中国特色社会主义进入新时代,我国社会主要矛盾已经转化为人民日益增长的美好生活需要和不平衡不充分的发展之间的矛盾"。在大众旅游时代,旅游作为人们生活中不可或缺的重要部分,已成为衡量现代生活质量的重要指标,是实现人民美好生活的最直接方式,是名副其实的拉动消费增长和促进消费升级的幸福产业。同时,由于旅游业本身具有较强的综合性、驱动性、引领性等特征,旅游业展现出了强大的产业带动能力和创新旅游商业模式的孵化功能。2015年,"旅游+"一词首次被创造性地提出,这是基于产业发展理念的重塑和创新。2018年3月,国务院办公厅贯彻党的十九大精神,印发了《关于促进全域旅游发展的指导意见》,将"推进融合发展,创新产品供给"列为八大重点任务之首,大力支持旅游产业融合发展。其核心是加大旅游业与第一、二产业,及商贸业、体育、影视、养生养老、教育培训等产业的融合力度,为旅游业注入新内容、新活力,形成新业态、新供给,带来新市场、新消费、新产能。回顾我国近五年来的产业融合发展历程,旅游产业融合为旅游产业转型升级和提质增效带来了很好的联动效应,也为其他关联产业带来了新的发展方向;但整体来看,旅游产业融合还不成熟,存在区域融合不平衡、融合程度不深入、融合评价标准不统一等问题。我们也发现,产业融合发展到如今,学术界从旅游产业融合的内涵界定、影响因素、融合类型、融合路径、融合模式以及融合效应等不同维度构成了一定的研究体系,然而尚没有研究成果能够系统解释产业融合与旅游商业模式创新之间的关系,以及产业融合背景下旅游商业模式创新的机理。因此亟须进行理论高度的梳理和实践经验的总结,为进一步发展优质旅游解放思想和提供理论指导。

基于上述现实分析和理论回顾，本书以"基于融合视角的旅游商业模式创新：浙江实践"为主题，希望通过深入的理论思考和案例研究，从产业融合与旅游商业模式创新的概念解读和路径探讨，找出两者之间的内在联系，提出产业融合背景下旅游商业模式创新的机理，并用典型案例进行佐证分析和经验模式总结，最后针对现存的融合发展问题提出具有科学性、合理性且可操作的对策建议。因此，本书共设置三篇：理论基础篇、实践案例篇、总结展望篇，共十二章。理论基础篇包括第一章绪论，交代本次研究的背景与意义、内容与框架、思路与方法等；第二章梳理旅游商业模式创新和旅游产业融合的相关研究，重点剖析基于融合视角的旅游商业模式创新机理，形成本次研究的理论研究框架；第三章着重介绍浙江省旅游产业融合发展历程和现状，解释本次研究以浙江实践为研究对象的本意。实践案例篇包括第四章至第十章，这七章按照不同的融合产业对象，分别从"旅游＋农业""旅游＋工业""旅游＋体育""旅游＋养生养老""旅游＋商务""旅游＋影视""旅游＋研学"的融合路径视角，通过现状研究总结创新模式，选取大量浙江实践案例验证本次研究的理论机理，并针对发展中遇到的问题提出建设性的对策。总结展望篇包括第十一章和第十二章，第十一章基于理论研究和案例分析，进行产业融合视角下旅游商业模式创新的经验总结、问题发现和对策建议；第十二章则从理论层面和实践层面对全书的研究做出结论与展望。

本书的研究特色和创新之处在于，我们研究认为产业要转型升级，旅游商业模式创新是出路；成熟的、可盈利的商业模式创新是旅游产业融合的衡量标准；旅游商业模式创新的本质是生产函数的改变，主要表现是业态创新；由于不同产业的产业性质和产业结构，基于产业融合视角的商业模式创新包括了优势资源整合、功能叠加、空间优化、市场共享等路径。此外，与其他旅游产业融合的书籍相比，我们的研究不仅丰富了相关理论，还增加了更多不同类型产业融合下的商业模式创新实践案例，并展开了深度剖析和经验总结，加强了产业融合理论在旅游业的应用，使得研究成果更具实践操作的指导价值。

在本书撰写过程中，笔者参阅、借鉴和引用了国内外专家学者关于旅游产业融合与旅游商业模式创新的文献成果，基本上都进行了注释，若有疏漏，敬请谅解！在此向这些材料和研究成果的作者表示诚挚的谢意！也对所有参与本书编著的成员表示感谢！在写作过程中，浙江工商大学杭州商学院讲师厉飞芹，台州职业技术学院讲师张初，2016级博士研究生张琦，2017级硕士研究生徐怡悦、邢镭、程曼、霍玲，2018级硕士研究生陈耀双、郭荣慧、胡怀雪，2019级硕士生王拓宇在文献分析、资料收集、内容整理、文字撰写和校对等方面付出了辛勤劳动。其中，徐怡悦撰写了第一章，与张初合作完成第七章；邢镭撰写了第二章中的一万字；程曼和陈耀双合作完成第三章,分别完成一万字;胡怀雪撰写了第四章中的一万字;郭荣慧撰写了第五章中的一万字,并与胡怀雪参与了第十二章的写作;陈耀双撰写了第六章中的一万字;程曼撰写了第八章中的一万字,并参与第九章的写作;徐怡悦、王拓宇各撰写了第十章中的一万字;霍玲撰写了第十一章中的一万字。

由于旅游产业融合对象的广泛性和融合过程的递进性,旅游产业融合还处于快速成长阶段,到发展成熟还需要很长一段时间的实践,旅游商业模式创新实效的量化测定很难用完整的指标体系进行衡量,或者在短时间内进行全部模式的透彻研究。因此,本研究存在较大的研究难度。此外,由于时间精力、研究经费和研究水平有限,书中仍可能存在疏漏和不足之处,欢迎大家批评指正!

易开刚

2019 年 8 月于浙江工商大学

目 录
CONTENTS

■■ **理论基础篇** ■■

■■■ **实践案例篇** ■■■

总结展望篇

参考文献

理论基础篇

第一章　绪　论

　　旅游业既是促进国民经济发展的战略性支柱产业,也是满足人民群众美好生活需要的现代服务业。文化和旅游部公开数据显示,2018年中国旅游产业对国民经济综合贡献率达11.04%,对社会就业综合贡献率为10.29%,与世界平均水平持平。[①]"十三五"期间,在党中央、国务院的高度重视下,全国各地市贯彻落实全域旅游的发展理念,大力实施"旅游+"战略,加快旅游供给侧结构性改革,从封闭的旅游自循环向开放的"旅游+"转变,以全域旅游发展为引领,推动旅游产业与一、二、三产业深入融合,促进了经济效益、生态效益和社会效益的提升。旅游产业作为综合性和包容性强的产业,对其他产业发展具有较强的带动作用,几乎每一个领域、每一个行业都可以找到与旅游的结合点,都可以在与旅游融合发展中产生新的动能、拓展新的领域、催生新的业态。例如,文化体验游、乡村民宿游、生态休闲游、城市购物游、工业遗产游、深度研学游、红色教育游、康养体育游、邮轮游艇游、自驾车房车游等新业态。

　　2018年是我国文旅融合的开局之年,旅游产业整体运行良好,旅游总收入和游客接待人次平稳增长,业态和产品创新也表现得更加活跃。但总体而言,随着人民日益增长的美好生活的需要,我国旅游产品结构还难以满足游客多样化的旅游需求。对标旅游业优质发展的要求,在新旧动能转换上也还存在较大的提升空间。旅游产业与其他关联产业融合发展是旅游产业转型升级的必然选择,尤其是以融合为路径带来的商业模式的创新更是未来旅游产业提质增效的关键。近些年,浙江省在产业融合与商业模式创新方面积累了一定经验,但这些经验还都未上升到理论和学术高度,需继续对商业模式创新的机理、方法加以深入研究并形成科学的理论指导,对更好地促进产业融合与旅游商业模式创新具有重要意义。那么,浙江省乃至全国旅游产业融合发展的现状如何?产业融合下实现旅游商业模式创新的

---

① 中华人民共和国文化和旅游部财务司:《2018年旅游市场基本情况》。详见 http://zwgk.mct.gov.cn/auto255/201902/t20190212_837271.html? keywords=旅游市场。

机理和路径是什么？有哪些创新的旅游商业模式和实践案例？旅游产业融合发展过程中遇到了哪些问题与困境？旅游行业如何在产业融合视角下利用行业特性和优势，突破本行业的壁垒，创新产品供给，完善旅游产品供给体系？上述问题亟待理论层面的深入剖析与实践层面的系统解答，我们既要从理论层面深入解构"是什么"和"为什么"的问题，即明确旅游产业融合和旅游商业模式创新的内涵本质，以及两者之间的内在逻辑与交互关系，构建起一个揭示规律的普适性理论框架；又要从现实层面解答"怎么做"的问题，即探讨旅游产业融合发展与提质增效的实现路径和如何进行旅游商业模式创新，形成一套具有实际指导意义的行动方案。本章作为开篇章节，阐述了研究的背景和意义，对本次研究进行了总体框架的内容构思和研究方法设计。

第一节 研究背景与意义

在全域旅游理念的引领和"旅游＋"战略实施的指导下，"基于融合视角的旅游商业模式创新"这一主题具有清晰的研究背景和切实的研究价值。首先，在产业融合迅速发展的背景下，旅游产业融合的现象逐步引起了国内外学术界广泛关注，并被学术界从内涵界定、影响因素、融合类型、融合路径、融合模式，以及融合效应等不同维度深入展开研究，但研究产业主要涉及工业和农业，与其他产业融合的研究较少，缺乏针对不同产业融合产生的效果研究，研究的系统性还有待加强。其次，从 2009 年 11 月国务院明确产业融合作为旅游产业发展的重要方向开始，越来越多的企业突破自身的局限，不断推出新的旅游产品，创造新的旅游盈利点。浙江省作为旅游大省之一，积极发展全域旅游，推进旅游业与一、二、三产业深度融合发展，全年旅游总收入不断创新高，旅游业已成为新万亿产业。但从整体发展来看，我国旅游产业融合还不够成熟，关于推进旅游产业融合的意识正在不断觉醒，但还存在区域融合不平衡，融合程度不深入，融合产品不成熟，融合评价标准不统一等问题，且不少企业、投资者还对如何着手推进融合发展、如何将资源变为产品以便创造更高的价值感到迷茫。因此，基于产业融合视角，研究旅游产业与多产业融合发展的商业模式创新路径和机理，提高旅游产业融合研究的系统性，并以浙江省的实践为典型案例进行剖析和经验总结，具有很强的理论意义和应用价值。

一、理论背景与意义

旅游产业融合是旅游产业转型发展到一定阶段的必然趋势，经济学家常用产业融合理论来解释这种现象。关于产业融合的概念,国内外学者从不同视角对其进行了界定,最早出现在技术研究领域,Rosenberg(1963)[①]、Lei(2000)[②]、Chakrabarti和 Bierly (2003)[③]等认为,生产技术的进步导致了产业的技术创新,使得产业间产生关联而形成产业融合。部分学者从经济学角度出发,认为每个产业本身存在边界,且存在不同的竞争与合作关系,提出产业融合是指不同产业或同一产业的不同行业通过相互渗透、相互交叉、相互重组等,逐步形成新业态的一个动态过程(植草益,2001;[④]马健,2002;[⑤]陈柳钦,2008[⑥])。

通过文献检索发现,国内外关于旅游产业融合的研究成果,比产业融合方面的研究少很多,基本也可以看出,旅游产业融合的研究是基于产业融合理论进行拓展延伸的。我们发现,国内外学者都还没有形成明确的旅游产业融合概念,目前应用较多的定义是,旅游产业融合是指旅游产业内部或者旅游产业与其他产业之间发生的相互联系、相互渗透,最终形成新型产业形态的现象或过程(颜林柯,2005;[⑦]王慧敏,2007;[⑧]张凌云,2011[⑨])。从旅游产业融合的方向看,现有的研究成果还主要集中在旅游产业融合的驱动力(厉无畏,2002;[⑩]鲁皓和张玉蓉,2015;[⑪]江金波,

---

[①] Rosenberg N. "Technological Change in the Machine Tool Industry, 1840—1910", *The Journal of Economic History*,1963,23(4), pp. 414—443.

[②] Lei D T. "Industry evolution and competence development: the imperatives of technological convergence", *International Journal of Technology Management*,2000,19(8), pp. 699—738.

[③] Bierly, P. E, A. Chakrabarti. "Dynamic Knowledge Strategies and Industry Fusion", *International Journal of Manufacturing Technology & Management*,2001(3), pp. 31—48.

[④] 植草益:《信息通讯业的产业融合》,《中国工业经济》2001 年第 2 期,第 24—27 页。

[⑤] 马健:《产业融合理论研究评述》,《经济学动态》2002 年第 5 期,第 78—81 页。

[⑥] 陈柳钦:《产业融合问题研究》,《长安大学学报》(社会科学版)2008 年第 1 期,第 1—10 页。

[⑦] 颜林柯:《旅游产业融合的几个问题》,《旅游科学》2005 年第 6 期,第 17—23 页。

[⑧] 王慧敏:《旅游产业的新发展观:5C 模式》,《中国工业经济》2007 年第 6 期,第 13—20 页。

[⑨] 张凌云:《旅游产业融合的基础和前提》,《旅游学刊》2011 年第 4 期,第 6—7 页。

[⑩] 厉无畏:《产业融合与产业创新》,《上海管理科学》2002 年第 4 期,第 4—6 页。

[⑪] 鲁皓,张玉蓉:《旅游与文化创意产业融合发展动因实证分析》,《商业经济研究》2015 年第 13 期,第 124—126 页。

2018①）、产业融合类型（杨颖，2008；②韩顺法和李向民，2009；③邢中有，2010④）、产业融合模式（吴金梅和宋子千，2011；⑤李美云和黄斌，2014⑥）、产业融合机制（兰苑和陈艳珍，2014；⑦金媛媛等，2016⑧）、产业融合路径（刘艳兰，2009；⑨麻学锋等，2010；⑩王朝辉，2011；⑪石培华，2011⑫）、产业融合而产生的效应（余洁，2007；⑬李文秀等，2012；⑭梁学成和齐花，2015；⑮尹华光等，2016⑯）等方面。从研究方法来看，大多数属于定性研究，少有专门针对产业融合度的测算指标和方法的研究。

在产业融合视角下，旅游商业模式创新成为产业融合的目标。商业模式被认

① 江金波：《旅游产业融合的动力系统及其驱动机制框架——以佛山陶瓷工业旅游为例》，《企业经济》2018年第5期，第7—15页。

② 杨颖：《产业融合：旅游业发展趋势的新视角》，《旅游科学》2008年第4期，第6—10页。

③ 韩顺法，李向民：《基于产业融合的产业类型演变及划分研究》，《中国工业经济》2009年第12期，第66—75页。

④ 邢中有：《产业融合视角下体育旅游产业发展研究》，《山东体育学院学报》2010年第8期，第1—7页。

⑤ 吴金梅，宋子千：《产业融合视角下的影视旅游发展研究》，《旅游学刊》2011年第6期，第29—35页。

⑥ 李美云，黄斌：《文化与旅游产业融合下的商业模式创新路径研究》，《广东行政学院学报》2014年第3期，第92—97页。

⑦ 兰苑，陈艳珍：《文化产业与旅游产业融合的机制与路径——以山西省文化旅游业发展为例》，《经济问题》2014年第9期，第126—128页。

⑧ 金媛媛，李骁天，李凯娜：《基于企业成长视角的体育产业、文化产业与旅游产业融合机制的研究》，《首都体育学院学报》2016年第6期，第488—492页。

⑨ 刘艳兰：《实景演艺：文化与旅游产业融合的业态创新——以桂林阳朔〈印象·刘三姐〉为例》，《黑龙江对外经贸》2009年第8期，第105—106页。

⑩ 麻学锋，张世兵，龙茂兴：《旅游产业融合路径分析》，《经济地理》2010年第4期，第678—681页。

⑪ 王朝辉：《产业融合拓展旅游发展空间的路径与策略》，《旅游学刊》2011年第6期，第6—7页。

⑫ 石培华：《旅游业与其他产业融合发展的路径与重点》，《旅游学刊》2011年第5期，第9—10页。

⑬ 余洁：《文化产业与旅游产业》，《广西社会科学》2007年第10期，第9—10页。

⑭ 李文秀，李美云，黄斌：《文化艺术产业与旅游产业的融合：过程、模式和效应》，《广东行政学院学报》2012年第4期，第73—78页。

⑮ 梁学成，齐花：《新常态下文化与旅游产业融合发展的效应分析》，《2015中国旅游科学年会论文集》，2015年。

⑯ 尹华光，邱久杰，姚云贵：《武陵山片区文化产业与旅游产业融合发展效益评价研究》，《北京联合大学学报》（人文社会科学版）2016年第1期，第79—88页。

为是企业创新能力发展中最为本源的创新行为,是比产品创新和服务创新更重要的更高层次的创新行为。早在1957年,商业模式(Business Model)一词就出现在关于商业博弈的文章中。但到目前为止,学术界对其都还没有统一的定义,主要从体系论(Tapscott和Ticoll,2001;[①]罗珉等,2005[②])、价值创造论(Dubosson et al,2002[③])、盈利模式论(黄培和陈俊芳,2003[④])和战略论(郭天超和陈君,2012[⑤])等角度形成了一些具有代表性的内涵解释。商业模式创新可以理解为是一种高层次的企业创新行为,不同于传统的产品、技术、制度、观念的创新,而是包括了对动态的外部环境的反应,发掘新的市场需求,创造新的消费群体,采用新的经营战略,对企业内外部的资源、制度、模式的整合。而对商业模式创新的要素,学者们也做了相关研究。其中,国内学者郑豪杰(2011)在哈佛大学教授研究的模型基础上完善构建了商业模式创新的三个维度:价值主张、业务系统、盈利模式。[⑥] 关于旅游商业模式创新的研究就相对较少了,研究对象较单一,且集中于在线旅游企业或旅游集团的商业模式研究,而从产业融合角度出发,研究旅游商业模式创新的可谓寥寥无几。

总体来看,现有研究成果在产业融合方面的理论相对成熟,而关于旅游产业融合的研究,由于起步相对较晚,且是在产业融合理论的基础上不断进行深化拓展,虽然已形成不少成果,但还有不小的研究空间。从研究内容角度看,旅游产业融合的模式和路径研究还缺乏系统性;从研究方法看,大多数是定性研究,缺乏旅游产业融合的定量实证,案例选取上也有局限性。关于商业模式创新方面的研究,还存在缺乏旅游商业模式创新的动因和机理研究,选取的研究对象和视角单一等问题。本课题认为,旅游产业融合成功的本质是找到可操作的、可重复的成熟旅游商业模式。因此,本研究将基于产业融合理论,试图对旅游产业融合发展和商业模式创新的内在机理进行剖析,形成一个较为系统的理论框架,在一定程度上丰富旅游商业模式创新的理论研究。

---

① Tapscott,A-Low I,D-Ticoll. *Digital Harnessing the Power of the Business*. School Press,2001.

② 罗珉,曾涛,周思伟:《企业商业模式创新:基于租金理论的解释》,《中国工业经济》2005年第7期,第73—81页。

③ Magali Dubosson-Torbay, Osterwalder A, Pigneur Y. "E-business model design, classification, and measurements", *Thunderbird International Business Review*,2002,44(1),pp. 5 23.

④ 黄培,陈俊芳:《看安然公司的商业模式》,《企业管理》2003年第3期,第50—51页。

⑤ 郭天超,陈君:《商业模式与战略的关系研究》,《华东经济管理》2012年第4期,第93—96页。

⑥ 郑豪杰:《传统出版的商业模式创新研究》,《中国出版》2011年第5期,第30—33页。

二、现实背景与意义

传统旅游业主要依靠"吃、住、行、游、购、娱"等六大基础旅游要素，随着旅游消费的不断升级，传统的景点旅游模式逐渐不能适应新时代大众旅游的要求，人民日益增长的美好生活需要和旅游产品有效供给不匹配的问题凸显。为抓住新时代大众旅游背景下的重大机遇，国务院印发的《"十三五"旅游业发展规划》指出，"我国旅游业在'十三五'期间将呈现发展全域化趋势，从'景点旅游'发展模式向'全域旅游'发展模式加速转变，旅游业与农业、林业、水利、工业、科技、文化、体育、健康医疗等产业深入融合"，要求旅游相关部门创新发展理念，转变发展思路，加快由景点旅游发展模式向全域旅游发展模式转变，促进旅游发展阶段演进，实现旅游业发展战略的提升。推进融合发展，丰富"商、养、学、闲、情、奇"新旅游六要素供给，推进"旅游+"产业融合，形成综合发展新动能。

2018年是"文旅融合"开局之年，国家文化和旅游部按照"宜融则融、能融尽融，以文促旅、以旅彰文"的工作思路，以文化拓展旅游经济发展空间，以供给侧结构性改革促进品质旅游发展，不断增强民众对旅游的获得感。[①] 2018年是特殊意义年，在改革开放40周年之际，中国旅游业迈入新时代、新阶段。这一阶段最明显的标志就是跨界融合，通过跨界大力发展全域旅游，将文化、健康、农业、工业、影视、商务、体育、教育等产业与旅游产业融合发展，形成文化旅游、健康旅游、养生旅游、休闲农业旅游、生态旅游、非遗主题旅游、研学旅游等多个新兴业态。利用旅游业的包容性、关联带动性的特性，实施"旅游+"战略，引领一、二、三产业融合，推动旅游提质发展。这一方面有利于实现旅游与其他产业的资源共享，提高资源配置效率；另一方面，可以延长旅游产业链，创造更多的融合型新产品，形成新业态，直接创造新价值，促进产业结构升级；同时，也有利于节能降耗、节约成本、降低风险。[②] 总体来看，相较于国外旅游业发达的国家，我国的旅游产业融合发展尚处于起步成长阶段，旅游产业融合在融合路径、模式、机制等方面均不够成熟。关于具体怎么融合还在探索之中，尤其是通过旅游产业融合能否带来新的商业模式，又如何创新可持续、可盈利的商业模式等，我国尚未明确。

在全域旅游发展大浪潮中，浙江省作为旅游大省，也积极从各个方面开展了旅

---

① 《中华人民共和国文化和旅游部2018年文化和旅游发展统计公报》。详见 http://www.ce.cn/culture/gd/201905/30/t20190530_32220256.shtml。

② 朱孔来，姜文华，蔡璇璇等：《实施"旅游+"战略，促进产业融合》，《经济日报》2018年7月12日，第16版。

游产业融合引导,进行了实践探索,取得了不俗的成绩,积累了一定的发展经验。早在 2017 年,浙江省旅游业即提前成为万亿产业,成为全国 5 个破万亿的省份之一。2018 年,浙江省共接待游客 6.9 亿人次,比上年增长 8.7%;实现旅游总收入10005.8 亿元,比上年增长 11.9%。[①] 此外,浙江省还被列入国家全域旅游示范省创建单位,实施"百城千镇万村"工程,首创性地开展浙江省旅游风情小镇和浙江省A 级景区村庄建设,大力发展农业旅游、研学旅游、体育旅游、康养旅游、商务旅游等业态,在全域旅游建设、"旅游+"产业融合、品牌国际影响力等方面展现出极大优势。作为我国旅游产业转型升级浪潮中的一个实践缩影,浙江省的先行经验总结、实践问题剖析、创新路径研究具有一定的中国价值和国际意义。因此,本研究将旅游商业模式创新的实践研究聚集于浙江省这一具体情境中,对浙江省旅游产业融合发展的现状、路径与模式、创新案例、问题与不足进行了总结,从而有针对性地提出突破对策,具有显著的现实意义。

第二节　研究内容与框架

本书以旅游产业融合视角下商业模式创新的"理论解构"和"路径探讨"为研究目标,按照"研究综述—问题发现—机理提出—典型例证—对策总结"的逻辑,对浙江省实践从旅游产业融合与商业模式创新的现状问题、经验模式、路径对策等方面进行深层次挖掘。全书将主要研究内容分为理论基础篇、实践案例篇、总结展望篇三篇,共十二章,旨在通过学术推演和现状研究相结合的方式研究旅游产业融合问题,提出融合视角下的旅游商业模式创新机理,为日后浙江省乃至全国旅游产业优质发展提供新思路、新方法。

一、理论基础篇:第一、二、三章

理论基础篇主要内容有三:其一,论述了基于融合视角的旅游商业模式创新研究的目的与意义、思路与方法。其二,从产业融合理论、旅游商业模式创新等层面对前人研究成果进行综述,厘清研究的现状,找到现阶段研究的不足与局限。其三,基于研究现状与现实发展提出产业融合视角下的旅游商业模式创新机理,阐明浙江省旅游商业模式创新的路径和方式。本书创造性地提出了基于融合视角的旅

---

① 《2018 年浙江省旅游业基本情况》,浙江省文化和旅游厅网站。详见 http://ct.zj.gov.cn/NewsInfo.aspx? CID=349953。

游商业模式创新机理,认为现阶段旅游产业发展的目标为优质发展,旅游产业优质发展的路径则是产业融合,产业融合为旅游商业模式创新提供了新方向。

第一章绪论,开篇提纲挈领地点出了本研究的背景与意义、研究内容与框架、研究思路与方法、研究的创新与价值,既对本次研究起到了一个统领作用,也为本课题的进一步研究奠定了良好基础。

第二章基于融合视角的旅游商业模式创新机理。本章重点梳理商业模式创新相关研究、产业融合相关研究和旅游产业融合相关研究,为本课题提供理论研究支撑,并在此基础上提出本文的核心——基于融合视角的旅游商业模式创新机理。其中,产业融合是旅游转型升级与优质发展的实现路径,产业融合的呈现方式是旅游商业模式创新,旅游商业模式创新包括产业层面和企业层面的模式创新。

第三章浙江省旅游产业融合发展演进与现状研究。全章将视野聚焦于浙江省,对浙江省旅游产业融合发展历程和现状进行了具体阐述,首先基于产业生命周期理论划分浙江省产业融合的发展阶段,并从阶段判定和阶段表现特征等方面对各阶段进行解释。其次用数据透视浙江省现阶段“旅游＋”产业融合发展现状,着重分析浙江省旅游产业融合发展的特点、规模、结构与层次等。

二、实践案例篇:第四章至第十章

新时代需要新思维,新思维创造新模式。浙江省“旅游＋”产业已具备了一定的规模和良好的发展基础,成为浙江省的比较优势、竞争优势和产业优势,以浙江省旅游产业为研究对象具有典型性,能够起到示范作用。实践案例篇共有七章,主要是从实际出发,通过大量的浙江省先进旅游产业融合实践案例,总结不同类型产业的融合方式,验证浙江省产业融合下旅游商业模式创新机理。这部分从两个维度进行了划分,首先,将现有融合产业对象进行分类,重点研究了“旅游＋农业”“旅游＋工业”“旅游＋体育”“旅游＋养生养老”“旅游＋商务”“旅游＋影视”“旅游＋研学”的融合路径。然后通过对不同类型融合方式的研究,提炼出不同融合路径下的创新商业模式。其次,每个章节都是按照“现状研究—模式提出—典型案例—问题对策”的思路进行专门研究,每章不仅对概念进行了界定,还介绍其特点,提出该类型下的创新融合路径和商业模式,并通过典型案例的选取来反复验证这一融合模式的科学性,针对融合发展问题提出若干对策建议。笔者希望通过这两个维度的研究,能够较为科学详尽地提出旅游产业融合创新机理,展示浙江省先进的融合背景商业模式创新案例,为日后旅游产业优质发展提供新思路。

三、总结展望篇:第十一、十二章

第十一章融合视角下浙江省旅游商业模式创新。本章主要是站在一个宏观视角下,基于前面章节的大量案例研究内容,从先进经验总结、问题发现、对策建议三部分切入并展开论述。首先在大量案例研究的基础上总结融合经验,从政策、市场、项目、组织等方面分析浙江省旅游融合能够走在全国前列的原因;同时,针对浙江省在产业融合大环境下商业模式创新的过程中所面临的资源整合、技术创新、市场融合、功能聚合等方面的问题,提出若干具有针对性的建议。

第十二章基于融合视角的旅游商业模式创新。本章从理论层面和实践层面分别对产业融合视角下旅游商业模式创新机理和浙江实践分析的研究进行总结;并且根据本文的研究缺陷,从研究方向、研究对象、研究内容、研究方法、研究范围等角度提出本课题深入研究的方向。

第三节 研究的思路与方法

围绕上述主要研究内容,本书的基本思路与涉及的主要研究方法如下:理论基础篇,主要应用文献分析与逻辑演绎法,分析本课题的研究背景和理论基础,搭建起本研究课题的研究框架和理论模型;实践案例篇,主要以浙江省旅游产业为研究对象,运用问卷调查、深度访谈和案例分析法,对浙江省产业融合背景下不同旅游商业模式创新的实践经验进行深入把握与总结,对提出的机理模型进行验证解释;总结展望篇,主要运用专家座谈和系统分析法,总结浙江省旅游产业融合下商业模式创新的先进经验,提出科学合理的对策建议,思考本课题研究的不足与深入方向。全书的研究框架如图 1.3-1 所示。

理论基础篇:文献分析十逻辑演绎。该部分一方面采用文献分析法。首先,借助中国知网、万方数据、维普数据库、WEB OF SCIENCE 等工具,搜索查找大量国内外产业融合、旅游产业融合、商业模式、旅游商业模式创新等相关资料和研究文献,综合分析代表性学者研究成果与结论,形成本课题的理论研究基础。其次,从相关政府官网、协会官网、研究机构等可靠的网站途径获取和整理分析浙江省乃至全国旅游产业发展现状和旅游产业融合发展相关的政策法律资料、发展统计数据、产业分析报告、社会文化资料等。另一方面,在现有研究基础和现状资料的基础上,运用逻辑演绎法合理推演,尝试性地提出具有研究价值的产业融合背景下旅游商业模式创新的概念模型。

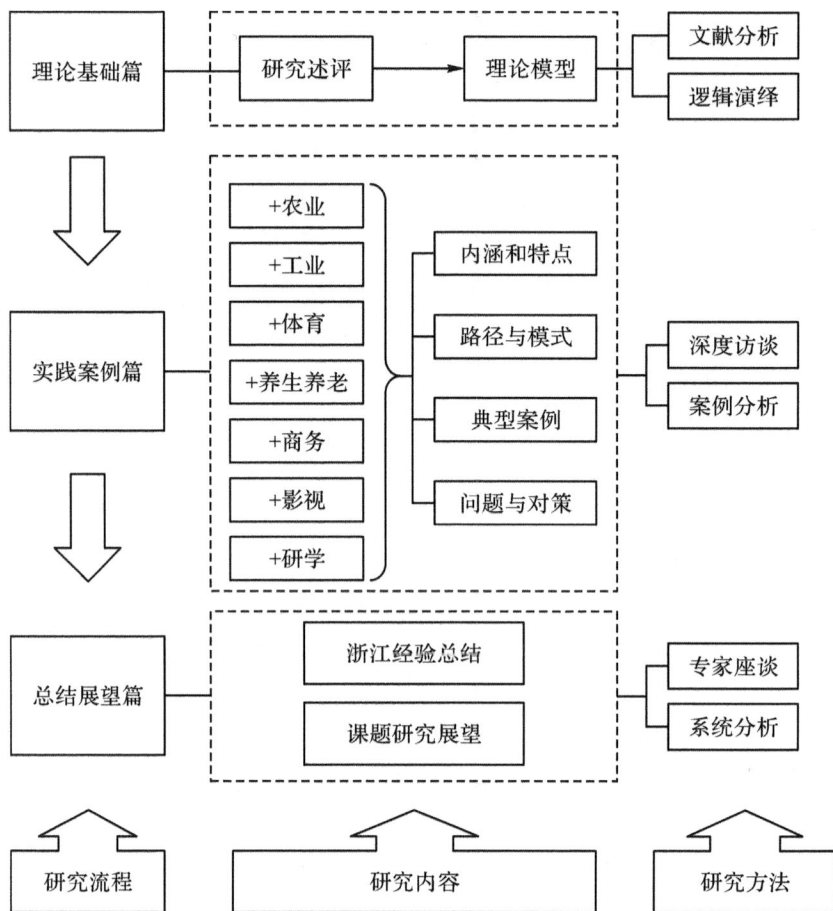

图 1.3-1　研究框架

实践案例篇：调查访谈＋案例研究。该部分首先采用深入访谈法，通过对浙江省文化和旅游厅等相关政府部门的走访，对浙江省旅游产业融合发展的现状进行较为全面深入的了解，总结当前浙江省在不同类型的旅游产业融合下旅游商业模式创新的经验和不足。其次，在前期资料的基础上，选取各类型多个典型案例，充分运用调查访谈法，对相关旅游景区、旅游企业等主体进行多次实地考察和访谈，对其产业融合、商业模式创新的动因、路径、模式、困境等进行翔实调查和记录整理；并且，充分运用案例研究法，按照不同融合类型，重点根据此类型的创新理念与思路，分析其实践与做法，进行案例点评，并提出相应的发展对策。

总结展望篇：专家座谈＋系统分析。该部分充分运用了专家座谈法，通过召开针对政府干部、行业专家学者、企业管理人员、高校专家的专题座谈会的方式，对浙江省旅游产业融合发展和旅游商业模式创新机理进行头脑风暴和模型论证，汇总吸取专家们的建设性观点。然后通过系统分析法,将座谈结果纳入本次研究科学有效的系统路径和模式,形成第十一章的浙江经验总结和第十二章的研究结论与展望。

第四节 研究的创新与价值

一、研究的创新

本研究在背景分析、理论回顾和案例研究的基础上,对产业融合背景下旅游商业模式创新的理论框架、实践经验、实现机理模型等进行了研究,创新之处有以下几点。

一是研究视角创新。首先,纵观产业融合的研究成果和旅游产业的研究成果,主要以传统行业和高科技行业为研究对象,而旅游产业融合是一个较新的研究领域,现有成果主要从单一融合对象的视角,关注旅游产业与个别产业的融合成因、路径与成效。目前尚无系统论述旅游产业融合的专门理论,尤其是对多产业融合路径的研究还不够系统。本文将从多融合对象和多融合路径的系统视角开展课题研究。其次,从商业模式理论和商业模式创新理论的研究成果看,大多以传统行业为研究对象,旅游业的商业模式和商业模式创新的研究,基础还比较薄弱,与旅游产业的高速发展不相匹配。最后,在产业融合的热门背景下展开旅游商业模式创新的研究具有较强的新意。

二是研究观点创新。本研究的观点创新主要有三方面。

创新观点一:产业融合发展是旅游产业转型升级和提质增效的实现路径。产业的关联属性为旅游产业融合提供了可能性。全球经济正发生着深刻变化,产业之间的渗透融合日益活跃,正成为产业结构优化和社会生产力进步的重要趋势。旅游产业高关联性、开放性、综合性的特殊产业属性,促使旅游业成为"旅游+"的推进主体,促使旅游业内相关行业融合发展,或旅游业与其他相关产业的融合发展。旅游产业通过产业渗透、产业交叉、产业重组等方式,形成多形式、多元化的新业态,创新商业模式,最终实现旅游产业的转型升级和提质增效。

创新观点二:可盈利、可持续的商业模式创新是衡量旅游产业融合有效的标志。实现旅游业可持续、优质发展是商业模式创新和旅游产业融合发展所追求的共同目标,产业融合发展为旅游商业模式创新提供了方向。中观层面的产业创新依托于微观层面的企业创新的实现,产品与服务的创新升级是旅游商业模式创新升级的最直观表现。换言之,衡量旅游产业融合的成功本质是要形成成熟的、可复制的旅游商业模式。

创新观点三：产业融合视角下旅游商业模式创新的本质是改变旅游生产函数，其主要表现是业态创新。通过旅游业态创新促进收入结构优化并创造新的赢利点，是商业模式创新的目标。旅游业既是独立的产业，也是一个巨大的共享平台，各产业可以借助发展旅游，更好地总结、梳理、展示发展成绩，提高产业知名度，扩大社会影响；可以借助发展旅游，拓展产品销售渠道，提升产品销售额，扩大市场占有率，进而收获更大的市场效益；可以借助发展旅游，重新审视产业资源，拓展资源利用空间，挖掘资源利用潜力，进而实现资源的多次利用。

三是研究方法创新。从现有文献研究成果来看，大多数学者研究的案例比较单一，且多采用定性分析研究法。本文以浙江省全省各类型的产业融合案例为研究对象，采用多案例结合的研究方法，研究商业模式创新的多种路径和模式，这将提高产业融合背景下旅游商业模式研究的系统性和全面性。此外，在实践案例篇中，我们采用案例追踪法，对每个典型案例进行初期的基础调查和较长期的发展跟踪，加强了发展规律把握和机理模型验证的准确性和可靠性。

二、研究的价值

本研究抓住全国旅游产业融合的热点，在国内外学术研究的基础上，提出产业融合下旅游商业模式创新机理模型，并选取浙江省的成功经验进行典型分析，对学术研究和企业实践均具有一定的价值，这将是一本学术价值和实践价值兼具的专著，具体体现在以下两方面。

一方面，提出机理模型，丰富研究内容。在旅游业优质发展阶段，从不同的产业融合对象和融合方式出发，重点研究产业融合视角下旅游商业模式的创新，是一个非常值得研究的课题。本文基于产业融合和商业模式创新的理论研究基础，创新性地提出产业融合视角下旅游商业模式创新的理论机理模型，较为系统地划分了旅游商业模式创新类型，并对机理中的对象、路径和效应进行理论分析和实践验证，丰富了产业融合、商业模式创新理论在旅游业中的研究应用。这既是对旅游商业模式创新理论的完善，也是对旅游产业融合理论研究内容的进一步丰富。此外，本文为更多学者进一步的相关深入研究奠定了理论基础，指出了值得探索的方向。

另一方面，深度剖析案例，总结应用经验。目前来看，能够在产业融合视角下具体指导旅游商业模式创新的研究成果还不多。本书通过对浙江省全省多类型商业模式创新案例的长期跟踪和系统分析，研究总结得出具有普适意义的浙江先进经验。对于旅游产业而言，这有助于创新旅游商业业态，优化旅游产品结构，推动旅游供给侧结构性改革，促进旅游消费提质升级，对全国旅游产业融合发展和旅游商业模式创新都具有实践引导作用；对政府相关部门而言，本书在推动旅游产业融合的发展过程中,对出台相关配套政策和指导地方工作文件具有参考价值;对旅游企业而言,在寻求商业模式创新中,本书亦具有探索发展经验的借鉴意义,有助于优化成本结构,扩展收入业务,拓宽收入来源。

第二章 基于融合视角的旅游商业模式创新机理

在旅游业转型升级、提质增效的背景下，我国旅游业日益呈现出旅游消费大众化、旅游动机多元化、旅游主体散客化、旅游需求个性化等趋势，传统旅游产业的单一商业模式已无法满足多样化市场需求，当前旅行社、景区等旅游主体普遍呈现低利润营收现象。因此旅游商业模式创新势在必行。鉴于旅游产业的综合性特征，旅游产业融合已经成为旅游产业转型升级的主要路径，尤其是通过产业融合带动商业模式创新和业态创新，已经成为旅游产业发展的重要规律。因此，紧密结合旅游业转型发展的前沿理论，对商业模式创新理论和产业融合理论的文献展开系统化梳理，提出融合视角下旅游商业模式的创新机理显得尤为重要。

第一节 旅游产业融合的相关研究

由于旅游业本身具有较强的综合性，带动了许多其他产业发展，出现了多方面的跨界融合，形成了工业旅游、体育旅游、文化旅游等众多融合产品，旅游产业融合研究成为学术界研究的热点。产业融合理论是旅游产业融合研究的重要理论基础，因此本节以产业融合理论为基础，结合旅游业的特性对相关理论成果进行内容的延伸，主要目的是提出旅游产业融合概念、动力及路径。

一、产业融合理论

国内外对产业融合已进行了大量的研究，但研究成果大多囿于对产业融合的现象进行描述，难以形成一套完整的理论体系。本书根据研究需要对涉及产业融合理论的内涵、动力与路径的研究成果进行总结和述评，从而为旅游产业融合研究提供理论依据。

（一）产业融合的内涵

由于学者各不相同的研究视角，对产业融合的内涵界定还未形成统一的结论

（见表 2.1-1）。关于产业融合的内涵，学术界普遍认可的是厉无畏（2002）的研究成果，本书也将沿用其对产业融合的内涵界定，即产业融合是指不同产业或同一产业内的不同行业，通过相互渗透、交叉、重组最终融为一体，逐步形成新产业的动态发展过程。[①]

表 2.1-1　产业融合的内涵研究

研究视角	文献观点	作　者
基于技术融合视角	产业融合是技术融合、数字融合基础上所出现的产业边界的模糊化，最初是指计算机、通信和广播电视业的"三网融合"	李美云（2007）
	产业融合从根本上是指数字技术允许传统的和新的通讯服务（无论是声音、数据或图片）通过许多不同的网络共同传送的现象	Zavattieri，Raghuram（2001）
基于产业融合视角	产业融合是指为了适应产业增长而发生的产业边界的收缩或消失	Greenstein，Khanna（1999）
	产业融合是指通过技术革新和放宽限制来降低行业间的壁垒，加强各行业企业间的竞争合作关系	植草益（2001）
	产业融合是指不同产业或同一产业内的不同行业通过相互渗透、交叉、重组最终融为一体，逐步形成新产业的动态发展过程	厉无畏（2002）

来源：根据相关文献整理。

（二）产业融合的动力

通过总结学者的研究成果，目前学界较为认可的是产业融合动力的综合因素决定论，即产业融合主要是内外动力，包括推力、拉力、压力等多种作用力的结果。本书也认为从综合因素论出发分析产业融合的动力比较全面，因此结合学者观点得出以下结论，见图 2.1-1。

（三）产业融合的路径

纵观学术界，国内的学者主要是从产业组织和产业发展角度等中观角度对产业融合路径进行研究。目前得到国内学术界普遍认同的产业融合主要方式有三种：一是产业渗透融合。主要通过高新技术实现产业间的渗透融合。高新技术及

---

① 厉无畏，王慧敏：《产业发展的趋势研判与理性思考》，《中国工业经济》2002 年第 4 期，第 5—11 页。

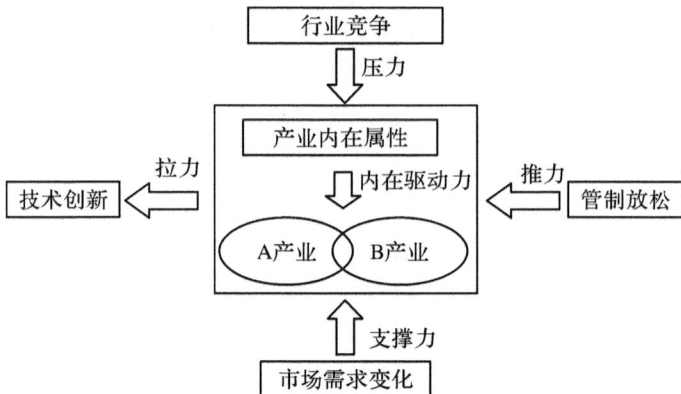

图 2.1-1 产业融合的动力机制

其相关产业作为一种手段和方式,向其他产业渗透,导致了两个或多个产业的融合并形成新的产业。二是产业间的交叉融合。通过产业间的功能互补和延伸来实现产业间的融合,即相互赋予产业新的附加功能,帮助其增强核心竞争力,形成融合型的产业新体系。三是产业内部的重组融合。这一方式主要发生在大产业内部子产业之间的重组和整合过程中,工业、农业、服务业内部相关联的产业通过融合提高竞争力,以适应市场新需求。因此,本文也将继续沿用前人研究成果,将产业融合路径分为产业渗透、产业交叉和产业重组三种路径。

二、旅游产业融合的相关研究

学术界对于旅游产业融合的理论研究正处于初步发展阶段,虽然旅游业已显现出多类型、多层次的融合趋势,但旅游产业融合的理论研究还不够成熟,仍有很大的发展空间。研究旅游产业融合需要与我国的旅游产业融合现实情况相结合,因此需要结合旅游产业融合相关案例进行深入研究。该部分主要为厘清旅游产业融合的概念、动力与路径,为下文浙江省旅游产业的融合现状及案例研究奠定一定的理论基础。

(一)旅游产业融合的概念

对于旅游产业融合的概念研究,最早始于学者徐虹和范清(2008),随后,我国大量学者站在不同的角度对旅游产业融合的定义进行了全面阐述。通过大量相关文献的阅读和归纳,可以梳理出以下有代表性的概念(见表 2.1-2)。由表 2.1-2 可知,对于旅游产业融合的概念界定,绝大多数学者是从产业关系的角度出发的。基于当前学者的研究基础,考虑到旅游产业覆盖其他产业的范围广,边界较为模糊,本章也选取产业经济视角进行研究。因此,本书从产业关系的角度出发,结合相关学者提出的旅游产业融合概念,认为旅游产业融合是指旅游产业与其他产业相互渗透、交叉,以及旅游产业与密切关联产业重组后,互相提供新资源、赋予新功能、形成新业态的过程。

表 2.1-2　旅游产业融合的概念一览表

研究角度	旅游产业融合概念的界定	作　者
产业关系角度	旅游产业融合是指旅游产业与其他产业或旅游产业内不同行业相互渗透、相互交叉,最终融合为一体,逐步形成新产业的动态发展过程	何建民(2011)
	旅游产业融合是指旅游业与其他行业相互影响、相互交叉、相互渗透,产生新的产业要素和产业形态的过程	赵黎明(2011)
	旅游产业融合是指与其他产业之间或旅游产业内不同行业之间相互渗透、相互交叉,最终融合为一体,逐步形成新产业的动态发展过程	张凌云(2011)
	旅游产业融合是指旅游产业与其他产业或者旅游产业内部不同行业之间发生相互渗透、相互关联,最后形成新的产业	程锦等(2011)
	旅游产业融合是指旅游业和其他产业之间在共生发展中相互渗透、相互融合,最终创立一种新型的业态和一种新的共生产品,并且这种新业态和新型产品得到市场的认可,而且能够迅速成长为一种新的行业	李树民(2011)
产业结构角度	产业融合是指为了实现更优发展,在旅游产业内外各旅游企业通过发挥相关的新技术和新创意的作用,在旅游产业内外不断寻求相互融合的契机,从资本市场、旅游人才、旅游资源、业务市场等方面进行动态的融合发展,以实现旅游企业自身综合价值最大化,从而实现旅游产业结构的升级和转型	李峰等(2013)
演化经济理论角度	旅游产业融合是指旅游企业在遗传机制作用下所继承的原有惯例不能带来满意的利润时,重新搜寻和创造新的惯例,有针对性地与目标产业融合作为旅游产品创新的主要路径,通过市场选择机制的作用,继而引起同行的模仿和追随,最终扩散至整个旅游产业的过程	刘祥恒(2016)

来源:根据相关文献整理。

（二）旅游产业融合的动力

在旅游业领域,本书继续沿用前文产业融合的动力因素,即技术创新、市场需求变化、行业竞争、管制放松以及产业内在属性,并做一定的内涵延伸。本书将旅游产业融合的外部动力归纳为旅游者需求升级、旅游市场竞争激烈、技术创新以及政策支持,将产业融合内部动力归纳为旅游产业本身的综合性、依赖性、带动性、涉外性等特征,得出了旅游产业的动力机制(见图 2.1-2)。

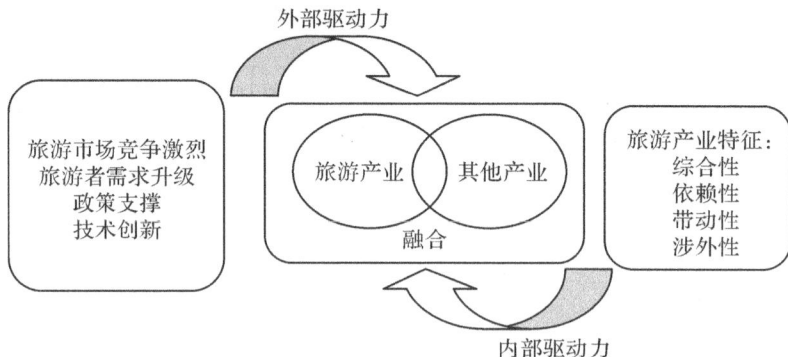

图 2.1-2　旅游产业融合的动力机制

外部驱动力层面,动力一是信息技术的不断更新。技术创新既打破了旅游业原有产业价值链,整合组成新的产业价值链,又模糊了原有的产业界限,促使旅游产业链不断向其他产业延伸。动力二是旅游者需求升级。在旅游大众化时代下,旅游者的消费需求从"有没有"向"好不好"转变,旅游消费者需求的持续升级推进了旅游供给侧的全方面改革,也推动了旅游产业通过整合跨产业资源不断推进与其他产业的融合,使旅游产品和服务不断更新迭代,达到了丰富产品内涵、升级产品品质的效果。动力三是旅游市场竞争激烈。随着旅游消费环境的变更,催生了不少新兴企业,新兴旅游企业的不断出现促使企业间的竞争不断升级。在市场逐渐趋于饱和的情势下,旅游业必须拓展消费市场空间,抢占新兴旅游市场,产业融合为旅游业带来了更大的发展空间。动力四是政策支持。"旅游＋"首次被写入中央一号文件,提出了"旅游＋""生态＋"等模式,之后出台了《国务院办公厅关于促进全域旅游发展的指导意见》《关于深入推进农业供给侧结构性改革做好农村产业融合发展用地保障工作的通知》等文件,都提出了要推进旅游与其他产业的融合发展,推进旅游与农业、教育、研学、养生等产业的深度融合,可以说政策的出台为旅游产业与其他产业的融合提供了保障,有助于持续稳定地融合发展。

内部驱动力层面,旅游产业的综合性、带动性、依赖性、涉外性是主要动力。作为集行、游、住、吃、购、娱等服务为一体的综合性产业,旅游产业内部错综复杂,涉及旅游供应链上下环节的串联,因此可以带动一切为旅游者服务的相关产业的发展。旅游业作为资源依赖性产业,旅游资源的数量和质量是吸引旅游者基本要素,因此从其他产业引入新的资源是必要手段。另外,旅游跨地区、跨资源的涉外性,也促进了旅游产业跨越边界与其他产业融合。

(三)旅游产业融合的路径

在旅游产业融合的过程中,由于路径直接关系到产业融合的具体实现,因此学术界从不同视角对其展开了相关讨论(见表 2.1-3)。多数学者基于产业层面以某一具体产业与旅游业的相互渗透和交叉融合为融合路径进行研究,赋予了融合后的产业新的旅游功能,又向旅游业提供了新资源、新动能、新方向。因此,本书结合旅游产业融合的内涵以及相关产业的性质,将旅游产业融合路径分为三种:一是旅游业与第一产业(主要是农业)的产业交叉融合路径;二是旅游业与第二产业(主要是工业)的产业交叉融合路径;三是旅游业与服务业中其他相关子产业的产业重组融合路径。其中高新技术对产业的渗透普遍存在于三大路径中,不单独列出作为一条路径。

表 2.1-3　旅游产业融合的路径一览表

研究角度	旅游产业融合的路径	作者
融合领域	路径一是"泛体闲化",即旅游业与体闲产业紧密联系,实现旅游产业的结构转型;路径二是"广服务化",旅游业与现代服务产业融合,实现旅游产业的内容延展;路径三是"准模块化",现代旅游业向制造业汲取创新的方法和流程,实现旅游产业的效能提升	李太光,等(2009)
	一是通过发展乡村旅游促进旅游业和第一产业融合;二是通过发展旅游电子商务大力推进旅游业与信息产业融合;三是通过发展会展旅游促进旅游业与会展业融合	张佰瑞(2009)
融合性质	根据产业功能、技术优势,以及与旅游业关联方式的差异,将旅游产业与其他产业的融合路径分为资源融合、技术融合、市场融合和功能融合,且认为四种融合路径并非相互孤立,而是相互交叉关联,更多的时候是四大路径共同推进产业发展,只是某方面某些路径占主导地位、作用更为突出而已	麻学锋,等(2010)

研究角度	旅游产业融合的路径	作者
融合层面	从商务旅游的融合视角出发,认为两者产业融合反映在旅游服务(产品)层面、经营层面和产业层面三个层层递进的层面	李平生(2006)
	从创意旅游视角出发,对旅游产业要素进行剖析,形成吸引物、运营模式以及景区化运营三个要素,认为两者融合路径就是创意产业与旅游吸引物、与旅游运营模式、与景区化运营这三个层面的融合	梁强,等(2009)
	从文旅产业融合视角,认为两者融合具有系统性强、涉及面广的特点,将其融合路径分为三个层面:一是资源层面;二是市场层面;三是机制层面	程锦,等(2011)

来源:根据相关文献整理。

第二节　旅游商业模式的相关研究

　　学术界关于商业模式及其创新的研究成果相当丰富。尽管商业模式及其创新的研究已经持续了很长时间,并且积累了大量的研究成果,但是当前并没有哪一项权威理论成果可以得到一致认可。在旅游研究领域,虽然学者从各个不同的视角研究其商业模式,但相互之间的研究结论差异颇大,使得旅游商业模式研究的连续性、权威性以及科学性都受到较大影响。

　　一、商业模式理论

　　综观学术界,关于商业模式的研究主要集中在商业模式的概念、构成要素、分类三个方面。一是商业模式的概念,主要回答"什么是商业模式"这个问题。但是由于学者们研究的视角及方法的差别,导致当前学术界至今没有形成统一的商业模式概念。二是商业模式的构成要素,主要回答"商业模式由什么构成"的问题。由于研究者研究视角、研究对象和研究方法的不同,造成了对商业模式的构成存在认知差异。三是商业模式的分类,不同学者主要针对"商业模式如何分类"提出了独特见解。

　　(一)商业模式的内涵

　　虽然直到目前为止,学界在商业模式这一概念的内涵界定上仍然存在争议。

但随着研究的不断深入，学者们关于商业模式的研究逐渐形成了共识，即认为商业模式强调以系统的、整体的视角解释企业如何运作来实现盈利。因此，价值这一概念在商业模式的内涵中开始普遍出现（见表 2.2-1）。具体而言，商业模式回答"谁是顾客"以及"顾客价值是什么"的问题，它也回答每个管理者必问的基本问题："在这一业务中企业如何赚钱？企业以合适的成本传递价值给顾客的潜在经济逻辑是什么？"由此，本书将商业模式定义为企业实现价值创造的一整套闭环逻辑，即由如何识别顾客、满足顾客需求、传递价值以及价值获取等环节组成的闭环。

表 2.2-1　商业模式内涵的研究

文献来源	研究角度	文献主要观点
Linder, et al. （2000）	组织理论	商业模式是组织创造价值的核心逻辑，主要涵盖要素构成、运营和变革三个层面，具有整体性、结构性，各个组成部分之间的有机联系、共同作用，从而形成一个良性价值创造循环
Amit, et al. （2001）	交易成本理论	从电子商务角度出发，指出商业模式是以创造价值为目标，企业自主设计的一系列交易活动方式，包括交易内容、交易结构以及交易治理三个方面，认为效率、互补、锁定、新颖性是价值创造来源
Chesbrough, et al. （2002）	开放创新理论	商业模式是技术开发和价值创造之间协调和转换关系，即一种收入生成并能推动自身持续发展的生意方式
Osterwalder, et al. （2005）	信息系统理论	商业模式内涵的界定，需要先确定其组成要素及要素间相互作用关系，是一种解释企业商业逻辑的概念性工具。用以说明企业如何通过创造顾客价值来建立自身内部结构，从而构建与企业同伴的网络关系，来进一步开拓市场、传递价值、获得利润并维持现金流
原磊 （2007）	价值理论	商业模式是一种概念性工具，用来描述企业如何对经济逻辑、运营结构和战略方向等具有内部关联性的变量进行定位和整合，既考虑到企业如何通过价值主张、价值网络、价值维护和价值实现等四个方面创造顾客价值的基础，也对其他利益相关者创造价值因素进行思考

来源：根据相关文献整理。

（二）商业模式的构成要素

与商业模式内涵研究大抵相同的是，由于研究背景、目的和视角的不尽相同，商业模式的构成要素目前学者们还没有形成统一的观点，但以价值为核心的研究基础已成为共识（见表 2.2-2）。学术界最具有代表性观点的是 Osterwalder（2005）提出的商业模式构成要素总体框架：一是企业创造价值的资源和能力；二是企业提供能反映其自身价值主张的产品和服务；三是企业将产品和服务提供给最终顾客后，从顾客那里逆向搜集需求信息反馈；四是企业确定成本和收益模式，最终从价值创造过程中获取价值。[①] 后续的大多研究也是基于 Osterwalder（2005）对商业模式构成要素的研究不断发展，主要围绕价值为核心来展开研究。基于此，本书也将继续沿用 Osterwalder（2005）提出的商业模式四大构成要素，将商业模式的构成要素分为资源、价值主张、顾客需求以及收益模式。

表 2.2-2　商业模式构成要素的相关研究

研究趋势	文献来源	商业模式构成要素
阶段一：价值成为商业模式研究的中心	Morris & Schindehutte（2005）	价值主张、顾客和内部过程、竞争力、企业如何赚钱、竞争战略以及企业的增长和时间目标
	Shafer，Smith et al（2005）	战略选择、价值网络、价值创造、价值获取
	Chesbrough（2009）	价值主张、目标市场、价值链、收入机制、价值网络或价值生态系统、竞争战略
阶段二：构架以价值为基础并围绕价值命名的商业模式要素	Bieger & Reinhold（2011）	价值主张、价值创造、价值沟通和传递、价值获取、价值传播、价值发展
阶段三：价值这一理念处于商业模式概念的核心	GÜNzel & Holm（2013）	价值主张、价值创造、价值传递、价值获取
	Spieth & Schneider（2016）	价值提供物、价值创造架构、收入模式

来源：根据相关文献整理。

（三）商业模式的分类方法

从目前学术界对商业模式分类研究来看，目前没有哪个研究者真正搭建起了一个全面的商业模式分类体系。虽然商业模式分类没有统一的标准，但是 Weill 等（2006）认为，商业模式分类最终要落实在具体的分类思路上，并将商业模式分类归纳为两种思路：一是逻辑推理法，即先建立商业模式分类标准，再进行商业模式

---

①　Osterwalder A，Pigneur Y，Tucci C. L. "Clarifying Business Models：Origins Present and Future of the Concept". *Communications of the Information Systems*，2005(15)，pp. 1—43.

的分类;二是案例分析归纳法,选取典型案例进行分析,归纳出几种商业模式。[①]但也提出了此分类方法存在的问题:一是案例归纳法分类缺乏科学性,案例选取一般从现有商业模式案例对模式进行提炼,但从实践层面归纳相关商业模式欠缺系统性与科学性,缺少对理论层面的指导;二是难以确立商业模式的分类标准,由于研究视角的不同,商业模式内涵等研究具有较大差异,会导致分类指标不同,最后可能会使研究结果偏离企业现实,缺乏对实践的指导作用。因此,本书在进行旅游商业模式分类研究时,无论从哪一种分类方法出发,都要避免两个相对极端情况的出现,要做好实践性和科学性的平衡。

二、旅游商业模式研究

在产业融合驱动下,旅游产业链不断被注入新的旅游要素,新型业态层出不穷,为旅游商业模式的发展与创新提供了新动能、新方向,由此使旅游商业模式创新的研究成为学术热点。本书的旅游商业模式研究以商业模式理论为理论基础,主要对旅游商业模式的内涵、构成要素以及分类进行研究。

(一)旅游商业模式的内涵

界定旅游商业模式内涵,首先要厘清旅游商业模式中谁是顾客、顾客的价值为何、如何盈利等一系列问题。在旅游活动中,旅游者作为企业价值来源主体,旅游企业以旅游资源为吸引物,向旅游者提供旅游产品或服务,通过交易变现获取游客价值。根据相关学者对旅游商业模式的研究(见表2.2-3),可知旅游价值模式的演进,必然带来旅游商业模式的变化,旅游商业模式的发展必然是沿着创造旅游者价值最大化方向展开的。基于此,本书结合系统论的研究角度,认为旅游商业模式的本质就是在旅游活动中旅游企业价值创造的路径和方式。因此,将旅游商业模式定义为:在旅游活动中旅游企业为实现价值最大化,以旅游资源为核心吸引物,以提供产品与服务为盈利方式的价值创造逻辑。

---

① Malone T W, Weill P, Lai R K. "Do Some Business Models Perform Better than Others?" *MIT Sloan Research Paper*,2006,4615(6),p. 37.

表 2.2-3　旅游商业模式的内涵研究

研究视角	文献观点	作　者
参与主体角度	从旅游电子商务模式出发，认为旅游商业模式就是由传统旅游运营商或代理商利用现代网络信息技术，以网络平台为载体，以旅游资源为吸引点，以在线支付手段为辅助，通过网络发布旅游产品及旅游服务信息及销售，以及建立网络在线分销渠道、实施网络营销手段的一种电子商务旅游商业运作形式	罗文标（2014）
	在传统商业模式中，生产者、销售者、消费者是最核心的主体，且这三者角色分工明确、界限分明、各司其职	马跃如，等（2018）
价值链角度	旅游商业模式就是旅游产业和其他产业之间、旅游市场与其他领域市场之间、高新技术和旅游市场之间共同搭建的一种良性互动的价值传递模式。通过对企业供应链上下的系统化、产业间的融合化和市场间的互动化，形成一个互相传递价值、创造机会、共生共荣的商业生态系统	史郭松（2015）
	创新性地认为，旅游商业模式是通过创造顾客价值来实现企业价值的一种艺术，也是企业价值创造的基本机制，以此形象地解释了企业的盈利方式	张海燕（2016）
系统论角度	以在线旅游企业为例，认为旅游商业模式就是在线旅游企业以移动互联网为平台，为旅游者提供在线旅游服务的各类企业与机构的集合	史灵歌（2016）

来源：根据相关文献整理。

（二）旅游商业模式的构成要素

根据表 2.2-4 的研究成果梳理，发现旅游商业模式涉及要素众多。但本书认为，众多要素中存在着核心要素和其他要素，核心要素对旅游商业模式起到颠覆性的影响，也带动其他要素发生改变。由上文的商业模式构成要素研究可知，商业模式的四大要素是资源、价值主张、顾客需求以及收益模式。结合旅游产业的特性，资源即旅游资源，是企业赖以生存的基本要素；价值主张即提供迎合市场趋势的旅游产品与服务；顾客需求即旅游者需求，企业需要与旅游者建立良好的关系，进行信息交流反馈，做到产品精准化开发；收益模式即旅游企业通过什么样的手段出售产品服务获取盈利。

基于此，结合旅游商业模式构成要素的文献研究，本文认为旅游商业模式的核心构成要素有四个，即旅游资源、价值主张、旅游者关系、收益模式，共同形成一个价值创造的闭环。

表 2.2-4　旅游商业模式的构成要素研究

研究视角	文献观点	作　者
业务角度	重要合作、关键业务、价值主张、客户关系、客户细分、核心资源、渠道通路	孙娜 (2017)
	一站式服务、单一服务、用户出价等	王莹 (2017)
市场角度	用户需求、产品、体验模式、营销推广、平台、数据化等	哈斯 (2015)
盈利角度	客户群体、价值主张、渠道、客户关系、收入来源、关键资源、关键活动、关键的伙伴关系、成本结构	Morabito (2014)
	旅游企业的资源和能力、客户支持和客户价值实现、盈利模式	罗文标 (2014)

来源：根据相关文献整理。

（三）旅游商业模式的分类研究

涉及旅游商业模式分类的文献较少，文献主要涉及景区、古镇、乡村游等新旧旅游企业，且大多通过分析景区或项目的经营开发情况入手，从价值链角度，即如何盈利出发，对现有的商业模式进行总结概括，并提出未来创新方向。从旅游企业如何盈利的角度出发，大致可以分为两种旅游商业模式类别：一种是单一盈利型商业模式。该种商业模式一般存在于传统的旅游企业，在经营业务方面提供较为单一与常规的产品和服务，大致涵盖传统的旅游六要素。因此，盈利来源主要以出售门票、售卖旅游商品等传统方式为主。另一种是组合盈利型商业模式。该种商业模式则存在于现代化旅游企业，以景点开发为载体集合了旅游等相关多产业的互联互补，联动其他主体共同动用了多种投资运作模式以及运营方式，非常注重产品的品质提升与品牌增值，实现了全方面、高层次的盈利模式。

因此，在融合视角下旅游商业模式因覆盖产业范围广、主体关联度高、新业态产生多，也属于组合盈利型商业模式。不同地域、不同程度的产业融合势必会产生不同的商业模式，因此对融合视角下浙江省旅游商业模式的类别需要进一步细分。由于研究融合现象的实践性较强，因此细分方法将利用 Weill 等（2006）学者对商业模式分类的第二种思路，即运用案例归纳法对融合视角下浙江省旅游商业模式进行分类。在本书整体结构上，首先，利用案例归纳法，分析浙江省的融合现状，归纳出浙江省产业融合现阶段的主要商业模式；其次，以"旅游＋某产业"的产业层面大案例来验证提出的商业模式；最后，在每章节大案例中，也运用案例分析法，选取企业层面的典型小案例，归纳出"旅游＋某产业"中的小类别商业模式，对融合视角下浙江省旅游商业模式进行反复验证。这样一来，通过案例归纳法的反复引用，尽量减少分类方法中理论层面的不足，在实践和理论之间做了适当的平衡。

第三节　旅游商业模式创新的相关研究

目前对于旅游商业模式创新的相关学术研究还处于初期阶段，学界从不同的研究角度进行的研究主要集中在企业层面，即企业如何实现商业模式创新。本节从旅游商业模式创新方面进行研究，分别界定其内涵与路径，为下文的旅游商业模式创新机理奠定理论基础。

一、商业模式创新理论

商业模式的研究成果为商业模式创新研究提供了理论依据，经过上述对商业模式概念、要素进行研究后，本书对商业模式创新的研究成果进行总结，将其大致归纳为三个研究主题，分别是商业模式创新内涵、动力以及路径研究。

（一）商业模式创新的内涵

关于商业模式的理论，学者进行了较为翔实的研究，而对于商业模式创新的相关概念，学者们主要集中在从价值链、构成要素、动态演进三个研究角度切入。由表 2.3-1 可总结出：无论从何种角度进行内涵分析，改变产业的成本结构与收入结构，寻找新的盈利点或扩大盈利始终是商业模式创新的本质。基于此，本文将商业模式创新定义为通过改变商业模式的构成要素，调整其成本结构与收入结构，创造出新的生产函数，从而实现价值创造的动态演化过程。

表 2.3-1　商业模式创新的内涵研究

研究角度	文献观点	作　者
基于价值链的研究	将新的商业模式引入到社会生产体系，为客户和企业自身共同创造价值	荆浩，等（2011）
	商业模式创新是指技术和竞争等环境因素变化后，企业在产业链和价值系统中发现价值、创造价值、实现价值的核心逻辑	忻展红（2013）

研究角度	文献观点	作　者
基于构成要素的研究	商业模式创新就是企业通过对现有商业模式的调整或改变,优化组合商业构成要素,以便创造出更多的价值	郝秀清 (2013)
	商业模式创新包括产业模式、收入模式和组织模式创新三个部分	Giesen (2007)
基于动态演进的研究	商业模式的创新具有阶段性的发展周期,并由规范期、强化巩固期、适应期等几个阶段构成,是为适应外界环境而做出的一系列调整	Morris (2003)
	商业模式创新是指企业在各种商业行为的变化超出一定临界点的表现,这种创新实质是企业整体系统性的变革,它追求的是在未来竞争中更具竞争优势	Siggelkow (2002)

来源:根据相关文献整理。

（二）商业模式创新的路径

从文献整理来看,学术界主要从构成要素、系统论、价值链三个视角来研究商业模式的创新路径(见表2.3-2)。已有的研究大多针对某个企业或焦点企业来探讨其商业模式创新,也有考虑对产业链上下游企业、合作伙伴企业等利益相关者进行分析。基于商业模式创新内涵,本文认为商业模式的构成要素,即四大核心要素——资源、价值主张、顾客需求以及收益模式的改革创新,就是商业模式创新的主要路径。

表 2.3-2　商业模式创新的路径研究

研究视角	文献观点	作　者
基于构成要素视角	商业模式从不同的构成要素,即价值主张、客户细分、渠道通路、客户关系、核心资源、关键业务、重要合作、收入来源和成本结构等因素进行创新	Osterwalder (2004)
	商业模式中包含价值命题和运营模式两个顶层要素,两个要素下包含着几个子要素,要通过两个顶层要素与几个子要素进行全面的创新	Lindgardt, et al. (2009)
基于系统论视角	认为企业通过五个关键领域,即外部导向、学习能力、群体参与、合格的业务管理团队和组织控制进行创新	Downs, Velamuri (2016)
基于价值链角度	商业模式通过企业生产经营活动进行创新,包括采购、研发、生产、营销、物流等路径	Schneider (2017)

来源:根据相关文献整理。

二、旅游商业模式创新研究

商业模式的创新需要对未来趋势准确预测,正确的预测会在未来影响企业商业环境的变化。旅游产业中互联网技术的改革、旅游市场的不断增长、游客的旅游理念与旅游方式的转变,推动旅游业朝个性化、品质化、多元化等趋势发展,也推动着旅游产业的创新与变革。

(一)旅游商业模式创新的内涵

对于旅游商业模式创新的内涵研究,目前学者主要从创新目的、方式、主体等角度切入,对旅游商业模式创新的内涵进行阐述(见表2.3-3)。由于成本与收入结构等生产函数的改变仍然是旅游商业模式创新的本质,故而本文结合相关学者观点,将旅游商业模式创新定义为以价值创造为核心,通过旅游全要素的有效配置构建新旅游生产函数的动态优化过程。

表 2.3-3 旅游商业模式创新的内涵研究

研究角度	文献观点	作者
基于创新目的角度	以重塑商业模式和创造顾客价值为主要目的进行旅游商业模式创新。	周波,等(2016)
	为寻找新的发展方向以及价值增长点产生的旅游商业模式创新	史灵歌(2016)
基于创新方式角度	更加细化了创新过程,旅游商业模式创新即通过旅游市场交易成本的降低、交易效率的提高、交易机会的增加、消费模式的改变、消费需求的丰富、要素配置的优化、管理创新智能化等方式,来实现旅游产业交易过程优化、产品和服务创新、经营管理方式变革	张海燕(2016)
	旅游商业模式创新,通过对旅游业的信息资源、物理资源有效整合,继而深入挖掘其中创新潜力,促使其提供更好的新型旅游形态	周波,等(2016)
基于创新主体角度	从商业模式构成主体,即生产者、销售者、游客三方面进行价值创造的过程	马跃如(2018)

来源:根据相关文献整理。

(二)旅游商业模式创新的路径

伴随着旅游业规模的扩张,以及旅游市场客源结构的变化,中国旅游业也进入了转型期,商业模式创新成为必然趋势。本书以旅游商业模式构成要素为研究基础,核心要素的改变必然也会带动其他要素的变化,因此将旅游商业模式的四大核心构成要素作为创新路径。

1. 旅游资源创新

Butler(2010)的旅游地生命周期理论得到了多数学者的公认,其主要观点包括:一个旅游地的发展变化过程一般要经历六个阶段:探索、起步、发展、稳固、停滞、衰落或复兴。[①] 从旅游景区发展的历程来看,旅游企业要实现持续快速的发展,必然要进行不断创新以避免过早进入衰落阶段。旅游资源创新是改进旅游产业结构,进行产业升级的必然选择,也是旅游企业拓展价值来源、形成核心竞争力的基本路径。

2. 旅游价值主张创新

价值主张是指如何通过产品满足客户的特定需求,以及从客户角度如何来看产品的价值。旅游价值主张是以游客为中心,企业与旅游者达成价值共识,创造出符合市场需求的产品,是旅游企业抢占市场份额,调整核心业务的重要途径。因为旅游价值主张创新可以使旅游企业更多地站在旅游者角度思考,为旅游者提供其所需的产品和服务,进行产品服务的优化升级,从而做精核心业务、调整成本结构以及转变盈利模式。

3. 旅游者关系创新

客户关系包括以谁为目标顾客,采取哪些分销渠道,以及建立什么样的顾客关系。企业的商业模式创新发展中,普遍将客户关系创新作为一个重要因素加以考虑。而旅游者关系就是以旅游者为目标顾客,建立与旅游者共生、共创、共享的关系。做到市场细分,建立与旅游者良好的关系是决定旅游企业前途命运的核心路径。

4. 收益模式创新

收益模式是企业经营的各种成本和收入流的方式,即价值获取方式。因此收益模式是旅游企业提高创收,增加现实收益的关键路径。一个完善的旅游收益模式既要拥有多元化的收入来源,又要具备高质量的收入结构。多元化收入来源指的是旅游企业除了传统的门票收入来源,也要通过其他吃、住、行、游、购、娱等要素方面获得持续性收入。高质量的收入结构与收入来源的占比有关,游客主动消费占比的多少决定了旅游企业收入结构的质量高低。

---

① Butler, R. W. "The concept of a tourist area cycle of Evolution: Implications for management of resource", *Canadian Geographer*, 2010, 24(1), pp. 5—12.

第四节　基于融合视角的旅游商业模式创新机理

基于以上对旅游商业模式创新和旅游产业融合的相关研究,本节将进一步从现阶段的旅游产业优质发展背景出发,对旅游业商业模式创新进行机理分析(见图2.4-1)。在旅游产业优质发展的目标驱动下,以及旅游产业的关联性、开放性、综合性等产业属性的带动下,产业融合是实现旅游业转型升级与提质增效的必由之路,也成为旅游产业优质发展的主要路径。中国旅游产业已出现了多方面的跨界融合,包括工业旅游、体育旅游、文化旅游等,以"旅游＋"引领产业链的延伸,真正实现了旅游全时间、全产业、全空间、全过程的发展模式。旅游产业融合推动了产业间的渗透、交叉与重组,这对旅游企业提出了更高要求,促使旅游企业对自身的商业模式不断进行调整,寻找创新路径,提供新产品新服务,以此推动商业模式的成熟,快速获取市场份额,因此催生了大量的新型旅游业态。故而旅游商业模式创新成为产业融合是否成功的标志。

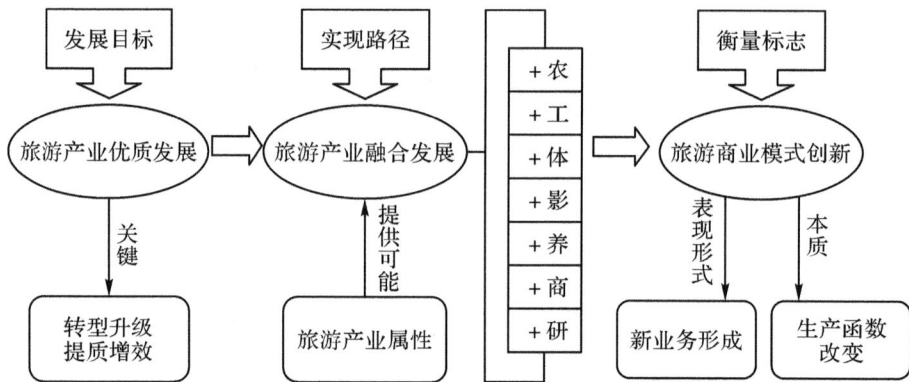

图 2.4-1　基于融合视角的旅游业商业模式创新机理

一、旅游产业发展的目标重塑——优质发展

改革开放以来,随着我国经济发展的环境和条件的改变,旅游业在拉动居民消费、带动政府投资、促进产业发展等方面具有显著成绩。发展旅游业是促进国民经济持续健康发展,提升国家综合实力的必然选择。从需求变化看,人民群众对物质文化的需求不断增加,且向高端化、个性化、大众化和多样化发展。旅游业适应需求和环境的变化,在注重高质量和好服务的双重标准下"与时俱进求发展",目前旅

游业正处于"转型升级,提质增效"的优质发展阶段。新时代我国旅游业发展的主要特征,就是以"创新"为核心要素驱动旅游业优质发展,走内涵与质量并重的优质化发展之路是旅游业发展的趋势,也是旅游供给侧结构性改革的重点。

结合"十三五"规划的相关政策,总结出旅游业优质发展的以下特征:其一,满足旅游者需求是旅游优质发展的出发点。新时代背景下满足人民对美好生活的需求是一切工作的出发点,旅游作为承载人民群众美好生活期望的行业,满足旅游者对美好生活的需要成为旅游发展的出发点。其二,转型升级与提质增效是旅游业优质发展的关键。为更好、更全面地满足旅游者品质化、多元化、个性化等需求,旅游业必须做好旅游产品、旅游项目、服务水平等领域的提质增效,以及旅游公共服务设施、旅游市场监管机制、旅游法制建设的完善优化。其三,需求升级、竞争激烈以及技术创新成为旅游业优质发展的主要动力。在"需求品质化、竞争国际化、产业现代化"的发展趋势下,人民个性化和高标准的品质化需求、旅游竞争国际化,以及云计算、物联网、大数据等现代信息技术在旅游业的应用,成为旅游业优质发展的主要驱动力。其四,创新是旅游业优质发展的主要路径。为驱动旅游产业能级与素质的提升,旅游业优质发展的主要路径在于旅游产业层面的制度创新、政策创新、治理创新等,在于旅游市场层面的竞争创新、结构创新等,在于旅游企业的产品创新、管理创新、技术创新等。

二、旅游产业优质发展的实现路径——产业融合

在旅游产业优质发展目标驱动下,技术创新、旅游者消费需求升级、竞争激烈等成为旅游业优质发展趋势,为旅游产业融合提供了外部动力,创造了有利的环境条件。因此在旅游产业优质发展背景下,旅游业与其他产业的原有边界逐步被打破,传统旅游业要素重新配置,逐渐表现出产业融合化、业态创新化的发展趋势,对推动旅游产业转型升级与提质增效有很大的作用。"十三五"规划中提出了我国旅游业"发展全域化"的发展趋势,要以抓点为特征的景点旅游发展模式向区域资源整合、产业融合、共建共享的全域旅游发展模式加速转变。[①] 因此推动旅游业与农业、工业、文化、体育、健康医疗等产业深度融合,成为旅游产业优质发展的实现路径。

(一)旅游业优质发展背景下产业融合的必要性

旅游业的优质发展,能促进旅游业与其他产业或旅游产业内部不同行业之间

---

① 《中国旅游业"十三五"发展规划纲要》,详见 http://www.gov.cn/zhengce/content/2016-12/26/content_5152993.htm。

的相互交叉、渗透、融合。旅游产业融合的过程中产生了大量的旅游新业态，如农业旅游、工业旅游、研学旅游、体育旅游等，既推动了旅游供给侧结构性改革，也助推了旅游产业转型升级与提质增效。

1. 产业融合提供了旅游供给侧改革新动能

旅游已成为新时代人民美好生活需要的首要内容，满足以旅游需求为代表的消费转型升级需要和新型需求是我国适应新时代的战略部署。从旅游需求侧看，我国面临的是旅游需求受约束的问题，而满足多样化个性化的旅游需求，靠旅游经济增长就能实现。旅游产业融合既能实现旅游产业内部的价值链重构及要素重新配置，又能推动新兴业态的出现，创造更多的融合型新产品。因而，旅游产业融合是旅游供给侧结构性改革的新动能，也是旅游经济增长的新动力。

2. 产业融合助推了旅游产业转型升级与提质增效

旅游业与农业、工业、体育、健康等相关产业的深度融合，形成了资源互通、功能互补的新局面，既丰富和延伸了旅游产业链，又催生了新业态。推动旅游产业转型升级，成为我国旅游业优质发展之路的驱动轮。因此，要进一步发挥旅游业关联度强、融合度高的特点，走高渗透融合发展之路，以"旅游＋""＋旅游"为路径，突破原有旅游产品季节性、脆弱性等局限，不断注入新产业要素，拓展旅游市场空间，从而推动旅游产品结构、旅游产业结构甚至旅游空间结构的全面完善。

（二）旅游业优质发展背景下的产业融合路径

学术界主要是从产业交叉角度出发对产业融合路径进行研究。因此，基于学者研究和产业发展现状，本书以产业融合领域为切入点，将旅游产业融合路径划分为旅游业与农业、旅游业与工业以及旅游业与第三产业的三种融合路径。无论何种路径，旅游业赋予了其他产业新的旅游功能，而其他产业给了旅游业的特殊资源，形成了新的核心吸引物，这也是产业融合的主要方式之一。

1. 旅游业与农业的融合

旅游业与农业的融合方式，即农业资源成为新的融合旅游资源，例如农作物、农村风貌、田园风光、农民劳动生活场景等成为新的旅游吸引物，而旅游业为农业延伸观光、体验、采摘赋予了新的旅游功能。因此，农业与旅游业通过资源共享而融合，使这些资源兼具了经济价值、美学价值和生态价值等多重价值。以农业资源为基础开发旅游产品，为游客提供特色服务，如都市农庄、农家乐、生态种植园、瓜果采摘体验园等业态与旅游融合，使乡村田园成为旅游景区、旅游景点、游览场所。

2. 旅游业与工业的融合

旅游业与工业通过资源共享,融合产生以工业生产过程、工作活动场景、工厂风貌为旅游核心的工业旅游产品和工业旅游融合模式。由于传统工业企业面临巨大的发展困境,国内众多工业企业纷纷开始转型升级,探索工业与旅游业的融合发展之路。工业旅游通过企业利用自己的品牌效应吸引游客,既做到了环境改善和资源保护,又提高了产品销量。在中国,也有越来越多的大企业开始注重工业旅游,例如娃哈哈工业园区、农夫山泉水源地、嘉善巧克力甜蜜小镇、九阳工业旅游区等,吸引了大量游客。

3. 旅游业与第三产业的融合

作为第三产业的子产业,旅游业与其他第三产业的边界较为模糊,应主要以市场需求为融合驱动力,快速互通资源,形成新型产品。例如,为迎合青少年"边玩边学"的需求,旅游与教育融合产生研学旅游产品;为迎合游客养生健体的需求,旅游与医疗卫生业融合产生了养生旅游产品,旅游与体育融合产生了体育赛事、体育节庆旅游等业态;为迎合商务人士的需求,旅游与会展业融合产生商务旅游产品;为迎合影视文化体验的需求,旅游与影视融合产生影视旅游产品。可以说,市场需求推动了旅游与其他第三产业的深度融合,丰富了旅游业的内涵和外延,也为第三产业的其他子产业带来多层次、多形式的旅游产品。

三、旅游产业融合的衡量标准——旅游商业模式创新

从上述商业模式创新的相关研究中可得出,旅游商业模式创新无论从何种角度进行内涵分析,改变产业的成本结构与收入结构,寻找新的盈利点或扩大盈利,从而创造新价值始终是商业模式创新的本质。本书也将旅游商业模式创新定义为以旅游者需求为核心,通过旅游全要素有效配置构建新旅游生产函数的动态优化过程。

(一)产业融合背景下旅游商业模式创新的必要性

在旅游业转型升级战略下,旅游者需求升级,产业融合成为必要途径,催生了新型业态,必然产生旅游商业模式创新。旅游商业模式创新,既是旅游企业如何实现价值创造的逻辑,也是自下而上推动旅游产业转型升级、提质增效的关键点,因此其成为产业融合是否成功的衡量标准。

1. 有助于旅游产业能级的提升,提高了旅游业的经济效益

随着游客消费需求的不断升级和出游方式的多元性,从单一的观光旅游发展到多种旅游形态并存,再到产业融合下其他产业领域的企业纷纷占据旅游市场份

额,这对旅游企业提出了更大的挑战。旅游业商业模式创新的表现形式就是新旅游业态的产生,通过新要素的注入、叠加以及融合直接促进旅游产品质量的提高、产品特色的凸显以及附加价值的提升,由此更大程度地获取游客价值,从而全面提升旅游产业能级,提高整个旅游业的经济效益。

2. 有助于旅游市场结构的调整转型,提升旅游全产业效率

改革开放以来,我国旅游业的市场已经达到一定的规模,旅游产品服务供给已能满足基本的旅游需求,产品服务逐渐从"数量"向"质量"转换。旅游商业模式创新意味着旅游业要围绕旅游者需求,对旅游全要素相关产业水平进行提升,从而促进产业品质的升华。因此,在产业融合推动下,旅游商业模式创新有助于旅游与其他产业间实现业态的内部调整或重新整合,在构建多元复合形态的同时,也形成了新业态。旅游商业模式创新通过产品服务量和质的共同推进,帮助整个旅游市场实现结构调整、旅游产业体系的不断完善,从而全面提升旅游产业效率。

(二)产业融合背景下的旅游商业模式创新路径

在旅游业转型升级中,产业融合促使新型旅游业态的大量涌现,但旅游业要获得实质性的更大发展,需要旅游商业模式的创新与突破。结合上文研究可知,旅游价值主张、旅游者关系、旅游资源创新以及收益模式是旅游商业模式创新主要路径,而业态创新是商业模式创新的表现形式,它既是旅游产业链价值创造的手段,也是旅游企业商业模式创新的重要途径。因此要研究旅游产业优质发展背景下旅游商业模式创新路径,也需要从旅游者关系、旅游资源、价值主张、收益模式层面对业态创新进行研究。业态创新,首先通过资源整合,来拓宽价值创造的旅游空间;其次,在旅游企业价值主张得到旅游者认可后,企业才能利用所拥有的资源,将产品推至市场;最后,旅游企业完成从产品提供者到参与者的角色转换,将顾客的真正需求及创造性的想法真正融入价值创造全过程,从而使得企业在不断获取、吸收与整合顾客资源的基础上充分挖掘自身潜能,与顾客共创独特价值。

1. 旅游资源创新:形成资源网络,拓宽价值创造空间

我国旅游资源布局范围广,种类纷繁复杂,导致了旅游资源分布不均匀,各地资源关联性不强,区域各自为政,单独开发利用旅游资源,难以形成全国性的旅游资源网络。对于旅游产业来讲,综合性、关联性等特点决定了任何一家旅游企业无法单独完成整个旅游活动的环节,上下游企业间的合作互补是旅游企业获取资源价值的重要途径。尤其在产业融合背景下,旅游业与其他产业资源互补会让旅游资源覆盖范围更加广泛,种类更加多样,因此形成的资源网络有助于拓展旅游企业价值创造的空间,也有助于奠定旅游价值创造的基础。

2.旅游价值主张创新:寻求市场缺口,形成价值认同理念

价值主张反映了商业模式的总体目标,能够指导企业构建高效的价值网络,带动商业模式其他要素的变化。旅游业属于市场导向型产业,只有满足了市场的需求,旅游企业才能得以生存,所以在旅游服务过程中,旅游企业需要首先识别出旅游者的痛点需求,让目标顾客对企业所提出的价值主张产生认同,进而实现旅游企业与旅游者价值主张的共鸣。在旅游者消费升级的背景下,旅游需求从简单的观光旅游发展到全要素覆盖旅游,旅游方式也从步行发展到自驾游等。因此,旅游新业态的培育与开发要从关注市场需求开始,通过详尽的市场调研找准目标市场,进而整合自身优势资源,采用不同于以往的经营方式,开发出相应的产品与服务,通过其销售来实现产品的价值和企业的利益。①

3.旅游者关系创新:转变互动方式,达成价值共创目标

在旅游企业商业模式创新过程中,旅游企业与旅游者的互动主要体现在整个服务链条中。在市场导向下,旅游企业逐渐以旅游者的需求为中心,提出契合双方的价值主张,并在旅游服务的提供过程中整合各方资源,真正实现价值共创的目标。一开始,旅游企业的角色是为顾客提供其消费的旅游产品,只关注如何以最小成本、最快速度获取资源、获取盈利。在市场驱动以及旅游者个性化需求下,旅游企业与旅游者的互动更加紧密,旅游企业更多地从旅游者角度出发,在旅游产品的使用过程中与游客互动,深入了解旅游者使用的目的和方法,接受反馈意见,从而创造出更能让游客满意的产品,最终形成企业与旅游者共同生产、共同消费的相互依存的互动方式,从而发挥产品的最大作用,共同赋予产品更大的价值。

4.收益模式创新:调整收入结构,实现游客价值变现

传统旅游企业的核心产品服务、收入结构以及营销模式等趋于同质化。产品无非覆盖了传统旅游六要素,盈利也主要依赖门票交易来获取,这使我国旅游企业长期陷于低利润的经营状况。在产业融合背景下,旅游企业业务范围扩大,市场竞争加剧,如何从游客中获取最大利润是关键。一方面,扩大收益来源,根据市场动态变化开发更多特色产品,添加价值增长点,最终打破原来依靠门票收入的盈利模式,从单一的收益来源转化为综合收益来源,形成多元化的收益模式。另一方面,提高企业赖以生存的主营收入占比,因此需要打造所谓的高质量拳头旅游产品,将旅游者的被动消费转化为主动消费,才能充分实现游客价值变现,推动企业可持续发展。

---

① 陶婷芳:《旅游业可持续发展问题研究——基于新业态的增长方式研究》,上海财经大学出版社2013年版,第27—105页。

本章小结

　　基于商业模式创新和产业融合的理论研究,本章首先对旅游商业模式创新的内涵、构成要素以及路径进行了界定,再从产业融合视角出发,提出了旅游产业融合的概念、动力以及路径,为基于融合视角的旅游商业模式创新机理的建构奠定了理论基础。通过文献分析法,结合旅游产业特性,将相关概念做出界定,提出旅游产业融合是旅游产业与其他产业相互渗透、交叉,以及旅游产业与第三产业的重组融合,逐步形成新型业态和产品的过程;也提出了旅游商业模式的本质就是在旅游活动中旅游企业价值创造的路径和方式,而旅游商业模式创新则是以旅游者需求为核心,通过旅游全要素有效配置构建新旅游生产函数的动态优化过程。其次,基于内涵界定,本章从国家层面出发提出了融合视角下商业模式创新机理,即在旅游产业优质发展下,以及旅游产业的依赖性、涉外性、综合性等产业特征的内在驱动下,产业融合成为旅游业创新驱动背景下的必由之路,也是实现旅游产业优质发展的主要路径。旅游产业与其他产业相互融合都会促使出现新的旅游商业模式,从而产生新的旅游业态以及新的旅游产品,进而助推了旅游产业的转型升级与提质增效。因此,旅游商业模式创新成为衡量旅游产业融合成功的标志。最后,本章提出了基于产业融合视角下旅游商业模式创新的四大路径,即旅游资源、旅游价值主张、旅游者关系以及收益模式,在机理中提出的七大融合路径也将在后面的章节作为案例进行详细阐述,并以案例分析充分验证机理框架。

第三章　浙江省旅游产业融合发展演进与现状研究

在 2018 年浙江旅游总评榜中,新设立年度"旅游＋"创新奖,推动旅游业与其他产业融合。浙江省以建设"全国文化高地、中国最佳旅游目的地、全国文化和旅游融合发展样板地"为目标,通过对旅游产品的不断丰富,旅游经济发展的持续驱动、旅游产业体系的全面构建,来积极推进旅游产业与农业、工业、影视业等产业融合发展,使浙江省旅游产业融合发展一直处于全国领先地位。因此,探究融合视角下的浙江省旅游商业模式创新对全国范围内进行旅游产业融合,以及融合模式创新研究均有一定的借鉴意义。上一章从国家层面提出了基于融合视角的旅游商业模式创新机理,得出了旅游产业融合作为旅游业优质发展、转型升级的实现路径,为旅游商业模式的创新带来了新方向与新动能。因此,在以实践层面阐述浙江省旅游商业模式转型之前,必须了解浙江省产业融合发展演进情况,判断其产业融合处于什么样的阶段,现阶段旅游产业融合发展的特征、发展趋势及主要模式是什么。本章依据产业相关理论和浙江省实践研究针对上述问题——进行解答。

第一节　浙江省旅游产业融合发展的演进过程

自 1978 年改革开放以来,我国实现了国民经济的稳步发展、对外开放政策的不断深化,浙江省旅游产业也得到了前所未有的发展。根据抽样调查测算,2018 年浙江省共接待游客 6.9 亿人次,比上年增长 8.7％;实现旅游总收入 10005.8 亿元,同比增长 11.9％。[①] 浙江省旅游产业已成为浙江省国民经济增长最快的产业之一,在推动城市化进程、改善环境和建设文化大省领域中发挥着日益重要的作用。在中国旅游业处于"转型升级,提质增效"的优质发展阶段的背景下,浙江省将

---

① 《2018 年浙江省旅游业基本情况》,中国政府网。详见 http://ct.zj.gov.cn/NewsInfo.aspx? CID＝349953。

有条不紊地推进旅游产业融合发展。产业生命周期理论认为,每个产业一般要经历一个由起步、成长到成熟、衰退的演变过程,不同的产业在不同阶段会表现出不同的特征,这不仅对选择企业发展战略具有重大影响,而且对政府产业规划政策的制定也产生着巨大的影响。因此,厘清浙江省旅游产业融合发展历程以及做好阶段划分,对政府制定政策和把握产业发展方向具有重大意义。本节将从理论层面和实践层面出发,探索浙江省旅游产业融合发展的演进过程,为后面章节深入分析浙江省旅游产业融合发展奠定基础。

一、旅游产业融合发展历程的相关研究

产业融合是一个囊括产业内部、产业与相关联产业、多产业之间相互融合的"大融合"概念,是现代产业发展的大趋势。而旅游业作为一种综合性极强的产业,与其他产业相互融合,能够促使新的产业形态形成,不仅能使旅游产业得到优质发展,同时也能促使传统产业焕发出新的活力。而研究旅游产业融合发展阶段,更易于理解旅游产业融合在旅游与其他产业转型升级和优质发展中的作用。

关于旅游产业融合发展的阶段划分的相关研究相对缺乏,并且大多数是针对某一类旅游融合发展进行的阶段研究。由于乡村旅游起步较早、演进迅速,学者们对于乡村与旅游的融合发展的演进过程研究得较多,并从不同的角度划分了乡村旅游的发展阶段。本书就以乡村旅游发展的阶段研究为理论基础,探索浙江省旅游融合发展的演进历程。陈浩亮(2010)在分析广州市番禺区乡村旅游时,将其发展阶段划分为启动阶段、发展阶段、成熟阶段。[①] 王瑛(2011)从制度、组织、职务三方面构建乡村旅游发展中的政府作为体系,在探究政府在乡村旅游发展中应当扮演的角色时,将乡村旅游划分为演化初始、成长、成熟阶段。[②] 张果果(2008)在分析乡村旅游的特征、建立组织模式,并对模式进行博弈分析以提出模式优化策略的研究过程中,将乡村旅游演进过程分为探查、参与、发展和成熟阶段。[③] 就旅游产业的融合发展来说,学者刘祥恒(2016)在研究旅游产业融合机制与融合度时,将旅游产业发展阶段划分为萌芽阶段、成长阶段和成熟阶段。[④] 虽然成果较多,但目前学术界尚未形成统一的旅游产业融合发展阶段划分。

---

① 陈浩亮:《番禺区乡村旅游发展中政府行为研究》,中山大学硕士学位论文,2010年。

② 王瑛:《城乡统筹下的乡村旅游发展政府作为研究》,《改革与战略》2011年第2期,第33—36页。

③ 张果果:《贵州乡村旅游发展模式探索》,贵州大学硕士学位论文,2008年。

④ 刘祥恒:《旅游产业融合机制与融合度研究》,云南大学博士学位论文,2016年。

针对旅游产业融合发展各个阶段的特征研究,从系统论角度来看,旅游产业融合过程可以分为从无到有、从有到优两个阶段,每个阶段都遵循"微涨落—巨涨落—系统结构变化"这一过程。付琦(2014)从产业链的角度来研究旅游产业融合发展的过程,根据系统结构与功能的相关规律,结合旅游产业自身的特征,将旅游产业融合的过程分为三个状态和两个阶段。其中,三个状态是指早期状态、中期状态和后期状态,两个阶段就是从早期状态到中期状态、中期状态到后期状态。第一个阶段中,旅游产业融合从无到有,从企业融合到产品融合,融合型旅游产品出现;第二个阶段中,旅游产业融合从有到优,融合程度不断加深,旅游产业系统的结构发生变化。[1] 刘祥恒(2016)认为,在旅游产业发展的不同阶段,旅游产业融合发展的水平是有差异的,产业融合程度逐渐提高。[2] 基于大量的文献梳理,可知旅游产业融合发展演进过程中的各个阶段都呈现出不同的特征,但大部分学者认为在旅游产业融合的初期,融合发展水平和程度都很低;经过一段时间的发展,旅游产业融合现象越趋明显,旅游产业边界逐渐模糊,旅游产业融合程度得到提升;旅游产业融合程度越高,旅游产业边界将更加模糊,进一步加深。总的来说,旅游产业融合发展是一个从无到有、由窄变宽、由浅入深的过程。

二、浙江省旅游产业融合发展历程

结合浙江省旅游产业融合发展的实际情况,本文将浙江省旅游产业融合发展过程大致分为起步阶段(1978 年至 20 世纪末)、成长阶段(21 世纪初至 2015 年)和快速成长阶段(2016 年之后)。目前浙江省旅游产业融合发展正处于快速成长阶段,并依据浙江省旅游产业融合实践,对浙江省各个阶段旅游产业融合特征的表现进行系统分析,主要内容如图 3.1-1 所示。

(一)起步阶段(1978 年—20 世纪末)

根据浙江省旅游产业发展历史,本书将浙江省旅游产业融合发展的起步阶段确定为 1978 年改革开放后至 20 世纪末这一时间段。本章将从浙江省旅游融合发展相关的代表性事件着手判定该阶段的划分,并根据该阶段的浙江省旅游产业融合发展归纳总结该阶段的特征表现。

1.起步阶段的判定

早期观光农业旅游和观光工业旅游的出现,标志着浙江省旅游产业融合发展

---

[1] 付琦:《旅游产业融合动因与过程研究》,河南大学硕士学位论文,2014 年。
[2] 刘祥恒:《旅游产业融合机制与融合度研究》,云南大学博士学位论文,2016 年。

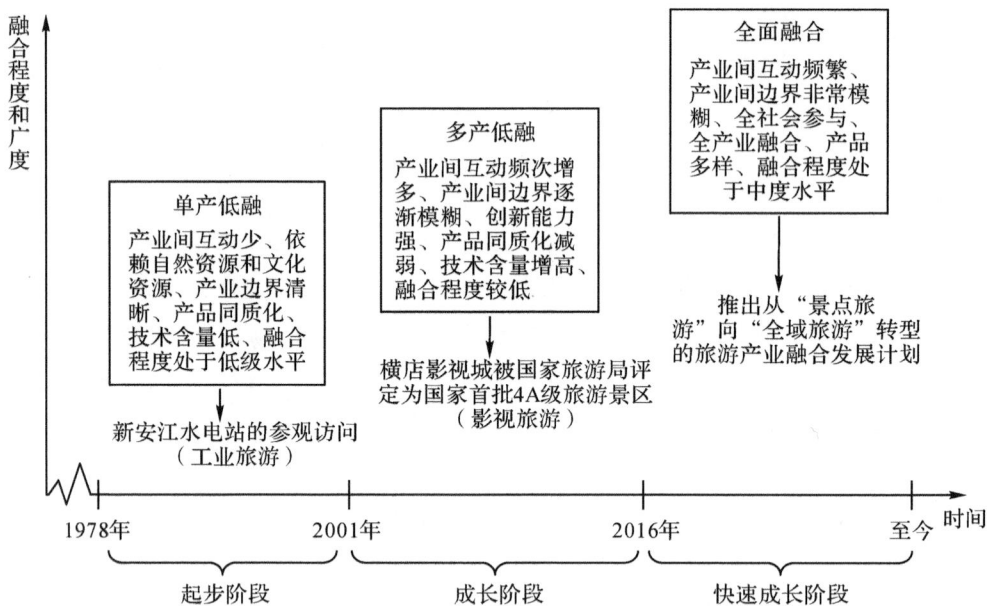

图 3.1-1 浙江省旅游产业融合发展历程

进入起步阶段。基于浙江省工业旅游和农业旅游的发展历史,本书将浙江省旅游产业融合发展的起步阶段确定为 20 世纪 70 年代至 20 世纪末这一时间段。有专家认为,20 世纪 70 年代对新安江水电站的参观访问活动,标志着浙江省工业旅游的出现。[①] 20 世纪 80 年代,浙江省开始发展观光农业旅游,出现了"农家乐"这一新的旅游业态。1987 年 5 月 7 日,时任国务院副总理谷牧就曾对杭州市富阳新沙岛的农家乐旅游项目给予了高度评价,并亲笔题词:"农家乐,旅游者也乐"。浙江省工业旅游和"农家乐"的出现,标志着浙江省旅游产业与其他产业开始融合发展,即浙江省旅游融合发展开始进入起步阶段。20 世纪 90 年代,浙江省对生态保护予以重视,开始逐渐发展生态旅游,其中最具代表性的生态旅游就是乡村旅游。在该时期浙江省将乡村中的农业元素与旅游结合起来,延伸了浙江省旅游产业链,浙江省旅游产业融合得到了初步发展。

2.起步阶段的特征表现:单产低融

基于浙江省旅游产业融合发展的现实情况,在旅游产业融合发展的起步阶段,浙江省旅游产业融合多侧重于旅游产业和农业、工业等少数产业融合发展,但融合

---

① 《包专列来探秘"浙江模式"成为旅游资源》,《浙江日报》2006 年 3 月 21 日第 10 版。http://zjrb.zjol.com.cn/html/2006−03/21/content_60727.htm.

程度较低,且相关政策不够全面。因此,浙江省旅游产业融合发展在起步阶段的特征总体表现为单产低融。单产低融是指旅游产业仅仅与一个或两个产业发生融合,并且旅游产业与融合的产业之间交流甚少,同时旅游产业对于传统自然资源和历史文化资源依赖性较大,融合程度处于低级水平,旅游产业的边界由清晰向模糊转变。处于起步阶段的旅游产业创新发展大多发生在局部区域,而每个局部区域都存在着不同的社会文化环境,而社会文化对于融合发展会产生很大影响,区域内倡导创新的社会文化将推进旅游产业与其他产业相互融合的进程,不断打破融合发展的壁垒,扩大产业之间的互动范围,持续推动旅游产业融合与创新。总之,在起步阶段,浙江省旅游产业融合呈现出单产低融的特征。由于该阶段中的旅游产业与相关产业之间的互动较少,旅游产业与其他产业有着较为明显的边界,旅游产业融合程度总体上处于较低的水平。又因为两产业之间融合的知识存量较少,旅游产业和企业开发新产品的能力有限,使得所开发和生产的融合型旅游产品同质性高,且技术含量较低。

(二)成长阶段(21世纪初—2015年)

根据浙江省旅游产业发展历史,本书将浙江省旅游产业融合发展的成长阶段确定为21世纪初至2015年这一时间段。本章将从浙江省旅游融合发展相关的代表性事件着手判定该阶段的划分,并根据该阶段的实际事件归纳总结该阶段的特征表现。

1.成长阶段的判定

浙江省旅游产业融合发展经过起步阶段的蓄力,不仅使旅游产业与农业、工业融合程度得到大幅提升,也提高了旅游产业与其他产业融合的可能性,融合范围慢慢扩展到除农业和工业以外的产业。因此,本书将21世纪初至2015年这一时间段划分为浙江省旅游产业融合发展的成长阶段。在该阶段中,农业旅游和工业旅游得到了极大的发展。工业旅游方面,2004年国家旅游局对工业旅游示范点进行验收,最终共有103家企业被授予首批"全国工业旅游示范点"称号,其中,浙江共有11家企业获此殊荣;从数量上看,浙江省在所有省市中排名第一。[1] 农业旅游方面,2015年浙江省乡村旅游从业人员44.6万人,乡村旅游在农民增收中的贡献率为20%以上。以杭州淳安县为例,2015年乡村游接待量达410万人次,旅游收入共计4.52亿元,分别比2011年增长159.1%和189.7%。同时,淳安拥有农家乐

---

① 苏胜楠:《浙江省工业旅游竞争优势分析及发展对策研究》,《旅游纵览》2012年第10期,第31—33页。

特色村 19 个,其中获得"省农家乐特色村"和"省特色旅游村"分别有 8 个、11 个,农家乐板块 15 个,农家乐经营户多达 472 户。可以说,该阶段乡村旅游成为淳安致富新途径和农民增收新增长点。①

在成长阶段,除了工业旅游和农业旅游的融合发展外,旅游产业也开始尝试与其他产业融合。例如,2001 年浙江省出台了《浙江省政府关于进一步加快旅游产业发展的若干意见》,指出浙江省将开发融合各类特色专业市场与区域特色经济于一体的旅游产品,培育以高科技为内涵的现代农业、工业、教育等旅游项目,树立浙江旅游品牌。② 随后,浙江省影视旅游示范地——横店影视城被国家旅游局评定为国家首批 4A 级旅游景区、"中国国家级首个影视产业实验区"。2004 年,浙江省出台了《浙江省委省政府关于进一步加强体育工作加快体育事业发展的决定》,浙江省体育旅游开始发展。2005 年,义乌被评为全国首个以购物为主题的 4A 级旅游景区,商贸旅游逐渐显形。以上事件都表明浙江省开始有意识地扩大旅游产业融合范围,创新旅游业态、延伸旅游产业链。到 2014 年,浙江省在出台的《浙江省人民政府关于加快培育旅游业成为万亿产业的实施意见》中指出,要加强培育旅游新业态,积极发展文化旅游、海洋旅游、工业旅游、运动休闲旅游、森林旅游、养生养老、研学旅行、购物旅游、康体旅游、红色旅游、商务会展、旅游电商等新型旅游业态,不断丰富多元的旅游产品供给。③ 2015 年,浙江省又提出了"旅游＋"的概念,开始从战略层面指导旅游产业与多个产业融合,不断模糊旅游产业边界,形成更多的旅游新业态。

2.成长阶段的特征表现:多产低融

通过对以上浙江省旅游产业融合发展成长阶段的实践分析,可以看出在这一阶段浙江省旅游产业与其他产业之间的互动增多了,旅游产业不再只是单纯地与农业和工业融合,而是延伸至第三产业,大致特征表现为多产低融。所谓多产低融,是指旅游产业与多个产业产生互动,并逐渐开始相互融合,其互动频次逐渐增多,但是融合程度仍处于较低水平,旅游产业的边界开始变得模糊。这一阶段中,浙江省的旅游产业具有较高的创新能力和学习能力,能够根据原有旅游资源,不断

---

① 《淳安"乡村旅游推进年"3 月 26 日正式开启》,浙江在线。详见 http://gotrip. zjol. com. cn/system/2016/03/25/021081280. shtml。

② 《浙江省政府关于进一步加快旅游产业发展的若干意见》,百度百科。详见 https://baike. baidu. com/item/浙江省政府关于进一步加快旅游产业发展的若干意见/16593060？fr＝aladdin。

③ 《关于加快培育旅游业成为万亿产业的实施意见》,中国政府网。详见 http://jhlyj. jinhua. gov. cn/02/lybz/201412/t20141201_1292548_1. html。

拓展旅游资源的范围,开发更为细分和更有创新性的旅游产品和资源,缓解资源短缺给旅游产业发展带来的不利影响,进一步增强旅游产业的市场适应能力。运营者较强的创新能力和学习能力,促使这个阶段的旅游产品相对于起步阶段而言更为丰富多样。虽然创新的旅游产品逐渐增多,呈现出遍地开花的现象,但是在市场中占据主导地位的旅游产品仍未出现,这个阶段旅游产品的创新空间和机会仍然很大。总之,浙江省旅游产业融合在成长阶段呈现出多产低融的特征。该阶段浙江省旅游产业与相关产业之间的互动增多,旅游产业与其他产业之间的边界逐渐变得模糊,经过起步阶段的发展后,成长阶段有较多的知识存量促使旅游产业提高自身开发新产品的能力,各个旅游产品之间同质化现象逐渐减弱,融合型旅游产品的品质逐渐提高,旅游产业的整体融合程度处于稳步提升的状态。

（三）快速成长阶段（2016 年之后）

根据浙江省旅游产业发展历史,本书将浙江省旅游产业融合发展的快速成长阶段确定为 2016 年之后。本章将从浙江省旅游融合发展相关的代表性事件着手判定该阶段的划分,并根据该阶段的实际事件归纳总结该阶段的特征表现。

1.快速成长阶段的判定

自 2016 年之后,浙江省、市、县各级政府从多方面出台相关政策文件,大力支持和推进旅游业与一、二、三产业全面融合发展（如表 3.1-1 所示）,旅游产业融合发展进入快速成长阶段的趋势日渐明朗。2016 年,为了实现万亿产业目标,浙江省推出从"景点旅游"向"全域旅游"转型的旅游产业融合发展计划,将全省当成各大景区来经营。"十三五"期间,浙江省构建杭州、宁波、温州、金华—义乌四大都市区旅游圈,培育多层级的"全域旅游"目的地;同时,利用供给侧结构性改革打破旅游产品间的无形界限,着力打造"旅游＋特色小镇""旅游＋地域融合""旅游＋生活方式"等旅游新业态。同年,浙江省在国家《"十三五"旅游业发展规划》的号召下,又制定了《浙江省旅游业发展"十三五"规划》,该文件提出要大力发展体育旅游、农业旅游、工业旅游、林业旅游、交通旅游、商务旅游等新型旅游业态,不断拓展旅游发展空间,催生旅游新产品、新业态和新模式,创造旅游消费新热点,增加旅游消费市场有效供给,使旅游业进一步成为带动国民经济转型发展和满足国民旅游消费需求的综合性大产业。[①] 在 2017 年,浙江省提前实现了旅游业"万亿产业"的目标。在 2018 年 6 月,原浙江省旅游局发布了《浙江省全域旅游发展规划（2018—2022）》

（以下简称《规划》），提出要率先把浙江建设成为全域旅游示范省、旅游业改革创新引领区和旅游业带动乡村振兴的样板区，使"诗画浙江"成为名副其实的中国最佳旅游目的地和有较大影响力的国际旅游目的地。《规划》从培育多样化旅游产品、提升旅游产品品质等方面，精细化描绘浙江旅游业发展的新蓝图。同年，浙江省万村景区化建设初见成效。以浙江省政府名义召开全省全域旅游暨万村景区化工作推进会，评定首批 2236 个 A 级景区村庄和 285 个 3A 级景区村庄，2018 年全省培训乡村旅游等各类旅游人才超 10 万人次。① 根据浙江旅游产业发展现状可知，浙江省旅游产业融合发展正处于快速成长阶段，且已全面开展旅游产业融合举措，推进旅游产业融合快速发展。

2.快速成长阶段的特征表现：全面融合

通过以上对浙江省旅游产业融合发展快速成长阶段的实践分析，可以看出，在这一阶段，浙江省旅游产业与其他产业之间的互动逐渐变得常态化，旅游产业融合不再局限于产业与产业之间的融合，而是延伸至全社会。这一发展阶段的特征主要表现为全面融合。所谓全面融合，是指旅游产业融合发展打破产业间的壁垒，突破原有的界限，促使全产业融合，全社会参与旅游业，实现产业链的全方位融合。产业与产业之间的互动较为频繁，融合程度处于中等水平，产业之间的边界变得非常模糊。在快速成长阶段，其他行业纷纷融入旅游，形成了政府各部门齐抓共管、全城居民共同参与的局面。该阶段的旅游产业融合通过充分整合目的地新旧旅游要素，为游客提供全过程、全时空的旅游体验产品，从而满足游客全方位的体验需求。

全面融合主要体现在全产业融合和全社会参与两个方面。一方面，全产业融合的实质是"旅游＋"。在这个"旅游＋"模式中，各旅游目的地从"门票经济"向"全产业链经济"转型，这是旅游产业全面向其他产业渗透的一个过程。因此，在这个过程中产生了新的业态，比如休闲农业、休闲渔业、旅游商品、文化创意等，包括对品牌的包装等。在"旅游＋"的过程当中，要取得"1＋1＞2"的效果，就是从"旅游＋"转变到"＋旅游"。"旅游＋"是旅游产业与其他产业完全渗透的蓝图，而"＋旅游"是其他产业主动融合旅游的一个全新发展格局。另一方面，全社会参与指的是旅游产业的发展不单单是旅游相关部门统筹发展，而是全社会各个角色在全域旅游里面扮演更多的主体功能，是政府引导下的企事业单位、协会、居民等个人、游客全参与的机制。总之，这一阶段的浙江省旅游产业融合将呈现全面融合的特征，由

---

① 《2018 年全省旅游工作汇报》，中国政府网。详见 http://ct.zj.gov.cn/NewsInfo.aspx?CID＝23968。

于该阶段旅游产业与相关产业之间的互动频繁,旅游产业边界变得模糊,旅游产业融合已经渗透至全产业、全社会,旅游产业融合程度已经达到中等水平,旅游产品趋于多样化,市场竞争越发激烈。

截至 2019 年,浙江省旅游产业融合发展仍然处于快速成长阶段,但随着旅游产业融合的快速发展,浙江省旅游产业与其他产业融合发展将进入下一个阶段,本书暂且称为成熟阶段。在该阶段,浙江省旅游产业融合发展的特征表现为全面高融,在融合广度上旅游产业不仅融合范围覆盖全产业、全社会,在融合程度上旅游产业与其他产业的融合水平将达到高程度,旅游产业与其他产业互动非常频繁,旅游产业边界也将消失,旅游产业融合将变得常态化。

表 3.1-1　2016—2019 年浙江省旅游产业融合发展相关政策文件

序号	文件名称	发布时间	颁布机构	相关描述
1	浙江省人民政府办公厅关于开展打造整洁田园建设美丽农业行动的通知	2016—08—26	浙江省人民政府办公厅	指导浙江省乡村以全域旅游理念,持续深入推动景区村庄建设,完善全省农村地区旅游基础设施和公共服务水平,规范乡村旅游市场秩序,调整优化产业布局,优化乡村环境,丰富乡村旅游产品供给,提升乡村旅游品质,全面推进农村一、二、三产业融合,推动美丽乡村向美丽经济转型发展
2	浙江省 A 级景区村庄服务与管理指南	2018—01—17	原浙江省旅游局	
3	磐安县人民政府关于扶持休闲养生旅游业发展的政策意见	2017—08—02	磐安县政府	进一步改善和优化旅游投资环境,吸引更多的投资者参与旅游开发,快速壮大休闲养生旅游业、丰富健身休闲项目、壮大健身休闲市场主体、促进健身休闲产业融合发展、加快健身休闲产业转型升级、加强健身休闲设施建设、优化健身休闲产业发展平台、改善健身休闲消费环境、加强组织实施
4	关于加快发展健身休闲产业的指导意见	2017—12—06	浙江省人民政府办公厅	
5	加快促进影视产业繁荣发展的若干意见	2017—09—21	浙江省广播电视局	浙江省着重打造影视产业规模和质量,争取名列全国前茅,成为浙江文化产业发展的重要增长点。在此过程中需要加强影视知识产权综合开发,大力推进数字内容产业发展,加快实现影视与出版、旅游、演艺、软件和信息服务、商贸、时尚等融合发展

序号	文件名称	发布时间	颁布机构	相关描述
6	关于推进全域旅游促进旅游业改革发展的若干意见	2018－04－27	宁波市人民政府	不断优化、完善体育旅游基础设施和配套服务设施，丰富产品业态和产品体系，培育体育旅游产业集聚区，打造体育旅游精品赛事，构建体育旅游综合基地，壮大体育旅游知名品牌
7	关于大力发展体育旅游的实施意见	2018－08－08	金华市旅游局	
8	浙江省关于推进中小学生研学旅行的实施意见	2018－07－11	浙江省教育部、浙江省文化与旅游厅等 10 部门	浙江省致力于打造研学旅行营地基地、打造一批具有影响力的研学旅行精品线路；建立一套研学旅行工作机制；研制一套研学旅行活动服务平台和评价系统；探索形成研学旅行发展体系
9	浙江省工业旅游示范基地评定办法	2019－04－18	浙江省文化与旅游厅和浙江省经济与信息化厅	为进一步拓展"旅游＋"的发展模式，推进文化、旅游和工业互融互利，培育新的旅游消费热点，创建浙江省工业旅游品牌，提升工业旅游发展水平

来源：根据相关资料整理。

第二节　浙江省旅游产业全面融合的发展现状

在习近平新时代中国特色社会主义思想的指导下，正处于成长阶段的浙江省旅游产业融合发展以高质量发展为目标，将助力浙江省建设成全国文化高地、中国最佳旅游目的地、全国文化和旅游融合发展样板地，积极促进万村景区化、旅游特色小镇、"旅游＋"示范基地等项目的建设。上一节已根据浙江省旅游产业融合发展的实践对现阶段发展特征、规模做了一定的判断与总结，得出了浙江省旅游产业融合正处于全面融合的快速成长阶段的结论。本节将对该阶段旅游与其他产业融合发展的特征以及模式进行总结，为下文旅游产业与工业、农业、体育、商务、影视等产业融合发展的商业模式创新做一定的铺垫。

一、浙江省旅游产业全面融合发展的规模与程度

依托"好山好水好文化"的旅游资源，2018 年浙江省首次提出建设"大花园"，

让"大花园"成为现代浙江建设发展的普遍形态。旅游业发展逐渐扩大,2017年浙江在中国特色旅游商品和中国品牌旅游商品大赛中获奖牌数均列全国第一。从全域旅游到万村景区化的实施,从旅游景区建设到"旅游+"产业融合发展,浙江省旅游产业融合发展成为"绿水青山就是金山银山"的真实写照。

（一）发展空间覆盖全省

随着乡村振兴战略与全域旅游的提出,浙江省旅游产业与其他产业融合发展基本实现旅游产业融合发展类型全覆盖,融合发展地域范围覆盖全浙江。从城市到县市再到乡镇,因其自然和产业文化优势,旅游产业融合发展层层深入,呈现出大分散、小集中的特征。浙江省各地均形成了以自身特色为主的旅游经济发展格局。在《浙江省全域旅游发展规划(2018—2022)》中,浙江省提出以都市建设发展为依托,加快构建分工合作、市场共享的省域旅游目的地体系,打造集都市休闲、古镇休闲和乡村旅游为一体的杭州都市圈,具备海洋旅游和都市休闲旅游的宁波都市区,以商贸购物、影视文化和温泉养生为特色的金华—义乌都市区,以休闲度假为特色发展的温州都市区,形成省域内四大区块协同发展。省级旅游风情小镇、全国休闲农业与乡村旅游示范县、农家乐特色村、工业旅游示范基地、工业遗产旅游示范基地、运动休闲旅游示范基地、老年养生旅游示范基地、研学实践教育基地等产业融合新业态不断兴起,发展面几乎覆盖全省各地。

（二）经济效益初步显现

2017年浙江省旅游产业发展提前实现破万亿目标,并且成功入选国家全域旅游示范省创建单位;2018年旅游总收入全国排名第五,旅游产业已经成为浙江省国民经济的支柱性产业。以旅游产业融合发展中的商务旅游、农业旅游、影视旅游为例,浙江省旅游产业融合发展经济效益初步显现,走在全国前列。2018年,浙江省农家乐休闲旅游共接待旅游者4亿人次,增长17.4%,营业总收入达427.7亿元,增长20.9%,显示农旅融合发展的良好局面。[①] 2011年,横店影视城年旅游接待量创历史记录,总计847万人次,成为当时浙江省旅游景区接待游客人数第一名,在"中国旅游百强景区"排行榜中占据第四位。截至2017年年底,已累计2100余个中外影视作品在横店拍摄,年旅游接待量达到1872万人次,[②]奠定了横店影视城影视旅游发展的龙头地位。在浙江商务旅游发展中,义乌商贸城、乌镇会展旅游

---

① 《浙江省乡村旅游发展势头强劲 2018 年实现收入 427.7 亿元》,中商情报网。详见 http://www.askci.com/news/chanye/20190313/1615351143157.shtml。

② 《横店影视城累计已接待剧组 2155 个》,浙江新闻。详见 https://zj.zjol.com.cn/news.html? id=868594。

发展迅猛；从 2008 年至 2017 年间中国城市国际会议举办情况来看，杭州市排名第三；阿里巴巴、网易、海康威视等国内知名企业，为杭州市商务旅游的发展奠定了良好基础。

（三）融合产业更加广泛

浙江省旅游产业融合发展现阶段已经构建成旅游业与商务、体育、农业、工业、影视、医疗等融合发展的"1＋X"大旅游产业体系，成为全国旅游产业融合发展的典范。旅游产业融合程度越来越深，以游客的价值为导向，培育出更具有生命力、更贴近市场需求的旅游业态。旅游业与工业融合发展中，从传统的工业遗迹、企业生产线的观光打造成具备"体验＋观光＋休闲"等多种功能的工业遗迹旅游综合体等，如龙泉青瓷小镇工业遗迹旅游的景区化开发；截至 2018 年，浙江省共有 11 个国家工业旅游示范点，约占全国总数的 1/10。旅游业与农业融合发展中，从开始单体经营的农家乐经营和观光型的旅游景点发展到具备体验、休闲、度假、创意等功能的农业旅游的发展，7 家中国乡村旅游示范创客基地的形成，加快了浙江省农业旅游的发展与教育、就业结合，开创了促进大众创业、万众创新的良好局面；金华市东阳花园村被评为"中国优秀国际乡村旅游目的地"，标志着浙江省农业旅游的发展已经与国际接轨。体育旅游发展中，2017 年浙江省正式成立体育旅游产业促进会；在 2019 年评定的 26 个"长三角最佳体育旅游目的地"中，浙江省宁波东钱湖景区、浙江杭州市桐庐纪龙山神仙峰运动休闲旅游基地等 6 个体育旅游目的地被评选入内，与上海并列第二名；在 14 条"长三角最佳体育旅游线路"中，浙江龙游自驾运动线路、浙江象山白岩山极限运动自驾游等 5 条线路被评选入内，与江苏并列第一。① 养生养老旅游发展中，在 2018 年 3 月公布的《第一批国家中医药健康旅游示范基地创建单位》中，浙江省佐力郡安里中药养生体验园和浙江龙泉灵芝鲜叶基地两家入选。在旅游业与教育业融合发展中，截至 2019 年 5 月，浙江省共有 19 个国家级中小学生研学实践教育基地和 2 个国家级中小学生研学实践教育营地；② 绍兴市更是作为浙江省唯一一个被授予"中国研学旅游目的地"称号的城市。浙江省旅游产业与医疗、工业、农业等产业发展已趋于成熟，形成了"1＋X"大旅游产业体系，产业规模快速扩张。

---

① 《2019 长三角地区最佳体育旅游项目发布》，浙江省体育局。详见 http://www.zjsports.gov.cn/art/2019/5/22/art_1347213_34321898.html。

② 《教育部办公厅关于公布第一批全国中小学生研学实践教育基地、营地名单的通知》，教育部政务网。详见 http://www.moe.gov.cn/srcsite/A06/s3325/201712/t20171228_323273.html。

二、浙江省旅游产业全面融合发展的特征

目前,旅游业已经成为浙江省国民经济的支柱产业和新的增长点,产业全面融合不断升级,并呈现出创新驱动、讲究实效、数字支撑等特征。

(一)数字支撑,推进全产业的资源融合

2017年年底,浙江省委经济工作会议提出,将数字经济作为浙江的"一号工程"来抓,深入数字浙江建设,浙江省旅游产业数字化融合发展是现阶段浙江省旅游产业融合的一大特征。随着旅游网上预订与支付、在线服务等业务的迅速展开,无论是旅游相关部门还是旅游者,都试图用数字化形式拉近彼此的"距离",积极促进与互联网的融合发展,实现信息交流无障碍、旅游服务更贴心。在项目建设上,杭州国博APP将智慧体验融入APP打造中,以用户思维为导向,进行全业务、全流程、全场景覆盖,打通线上线下运营服务的壁垒,助推产业转型升级;2018年8月,西湖景区与阿里巴巴、蚂蚁金服签订协议,将西湖打造成为全国"数字景区"的优秀示范,"阿里伴你游杭州"整合了智慧营销、智慧管理、智慧服务等功能,实现了游客有一部手机就可以游遍杭州的智能用户体验;2019年5月,浙江省发布"数字诗路e站",利用3D全息投影、VP/AR等数字化的技术手段,将诗路沿线地区的景点、历史遗存等资源进行整合创新性开发,构建了一个虚实结合的浙江诗路数字化平台,打造了文旅融合数字化样板。商务旅游发展中,将住宿、交通等预定系统与企业差旅系统整合,实现智慧化发展,促进资源的整合和效率的提高。旅游产业数字化融合发展,做到了旅游产业与互联网等技术的系统化、集约化长效结合,是推进旅游产业融合发展的资源与社会资源的整合,是立足市场动态,适应当代旅游发展所做的改变;推动数字化旅游所带来的基础设施改善和服务业提升,提高了浙江省旅游产业融合发展中的整体接待与服务水平,也促进了浙江省各地区旅游产业融合向多层次、全方位发展。

(二)创新驱动,促进全业态的深度融合

现阶段随着"旅游+"战略与全域旅游的发展,旅游产业融合发展中不断融入新技术、新思想、新理念,浙江省旅游产业融合逐渐形成了创新驱动型融合的特点。丰富的"好山好水好文化"资源为浙江省旅游产品的开发提供了广阔的前景,随着旅游业的发展,各种特色旅游产品开始萌生并发展。从业态发展中,浙江省积极促进旅游产业与其他产业融合发展,促进多功能、体验性产品的开发,满足人们日益多样化、个性化的需要。例如,《宋城千古情》以创新为本,一直坚持"每天一小改、每年一大改"原则;横店影视城在综合性影视基地商业模式创新的基础上,引入体

育产业的发展,横店马拉松赛事被评为"最具娱乐精神"和"最会玩"的马拉松赛事,也是浙江省唯一一家入选国家体育旅游精品赛事的体育旅游赛事;2018年更是引入低空飞行技术,开启横店旅游新发展,又促进了"影视＋体育＋旅游＋文化"的业态创新。从项目建设中,浙江省积极筹划百个兼具旅游功能的特色小镇与百个注重特色乡俗传统文化和民俗风情挖掘的旅游风情小镇建设,开创性地成为国家风情小镇建设的指定省份,制定了旅游风情小镇的国家标准。不仅如此,浙江省还首创性地出台了省级运动休闲小镇创建标准。从体制机制建设中,在运动休闲产业迅猛发展的背景下,浙江省成立了首个省级体育旅游产业促进会;2019年5月,全国首个文旅IP研究中心在浙江省成立,为全国文旅IP研究的发展树立了榜样。浙江省旅游业在与其他产业的融合发展中始终坚持创新发展,为全国其他地区的旅游产业融合发展树立了典范,在区域旅游产业融合发展中具有引领性作用。

（三）讲究实效,实现全成果的价值转化

浙江省旅游产业融合建设发展中,无论是政策发布、机制建设,还是项目、行动建设都坚持以"大花园"和"诗画浙江"中国最佳旅游目的地的发展目标为导向,始终践行讲求实效、求真务实的浙江精神。从政策机制中看,浙江在2019年度工作思路中明确提出,要践行"三服务"抓落实,要创新思路抓落实,要提质增效抓落实,要依法行政抓落实,要守牢底线抓落实,注重实效性发展;在特色小镇的机制建设中,实施"创建制"机制,重谋划、轻申报、重实效,形成"落后者出、优胜者进"的竞争机制;在全域旅游示范区、万村景区化、旅游风情小镇等项目申报和审核评定中,以复核抽查形式进行项目监督管理,例如《浙江省A级景区村庄服务与管理指南》中提出景区村庄要采取抽查形式,每三年复核一次,提高评定质量,优化产业结构,始终将"落实"贯彻到底,在落实中求实效。从项目建设上,因地制宜,规范发展。万村景区化、特色小镇、旅游风情小镇等项目的建设是根据当地产业特色进行产业链延伸,促进特色产业与旅游产业的融合发展,并在此基础上融入其他产业,进行全产业融合。浙江省一直秉承着务实创新的发展理念,截至目前已经成功创成4876家A级景区村庄,全域旅游的"村"时代已经率先拉开序幕,文化和旅游部对浙江省"万村景区化"建设工作经验也予以肯定,说明浙江省旅游产业发展已经将乡村振兴与全域旅游相结合,而且成效显著;①特色小镇,如龙坞茶镇旅游产业融合发展中,以"茶"为核心,将茶文化演绎到极致,培育和健全茶产业链,开展茶叶研学旅游、茶养旅游等,集乡村旅游、民俗体验、文创产业、养生健身产业与运动休闲产业

---

① 《李金早副部长批示肯定我省"万村景区化"工作经验》,《浙江文旅手机报》2019年5月8日,第1055期。

于一体,促进一、二、三产业融合深入发展。

三、浙江省旅游产业融合发展的主要模式

浙江省旅游产业在与其他产业的融合发展过程中,融合程度不断加深,融合的对象不断拓展,工业旅游和农业旅游的发展模式日趋成熟,旅游产业与影视产业、体育业、商务业等第三产业的融合发展开始快速增长,形成了大量的复合型旅游业态,如影视旅游、体育旅游、商务旅游等,形成多业共生的产业格局,旅游产业边界不断拓展,满足了不同游客主体的多元化需求,实现投资收益的最大化。旅游产业与其他产业融合的商业模式创新发展路径主要有资源驱动型融合、功能叠加型融合和混合驱动型融合。

(一)资源驱动型融合

资源驱动型融合是因旅游吸引物的衍生性,将其他产业的资源以旅游资源的形式融入旅游产业,即其他产业的生产经营场所、活动以及产品经过创新性地开发利用,形成新的旅游产品,以满足旅游者多样化、个性化的旅游需求,农业旅游与工业旅游是典型的资源驱动型商业模式创新。在农业旅游发展中,根据农业与旅游业的产值占比,农业旅游的商业模式创新分为以旅兴农和以农兴旅两种模式。例如,以旅兴农路径下的德清莫干山乡村民宿旅游商业模式的发展,将民宿赋予文化内涵,形成产业集聚,打造成为国内乡村民宿旅游的标杆。工业旅游发展中,根据吸引物的分类,将工业资源分为工业遗产和工业企业两大类。工业企业联动旅游产业发展是以生产线观光为主,延长产业链长度。例如嘉善巧克力小镇的发展。浙江省以工业遗产为核心的工业旅游发展以"遗产+"为核心,横向拓宽关联项目,实现复合式发展。例如,遂昌地质公园以矿山遗址为核心,打造成为浙江省工业遗产旅游的典范。

(二)功能叠加型融合

功能叠加型融合,是指浙江省旅游产业融合发展过程中以两个产业相似功能互融或两个互补功能叠加为融合路径,促使旅游业与其他产业的融合。例如,体育业与旅游业相似的放松身心、强身健体等功能促使体育旅游的发展,养生养老产业与旅游产业的休养身心等相似功能促使养生养老旅游的发展。这种功能叠加型融合使旅游产业的某项基本功能得以显现和深化,同时又使融入产业创新了其原有功能的展现方式和发挥途径,并更容易取得更好的功能凸显效益,使其成为各自产业链中的价值增长点,以此拓展和提升旅游产业和相关产业的增值空间。体育旅游在发展中以体育赛事、健身休闲等体育活动为吸引物,拓宽旅游市场,与旅游体

验有机结合,形成多种体育与旅游结合的特色项目。例如宁海国家登山健身步道和千岛湖景区健身休闲旅游。养生养老旅游中,将保健疗养、医疗护理等养生养老功能与休闲娱乐等旅游功能融合,形成具有综合效益的养生养老旅游的发展。例如磐安江南药镇依托中医药产业,将旅游功能融入,扩大其消费市场,促进江南药镇养生养老旅游的创新性开发与可持续发展。而商务旅游的发展是将旅游功能叠加嵌入商务产业之中,针对各类企业或公司的会议展览、出差旅行和奖励旅游等需要,将旅游产业例如酒店住宿、交通出行等业务与公司差旅管理相结合,将旅游业的相关功能模块的价值嵌入商务企业活动之中,将商务产业与旅游产业的功能叠加融合,促使商务旅游的发展。

(三)混合驱动型融合

混合驱动型融合,是指新业态的形成是功能吸引和资源整合共同驱动的结果。例如研学旅游、商务旅游和影视旅游的发展。研学旅游的发展是教育功能与旅游功能融合、教育资源和旅游资源整合共同作用的结果。绍兴鲁迅故里研学旅游深入挖掘鲁迅文化,融入教育功能,拓展亲子研学旅游市场;浙江旅游职业学院充分利用校内现有实训设施、配套设施等教育资源和校园景观等旅游资源开发研学旅游产品。养生养老旅游利用可开发生态理疗等具备养生养老功能的旅游资源如森林植被、滨海湖泊等,开发产品,形成休闲度假养生养老旅游商业模式。例如仙居依托优质生态资源、具有"中国温泉之城"之称的武义利用稀缺的温泉资源进行养生养老旅游的发展。浙江省混合驱动型商业模式创新中以影视旅游的发展最为突出,其利用影视的传播功能,将影视作品资源、IP文化等影视资源和旅游资源结合,创新开发集影视文化与旅游文化于一体的影视旅游产品体系。最为典型的是横店影视城的发展,其将影视拍摄过程及场景与旅游体验结合,利用影视强大的传播效应,将横店影视城打造成为国内影视旅游行业最具标杆性的影视基地。

本章小结

本章从产业融合角度出发,以"浙江省旅游产业演进过程和浙江省旅游产业融合发展现状"为写作逻辑,首先依据产业融合相关理论对浙江省旅游产业融合阶段进行了划分。然后根据浙江省实践发展情况提出浙江省旅游产业融合演进过程,即起步阶段(1978年—20世纪末)、成长阶段(21世纪初—2015年)和快速成长阶段(2016年之后),并根据各个阶段的实际情况,提炼归纳出各阶段的特征表现,分别是单产低融、多产低融、全面融合。指出目前浙江省正处于快速成长阶段。本章通过对文献、政策等资料的全面分析,得出了浙江省旅游业与其他产业正处于全面融合阶段的结论,力证浙江省旅游业的全面融合为旅游商业模式创新提供了全方位的发展方向与路径以及强大的动能。浙江省旅游业产业全面融合,推动了新业态的形成,促进了旅游商业新模式的诞生。现阶段浙江省旅游产业融合发展空间已覆盖全省、经济效益优异呈现、融合产业更加广泛。旅游产业融合发展要求数字支撑,打破全产业融合界限;实施创新驱动,促进全方位业态创新;讲究实效发展,追求全方位融合成效。在全面融合发展背景下,浙江省旅游产业融合创新模式可分为资源驱动型融合、功能叠加型融合和混合驱动型融合三种商业创新模式。基于融合视角下旅游商业模式创新可以选择浙江省为案例,为全国旅游产业融合发展提供借鉴,也为本文后续章节中旅游与其他产业融合发展现状研究做了铺垫。

实践案例篇

第四章 农业旅游商业模式创新与案例实践

我国党和政府历来十分重视"三农"问题,通过发展现代农业以促进传统农业的提档升级,提高农业生产效率是实现农业现代化、解决"三农"问题的核心途径。在乡村振兴战略大背景下,旅游业发展面临着新的机遇和挑战,农业旅游中多种全新的商业模式在全国各地相继涌现。多地政府及旅游相关企业从不同方面推动旅游与农业深度融合,创新探索差异化、高效率的旅游商业模式。在此背景下,浙江省相继出台了《浙江省 A 级景区村庄服务与管理指南》《浙江省风情小镇认定办法》等政策文件,大力支持各县(市、区)促进"旅游+农业"的融合发展,"万村景区化"是浙江省对农业与旅游业融合的一个实践。本章从农业旅游的内涵与旅游商业模式创新、典型创新案例及融合发展的问题与对策三个主要方面逐一展开分析,以浙江实践详尽地论述产业融合视角下农业旅游商业模式创新的机理,为其他地区发展农业旅游提供一定的借鉴经验。

第一节 农业旅游的内涵与创新模式

农业与旅游的融合发展最早可溯源到 19 世纪的欧洲,早在 1855 年,法国巴黎的贵族们就开始到农村地区进行开展旅游度假的活动;1865 年,意大利成立了全国农业与旅游协会,农业旅游活动开始逐渐进入人们的视线;1960 年左右,西班牙开始规划建设农场与庄园,在庄园中提供骑马、滑翔、漂流等多种乡村休闲项目,并且创办多种娱乐与教育相结合的自然学习班、务农学校、培训班等,开创了农业与旅游融合发展的先例。在此之后,农业旅游在美国、日本、澳大利亚、荷兰、德国、波兰等国家前后不同阶段得到了快速的发展。[①] 我国的农业旅游作为旅游业发展中

---

① 《农业旅游》,百度百科。详见 https://baike.baidu.com/item/农业旅游。

较早出现且颇具竞争力的个性化旅游，也处在快速上升的阶段，呈现"井喷式"发展，给国家政府部门带来了诸多行之有效的发展经济、解决农村问题的方法，同时引起了大众对旅游实践的广泛关注。途牛网相关数据显示，2018 年，有关"乡村""农家乐""乡村度假"等关键词的搜索量比 2017 年增长了 30%。此外，与农业农村相关的各类乡村旅游产品的问询量、预订量也处于持续上升趋势。[①]

一、农业旅游的内涵与特点

（一）农业旅游的内涵

国内外很多学者都对农业旅游的内涵进行了界定与诠释，一半都涉及了其依托的旅游资源（旅游客体）、目标市场（旅游主体）、活动场所（旅游目的地）[②]。此外，部分学者对农业旅游的功能或作用进行了不同的概括，并在一定程度上揭示了农业旅游的本质，其中提到农业旅游对提高游客吸引力或促进旅游地发展有较为明显的影响。总体而言，国内外学术界对农业旅游的概念理解有着较为明显的差异，加之不同国家学者由于所在国地域和资源的差异性，导致农业和旅游发展情况不尽相同，对农业旅游也有不同的见解。农业旅游在国际上的英文提法有Agriculture Tourism（Agri-tourism or Agritourism）、Rural Tourism、Farm Tourism、Village Tourism、Eco-tourism and Tourism Based on Heritage 等。[③] 而在国内有诸如农业旅游、乡村旅游、观光农业、休闲农业旅游、生态农业旅游、都市农业旅游等提法。[④] 由于农业旅游发生的场所并不仅仅局限于农村，在城郊甚至是城市里的主题公园也都可以进行。更因为广义上农业所涉及的内容较多，农业旅游范围也比较广，而农业受地域的限制也呈现出不同的形式与偏重、各国的旅游和农业两方面的发展状况也有快有慢。[⑤] 所以基于以上种种原因，对农业旅游内涵的界定一直是众说纷纭。

本节通过对相关文献的梳理，得出以下几个主要观点：郭焕成等（2000）以农业与旅游的交叉融合作为其主要研究视角，认为农业旅游（或称旅游农业）可以被界定为是以农业活动为基础的，实现了农业与旅游业融合发展的一种新型交叉产业，

---

① 《2018 年乡村旅游分析报告》，途牛网。详见 https://baijiahao.baidu.com/s？id=1626054272407596549&wfr=spider&for=pc。

② 刘德谦：《关于乡村旅游、农业旅游与民俗旅游的几点辨析》，《旅游学刊》2006 年第 3 期，第 12—19 页。

③ 范水生、朱朝枝：《休闲农业的概念与内涵原探》，《东南学术》2011 年第 2 期，第 72—78 页。

④ 范子文：《观光、休闲农业的主要形式》，《世界农业》1998 年第 1 期，第 50—51 页。

⑤ 张占耕：《休闲农业的对象、本质和特征》，《中国农村经济》2006 年第 3 期，第 73—76 页。

是产业融合发展的一种模式。[①] 此外,也有部分学者认为,可以从休闲学的角度对农业旅游进行不同的界定:即农业旅游是以发展农业生产、提高农民生活质量、保护生态环境为前提,以农业自然和人文旅游资源为基础,以城市居民到农村进行休闲、度假、体验、求知等活动为目的的一种新形式的旅游行为。[②] 就国内农业旅游发展现实情况而言,随着近年来农业旅游的快速发展,以及农业旅游实践的不断深入,农业旅游的内涵呈现不断扩大的趋势,所有涉及农业元素(生产类农业元素与生活类农业元素)的旅游都可称为广泛意义上的"农业旅游"。因此,为了更为全面地界定农业旅游的内涵,本文综合考虑农业旅游所涉及的主体、客体、特性、功能(作用)、本质、影响等,将农业旅游定义:农业旅游是以广义的农业旅游资源作为主要旅游吸引物,以都市居民和部分农民为主要旅游群体,以吸引他们去农村环境中进行观赏、科研、娱乐、度假、体验、休闲等为主要目的,帮助游客回归自然、了解自然、享受自然等的一种新型旅游形式。农业与旅游的融合发展本质上是现代旅游业向传统农业的延伸,不仅能够带动农业生产的进一步发展,促进农业产业结构优化升级,提高农村经济、社会、文化效益,同时也发挥了城郊或农村地区的资源优势,维护了生态环境,促进了经济、社会、生态三者效益的有机统一。

(二)农业旅游的特点

1.对农业资源的依赖性

农业旅游是以充分开发农业资源为基础,以服务旅游市场为主要目的,把农业生产、农村生活环境展示、旅游者旅游休闲功能等融为一体的一种个性化旅游活动。这种活动的特性说明了在农业旅游过程中,旅游业需要与农业进行紧密的结合,如果没有农业景观,农业旅游就失去了最大优势,很难吸引来游客。农业旅游与传统旅游方式具有本质上的区别,在农业旅游中,农村环境是必不可少的外部环境支撑,农业景观、绿色农产品等农业资源是吸引大量旅游群体前往乡村旅游的重要优势。农业旅游在发展中无法脱离农业这一重要载体,必须要以农业为基础形成农业旅游吸引物,农业旅游才能顺利并持续地开展。建立在纯净空气和水资源、安静的环境等农业资源之上的旅游,能够帮助人类实现与生态平衡发展、传承乡土传统文化的目的。旅游与农业的融合发展使得两者之间相辅相成、相互促进,不仅创新了旅游商业模式,而且促进了农业结构优化升级。

---

① 郭焕成,刘军萍,王云才:《观光农业发展研究》,《经济地理》2000年第2期,第119—124页。

② 戴美琪,游碧竹:《国内休闲农业旅游发展研究》,《湘潭大学学报》(哲学社会科学版)2006年第4期,第144—148页。

2.与乡村文化的结合性

农业旅游在初级形态时,形式往往较为单一,但乡村文化别有风味,充分展现了民族民俗文化中丰富的营养,使农业旅游的生态品牌得以延续。乡村文化资源是在历史发展过程中创造和积累的,是与众不同的文化资源,是能够吸引人们参与其中的物质文化和精神文化的总和。农业旅游是一个自然与人工兼备的生态系统,它包含自然景观,又包含人类活动参与下形成的文化景观,如种植文化、饮食文化、建筑文化、服饰文化、宗教文化等。乡村文化是农业旅游的精髓,对文化资源的了解和欣赏是旅游者的最终目的,要使游客在旅游过程中了解到与众不同的农耕文化,获得独特的审美享受。

3.旅游活动的广泛参与性

旅游者的消费需求已经不满足于停留在观赏层面,更多以追求旅游愉悦为目标,他们倾向深层次的参与体验。旅游体验是一种综合性的体验,例如在农业旅游发展过程中,旅游者更愿意更深层次地体验农作物的种植、采摘等,获得更多元化的旅游感受。目前农业旅游有蔬果采摘园、花卉观赏园、农业科普园、科技博览园等集观光与高科技农业技术为一体的农业旅游类型,上述农业旅游多以农业观光、农业科技展示、农耕活动、传统乡村民俗文化欣赏等活动为主要抓手展开。农业旅游为人们展现了个性化、多元化的旅游活动及产品,让游客参与到旅游活动中来,体验与传统旅游不同的地方,为人们带来了新的视觉感受和体验。旅游者能通过参与个性化、复合化的多种旅游活动,获得独特的旅游体验,并感受独具魅力的精神享受。农业旅游能够通过提高游客群体的广泛参与频率,从而提高旅游者的旅游质量,促使农业旅游群体更加珍惜农村的自然资源与乡土文化。

二、农业与旅游业融合的必要性

随着国内旅游群体消费方式的转变,以及旅游市场中乡村旅游产品供给的日益丰富,农业旅游日益受到旅游者的追捧,成为推动旅游与农业融合发展的重要驱动力。此外,推动旅游产业与农业产业融合发展是全党做出的重大决策部署,是推动国内产业转型升级,调整优化产业结构,使改革成果惠及民生的重要途径。在此背景下,进一步推动两大产业深度融合发展具有重要意义。

(一)满足旅游需求向乡村延伸的发展方向

我国经济社会发展逐步迈入"新常态",居民的生活及工作方式也随着经济社会发展的变化而发生了显著改变。传统城市中长期喧哗、快节奏的生活方式使城市居民产生逃避心理,催生了居民对乡村生活方式和环境的向往。人们想在乡村中寻找一片净土、乐土,享受闲适的度假生活,通过乡村中休闲、安逸的生活方式调节长期以来紧张高压的城市生活。在以上大背景下,乡村宁静的生活环境和悠闲的生活方式不断吸引城市居民前往乡村体验,农业旅游逐渐成为旅游或休闲的主要方式之一。目前旅游者和城市居民利用周末短暂的时间到乡村旅游,已经日渐成为其常态化的消遣方式。据调查显示,65.4%左右的城市居民在最近一次周末期间选择去乡村开展旅游活动。由此可见,乡村出游已经逐渐成为城市居民周末休闲娱乐的主要选择。居民出游心理的转变使得乡村旅游频率稳步增加,在周末或短暂的小长假到乡村休闲娱乐已经成为众多旅游者休闲的常态方式。[①] 由此可见,随着旅游者和城市居民旅游消费理念的转变,推动旅游与农业融合发展已经成为满足新兴旅游市场需求的一个必然选择。

(二)实施国家乡村振兴战略的重要抓手

国家产业政策的调整为有效解决"三农"问题、开展"三农"工作明确了战略方向,也为农业旅游提供了较好的政策发展环境。《国务院关于加快旅游业发展的意见》中提出,要通过发展农业旅游,开展独特且多元化的观光农业和农业环境中的休闲体验性旅游活动,促进乡村旅游富民工程的实施。全国多地区提出要将旅游业建设成为支柱性产业,同时将构建以农业观光、乡村休闲、农家享乐、民宿体验为主的农业旅游产品体系,面向旅游者和城市居民提供更多更为丰富的农业旅游产品。此外,国家关于"美丽乡村"的建设为农业旅游提供了发展的动力,更多的农村劳动力从土地中脱离、村容村貌实现了较大改观、农民文化素质得到加强。国家及省级相关政策明确指出,旅游与农业农村深度融合发展已经成为国家实施乡村振兴战略、推动农业转型升级的重要抓手。在此背景下,进一步推动旅游产业与农业产业深度融合发展,是贯彻国家乡村振兴战略的必然方式。

(三)满足旅游多元产品供给的发展策略

旅游与农业的深度融合离不开乡村旅游产品的供给,随着乡村旅游活动的发展,传统农业已经不仅仅是农产品种植和销售,农业旅游包括休闲种植业、养殖业和休闲副业。以休闲为主要功能的种植业、养殖业将旅游与果园、菜园、家禽等相结合,吸引游客进行消费,有效带动本地相关农产品的销售;以休闲为主要目的的农副产业将旅游与手工业相结合,农村居民将自己制作的特产和手工艺品进行大规模生产加工,并提供给游客,这些具有当地特色的农产品为游客提供了更多消费

---

① 《大数据分析 | 乡村旅游已成为一种生活方式》,农事咨询网。详见 http://www.ipa361.com/t/201705/116311.shtml。

选择，拉动了旅游需求，完善了农村产业结构。经过多年的发展，我国乡村旅游产品已变得更为多元化、复合化、个性化。在生态优美、环境质量好的地区发展生态农业旅游，在具有特殊人文景观（民风民俗、特色文化等）、乡村文化资源丰富的地区体验优秀的民俗文化，在畜牧业发达地区发展乡村草原牧场旅游，在旅游六要素"吃、住、行、游、购、娱"设施完善的地区发展休闲度假旅游。全国各地的美丽乡村已经因地制宜地探索出多种体验当地农业农村特色的旅游产品，源源不断地吸引众多的旅游者前往体验。这种多元化发展及乡村生活的多重体验形式拉长了传统农业价值链，提升了传统农产品的附加值，促使旅游业与农业深度融合，推动了旅游商业模式不断创新。

（四）调整优化农村产业结构的必然要求

农业旅游类型多种多样，其中包括生态观光农业、休闲度假农业、现代化科普教育农业等，上述多种农业旅游商业模式的创新，加快了现代化农业体系的更新换代，推动了农村产业结构的优化升级。传统农业产业只有种植和养殖以及部分初级农产品制作，劳动过程及劳动产出均较为单一。通过发展农业旅游促进农村产业精细化分工，从而形成以农业旅游为中心的产业链，主要包括以农家乐为中心的餐饮业、服务业；以种植养殖业为核心的农副产品加工、深度农事体验及相关的运输业等。农业产业链的延伸不仅可以丰富农民的劳动方式，还能有效解决部分农村剩余劳动力再就业问题。比如，当地政府通过推动农业旅游的发展，吸引旅游企业驻扎当地，企业能够为农民提供就业机会，让村民无需离开家乡就可以获得较高的收入，这在一定程度上促进了农村地区农民人均收入和生活水平的提高。由此可见，农业旅游在提供就业岗位、吸纳剩余劳动力方面有着巨大作用。同时旅游业本身是一个带动性极强的产业，通过发展农业旅游可以带动其他产业发展，促进经济社会水平提升，这对于改善农村人口的医疗卫生条件，推进社会养老和社会救济等方面具有重大意义。

（五）推动城乡一体良性发展的重要途径

农业旅游能够通过拓宽增收渠道带动农民收入增加，所以发展农业旅游在一定程度上可以有效改变以往农民单一收入来源的局面。举例而言，在农业旅游快速发展的今天，农村中别具一格的农家乐就如同传统意义上的小景点或者小旅行社，通过对农民自有农业资产进行小规模的投资，就可以满足部分游客的需求。通过为游客提供相应的旅游服务，每家农家乐都可以产生很好的经济效益，从而增加农民收入、改变农民生活方式。农民所投资的固定资产在有顾客时进行经营，没有顾客时则自己使用或运营，实现了农业资源的合理利用与开发，有利于农业资源的高效率配置与使用。在农业旅游发展已经取得一定效益的地区,当地政府一般为了提高当地人民的积极参与性和保证农业旅游发展的可持续性,多会增加对本地旅游基础设施建设和旅游公共服务的投资,而且有些已具备一定规模的农家乐业主为了更好地吸引旅客,对已有的基础设施不断增加建设投入,使农村的道路、水电、垃圾处理等基础设施进一步完善。通过发展农业旅游,吸引年轻劳动力回流,使农村劳动力资源结构更为合理,从而促进乡村经济的发展,推动和谐农村发展。一般情况下,为促进旅游公共服务的提升,政府会成立协会,组织农民进行文化知识和综合素质培训,促进他们的民主意识和行业意识提升。农业旅游作为一种产业融合发展的产物,已成为推动城乡一体化、减小城乡二元差距的重要抓手,有效推动了农村的现代化建设和精神文明建设的发展。

三、浙江省农业与旅游业融合发展路径及商业模式创新

党的十八大以来,浙江省坚定不移推进"千村示范、万村整治"工程,大力发展高效生态农业,在推动乡村产业振兴、促进旅游与农业融合发展方面做了富有成效的先行探索。由于浙江省各地资源禀赋不同,各地村民素质、村庄传统文化、社会风尚的差别,所以,在探索农业旅游产业发展模式时必须因地制宜、合理发展。综合目前浙江省旅游与农业融合的现状,根据农业产业或旅游产业所占总产值的高低不同,可分为以旅兴农、以农促旅两条发展路径,根据每条路径又衍生创新出不同的旅游商业模式(见图 4.1-1)。

(一)以旅兴农路径下旅游商业模式创新

以旅兴农是指在农旅融合发展中,旅游业产值明显高于农业产值,农业往往成为旅游业的辅助产业。在以旅兴农融合路径下,各地深挖本区域最具特色的农业农村旅游资源,结合当地区位特点、产业与人文历史文化特色等,创新农旅融合发展的商业模式。如南方丘陵山区,一般耕地少而分散,但山地植被与空气环境好,适合发展生态农业旅游。这种情况下,单纯发展纯农业产值是不明智的,应该扬长避短,发挥当地山林生态优势发展旅游,让百姓在农旅融合发展中有更多的机会参与并得到实惠,在这种情况下农业往往会成为旅游的辅助产业。在本节写作中,根据浙江省发展农业旅游的实践经验,基于各地多元化的农业旅游资源,将农旅融合路径下代表性的旅游商业模式总结为以下几类:以传统村落建筑为基础的"村落观光＋文化传承"型、传递独特价值主张的"乡村民宿＋休闲度假"型、体现乡土风情的"民风民俗＋风情体验"型。

1.以传统村落建筑为基础的"村落观光＋文化传承"型

正如冯骥才先生所说,"古村落是中华民族最大的遗产,是一个文化容器,是非

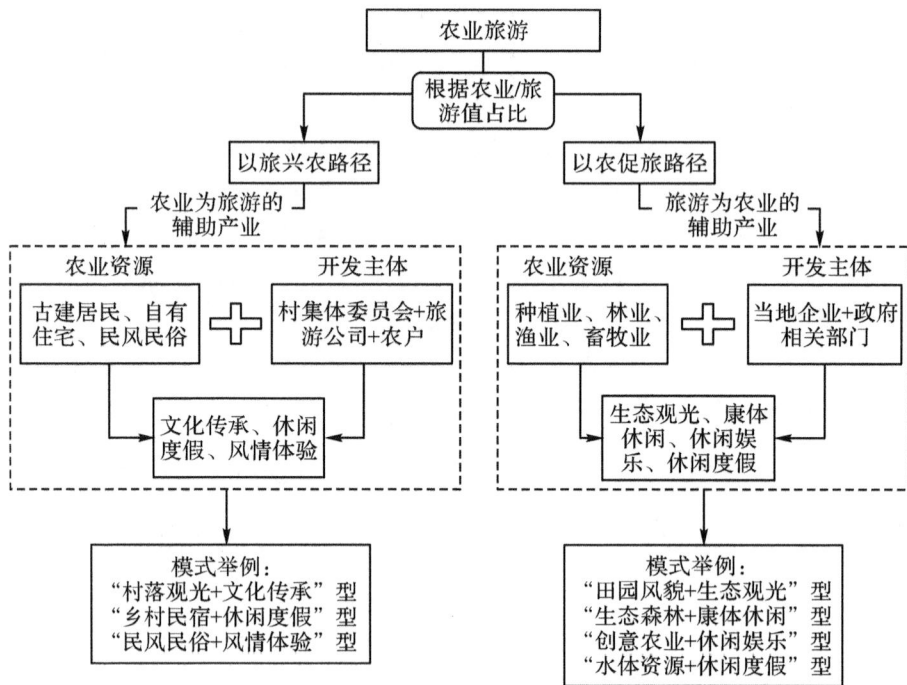

图 4.1-1　农业旅游融合发展路径及商业模式创新

物质文化遗产和物质文化遗产的综合体"。在一些传统古建筑保存较为完好的乡村，开展农业旅游已经日渐得到当地政府和村民的重视，并日益吸引越来越多的游客前往。例如，2006 年被评为省级历史文化村镇的桐庐荻浦村，村内古建筑多以明清时期的徽派建筑为主，至今保存良好。为响应浙江省美丽乡村建设的号召，荻浦村近年来大力发展旅游业，以当地富有特色的古村落资源为依托，将其融入旅游发展过程中，从而形成"村落观光＋文化传承"这一农业旅游的创新模式，在满足游客多元化旅游需求的同时，本地自然资源、历史文化资源、生态资源得到了更为合理的配置，使得当地价值创造的核心能力得到提升，整体收益得以增加。古村落乡村旅游的发展需要以古老且传统的乡村建筑以及独具特色的传统文化为依托，是农业旅游中对旅游资源要求较高的一种商业模式；除此之外，"古村落＋旅游"的融合发展，使人们重新认识到古村落的历史文化价值，使得传统古村落的独特风情更加广为人知，有利于保护传承。

2.传递独特价值主张的"乡村民宿＋休闲度假"型

乡村民宿是指在乡村旅游发展中，装修简约、整洁干净的民宿在承载住宿功能的基础上，将其打造成当地文化的新载体。每一家民宿都为游客传递独特的价值主张,逐步发展成为寄托乡愁的地方,传达出更多关于当地人文历史的声音。以德清莫干山民宿为例,在乡村旅游发展的近10年来,德清的莫干山民宿一直处于行业领先地位。德清县依托"莫干山"的名山效应,在2007年开创了"洋家乐"高端休闲旅游新业态。10多年来,当地走出了一条特色旅游发展之路,以精品民宿蜚声中外,也因此拓宽了目标市场,吸引了更多的游客前往。随着城市化的发展,乡村人口流动频繁,乡村中有较多的民居、废弃工厂甚至学校处于荒废状态,综合考虑城镇建设用地指标,有效利用闲置资产开发旅游接待与服务设施,民宿旅游不需要新增建设用地指标。这不仅降低了当地民宿经营者的成本,而且实现了现有资源的有效再利用。在这些老房子里面消费,能传递给游客更为特别的体验与每一家民宿独有的价值主张,容易带动二次消费。发展乡村民宿,为游客提供新的价值主张,要以不同的住宿主题为核心,结合乡村中养身养心的功能,突出乡村环境中"静"的特点,打造不一样的空间感。游客在周末或短暂假期中远离现代都市喧嚣繁忙的生活,来到乡村民宿,在民宿中回归自然,恢复身心,既满足了城市游客群体对乡村生活和生态自然景观的向往,又达成他们休闲度假的目的。

3. 体现乡土风情的"民风民俗＋风情体验"型

此模式主打农村传统文化、民风民俗、民族风情等,比较典型的有少数民族村寨、历史文化名村名镇、农业文化遗产地等,这些地域有着较为深厚的文化底蕴、特色的民风民俗,是农业旅游融合发展的主要模式之一,比如畲族文化村。畲族大多数位于我国浙江和福建一带,属于游耕民族。畲族最为出名的一个聚居地是浙江丽水市景宁的畲族自治县,由于聚居人口众多而广为人知。除此之外,很少有人知道湖州市下辖安吉的报福镇中张村也是为数不多的畲族村。中张村地处山区,连绵起伏的山上多是竹林与安吉白茶,自然景色令人向往。中张村全村共有两千多人,其中三分之一以上的村民为畲族。正因如此,此地畲族的传统文化和民俗活动被较为完整地保留了下来,在近几年的农业旅游发展中,这已经成为中张村最为有名的旅游品牌。每年的农历三月三日是畲族人民十分重要的节日,热情好客的畲族人穿上民族服装,载歌载舞欢庆节日,景区周边有畲族村民跳起竹竿舞,邀请游客参与其中,游客在游玩中能感受到多彩的畲族文化。此外,还有畲族独具特色的婚嫁习俗、传统美味小吃等,这些都是当地乡土风情的体现。

(二)以农促旅路径下的旅游商业模式创新

以农促旅型路径下农旅融合发展的前提条件就是农业产值本身特别高,在发展过程中,旅游业往往成为农业的辅助产业。虽然从目前世界经济发展的宏观格局上看,农业整体产值是不如工业,但局部微观上,有些农业园的纯农业产值依然较高。例如,高端有机农业、精品果业等,上述农业多为现代农业,自有农业产值很高,发展旅游业能起到锦上添花的作用。

1.以现代种植业技术为基础的"农业博览＋科普教育"型

农村环境中,有条件的旅游企业或农民个人利用现代农业技术开发具有较高观赏价值的农业观光园,或者利用现代化农业栽培手段,开发以展示栽培技术或园艺、农产品及其生产过程为主的农业科普博览园,让游客在观赏的同时获得一定的农业知识,这种模式被总结为以现代种植业技术为基础的"农业博览＋科普教育"型。以诸暨市米果果小镇为例,米果果小镇位于诸暨市东北方向的山下湖镇,目前已经建造成一个集农作物种植、家畜养殖及农副产品深加工、休闲娱乐与科普教育等功能为一体的综合性农业园区。小镇主打生态农业,在总体发展战略中始终遵循"农业＋旅游＋差异化"的目标导向,打造能够实现现有农业与旅游资源合理配置的绿色农业产业链,促进一、二、三产业联动,实现了分销渠道的进一步拓展,在牢固占据原有市场的同时,通过合理规划新旅游六要素,占据更多的农业旅游市场份额。此模式将农事体验、农技教育等融入到旅游的发展中,形成新的旅游业态,强化了生产过程的生态性、艺术性与趣味性,丰富了传统意义上的顾客价值,也为自有旅游品牌的营销提供了更为可靠的口碑宣传渠道。目前此类农旅融合的发展模式已得到社会各界的普遍认可。

2.依托传统种植业的"田园风貌＋生态观光"型

此模式是指利用一些大型花卉生产基地,成片的果园、稻田、麦田等资源,让游客通过对自然生态风景的真实体验,深入乡村生活,愉悦身心、净化心灵。例如"花香漓渚"田园综合体。作为中国花木之乡,漓渚镇围绕"打造美丽乡村示范区"的目标,以"花香漓渚"为主题,挖掘花乡资源,融合古今元素,逐步形成"12＋1"的"旅游＋农业"新格局。经过多年的努力,漓渚镇"12＋1"的乡村生态观光旅游建设初显成效,六峰、九板桥、棠一、棠棣村等一批花木之村建设了多个花卉苗木示范基地,并串点成线,初步构成了一幅"山阴道上行,如在镜中游"的美丽乡村画卷。通过上述发展举措,漓渚镇成功拓展了目标市场客户群体,吸引着周边地区的居民源源不断地来此观赏漓渚特有的美丽花海景观,创新了盈利模式。在农旅融合的实践中,利用农耕景观、田园风光、美丽乡村等优势条件,以旅游产业提升为牵引,做好产业融合发展的基础配套工程,创建生态观光示范基地,形成以"田园风光"为核心的农业旅游创新业态,形成新的盈收增长点并带动地方经济发展,逐渐成为农业旅游的一种主要创新模式。

3. 以区域林业产业为基础的"生态森林＋康体休闲"型

此模式是指利用原本具有观光功能的林场、林果园、绿色造型公园等森林资源丰富的场地，开发可为游客提供观光采摘、野营拓展、康体健身、科普考察、森林浴等活动的综合性森林旅游基地。例如畲乡景宁城市森林生态系统。景宁畲乡拥有非常丰富的森林旅游资源，为了实现这些森林资源的合理利用与开发，当地政府及相关企业有计划地盘活森林资源，打造集林业产业发展、康体健身养生、休闲观光等多功能于一体的综合性森林旅游目的地。依托当地林业建设机遇，景宁政府也积极通过科学规划，营造"植绿、爱绿、护绿"的良好氛围。在林业资源丰富的地区，以"林业＋旅游"的发展模式，进一步发挥当地产业优势，实现林旅融合，助推绿色经济转型发展。

4. 以畜牧业为基础的"创意农业＋休闲娱乐"型

此模式是指利用牧场、养殖场、狩猎场、跑马场等室外活动场所，给游客提供观光游览和亲身参与畜牧生活的机会，让他们能够在此感受独具魅力的创意牧场农业。例如浙江省温州市泰顺云岚牧场。云岚牧场是一座颇具澳洲风情的，集休闲、度假、养生、科普、研学等功能于一体的创意农业体验园区。牧草区将百慕大草和黑麦草混合种植，游客可以穿上划草鞋、坐上滑草车，享受独具特色的牧场娱乐活动。在云岚牧场里，游客不仅可以亲手挤奶，还可以用最新鲜的牛奶 DIY 芝士、蛋糕、牛轧糖。云岚牧场将旅游融合到当地特色的畜牧业之中，让游客在江南水乡也能体验一把澳洲风情牧场度假，享受一次畜牧业与旅游融合发展带来的奇妙之旅。

5. 以区域渔业为基础的"水体资源＋休闲度假"型

此模式是指利用大海、水库、池塘等水体资源，开展具有观光、参与功能的旅游项目，如水体垂钓、驾船、划艇等，可使游人享受水中垂钓、品尝水鲜、参与捕捞及学习渔业养殖技术及水上旅游活动。例如舟山岱山岛东沙古渔镇。作为曾经的百年古镇，东沙古渔镇虽然已不像曾经那样繁华，但浓郁古朴的渔家风土人情依然吸引着外来游客。如今的古渔镇，在旅游开发上迎合了年轻旅游群体的市场需求，在街道边也出现了各种小清新小文艺的摆设。同时，古镇更多地保留了传统的渔港文化及历史特色，重视古镇文化留存，并妥善保护，如渔都古镇"老字号"一条街，整条街道的渔民画等旅游产品都体现出了东沙古渔镇丰富、色彩浓郁的渔镇生活气息，体现了百年古镇的发展及渔民真实贴切的生活，让游客站在此可以感受到渔港到渔镇的历史变迁。东沙古渔镇将具有当地特色的渔业发展史开发为旅游资源，使小镇的产业结构得以升级的同时，展现出了古渔镇的百年渔业风情。"渔业＋旅游"发展模式无疑是对农业与旅游深度融合的创新性发展。

第二节 融合视角下农业旅游商业模式创新的浙江实践

在"百城千镇万村"工程的支持和引导下,浙江省多地乡镇结合自身旅游资源的特色优势和条件,积极推动旅游与当地农业融合发展,走出了一条富有浙江特色的农业旅游发展道路,吸引越来越多长三角周边地区居民。其中就有一些独具特色的新型业态脱颖而出,例如鲁家村田园风光游、余村森林康养旅游、荻浦古村落特色文化游等。以下将选取浙江省典型的农业旅游案例来详述其模式的创新和发展,以及为地方产业融合发展和经济增效带来的积极影响,希望能为国内其他省市发展农业旅游提供一定的借鉴经验。

一、以旅兴农路径下旅游商业模式的典型案例

(一)"传统村落＋文化传承"型——桐庐深澳古村

深澳村,坐落于浙江省桐庐县富春江南岸天子岗北侧,西面距离桐庐县城有16.5千米,为丘陵地形,南高北低,村落前有璇山,后侧有狮岩,应家溪和洋婆溪从东西两侧分流,此外有七常公路贯穿村中。深澳村是浙江省第一批3A级景区村庄之一,以其古老的传统文化,深厚的历史底蕴和文化积淀,源远流长的文物古迹而为广大游客所知。深澳村整体呈长方形,中间有老街道,长500余米,宽约3米,老街由卵石铺就,底部筑有引泉暗渠(俗称澳),澳深水冽,因此被称为深澳村。老街两侧各有3条弄堂,形如"非"字;20世纪80年代北端公路两旁建成新街与老街相衔,由此"非"字形变为"韭"字形。在古村落保护与发展中,深澳村称得上是找到了自身的独特商业模式。

1.村庄保护上,保持村庄主体风貌协调

在进行村庄保护时,深澳村一方面加强对古村落建筑的保护,一方面加快现代化新农村民居建设,双管齐下,走出了一条古村落保护与现代化民居建设融合发展的新型道路。深澳古村重新修建了申屠氏祠堂,很好地保留了完整的历史古街原貌,利用卵石路修复破旧的乡村道路,为传统古村落发展旅游奠定了良好的基础。此外,由于村口的一些民居建筑为20世纪80—90年代新建的农居,多为砖石结构,属于典型的浙江乡村地区民居样式。对于此类建筑,深澳村也最大程度上保持其原有风貌,不强行规定将现代民居建筑改建成仿古样式,而是只控制建筑的高度,保证能在最大程度上保持与村庄整体风貌相协调,顺其自然地让村庄能够留下

各个时代发展的印记,避免了以往为了实现"风貌协调"而全部改成仿古建筑的"一刀切"做法。

2.产业发展上,村落联动产生规模效应

深澳村依托其独树一帜的古建筑资源和村庄较为深厚的历史文化底蕴,开发了"古风古韵"主题旅游产业。将古代社会的艺术与文化瑰宝和传统或现代的饮食文化相结合,也为游客增加了乡村体验模式,延长产业链,从而增加村民收入,促进当地经济发展。荻浦村与深澳村相邻,属于第三批国家级历史文化名村,两村之间距离较近,有利于形成古村落联动发展的规模效应。两村在农业与旅游产业融合发展中联动互补,充分发挥各自长处,有计划地增加互动频率,从而有利于两村在发展中形成规模旅游经济,产生了良好的经济、社会和文化效益。

3.文化传承上,传递传统文化价值主张

深澳古村深入挖掘当地历史文化内涵,通过梳理申屠氏族谱厘清本地申屠氏来源、民俗民风等文化,并制作了多元化的宣传手册及游览地图以供游客参考。此外,深澳村委会也定期开展对村民的高层次素质培训,以期能为游客提供更优质的旅游服务,提高整体旅游服务水平。深澳村有相当多的传统风俗与传统手工艺,例如时节(丰收节)、水龙会,舞狮、舞龙,造坑边纸、绣花、贴画等,当地村政府与村民积极参与到旅游活动设计之中,为游客提供个性化、独具特色的民风民俗体验与传统手工艺制作体验,为游客深入了解当地风俗提供了更好的机会。深澳村还利用村庄联动发展的机会,与周围几个村庄确定时间、主题等均不尽相同的节庆活动,通过重新挖掘当地的节庆活动,轮番庆祝,可以让游客在游玩中更多地参与到节庆活动中去,增加与当地村民的互动体验。最终,体验性的深度游使游客留下深刻的印象,也达到了良好的推广效果,让深澳古村积淀的文化内核呈现和演绎在更多人面前,传递了独特的深澳古村传统文化。

(二)"乡村民宿+休闲度假"型——德清莫干山

莫干山民国风情小镇位于浙江省湖州市德清县,位于国家级风景名胜区莫干山脚下,涉及劳岭村、兰树坑村、高峰村、何村、燎原村等五个行政村庄,规划总面积约33.54平方千米,人口近7000人,于2018年1月被浙江省评为省级旅游风情小镇。莫干山镇始终坚持走"绿水青山就是金山银山"的绿色生态可持续发展之路,紧紧围绕"生态立镇、旅游强镇"的发展战略,凭借良好的生态环境、优越的地理位置、深厚的人文底蕴,大力发展以"洋家乐"为代表的旅游产业。如今莫干山镇的旅游业在产业形态上已经发生了重大改观,农业与旅游业融合发展的趋势日益明显。农业农村经济发展与旅游产业共生已经成为莫干山农业经济产业升级的一条可行

路径,并在一定程度上被全国所认可、推广。

1. 注入文化内涵,实现民宿产业特色发展

在中国,山水风光可与莫干山比肩的地方很多,然而乡村民宿却在这里兴起、发展、繁荣。从2007年的"裸心乡"起步,位于浙江德清的莫干山脚下集聚起530多家民宿,包括"裸心堡""法国山居""西坡""莫干山居图"等,成为中国民宿乃至乡村旅游发展的标杆。虽然近几年民宿行业发展前景不甚良好,出现洗牌论、淘沙论等说法,但是莫干山民宿却在这样的背景下依然保持着稳定的发展。据不完全统计,莫干山民宿带动当地农业旅游收入由2014年的5.37亿元增至2017年的16.7亿元,接待人次实现20%以上的年均增长。① 然而,在民宿行业风口效应显现的同时,多地区出现模仿、跟风现象,导致民宿同质化发展。当各地山水风光存在较小的差异性时,地区文化底蕴的重要性就得以凸显。莫干山民宿的兴起就是一条独具特色的农业与旅游业融合发展之路。通过旅游挖掘本地农业文化内涵,并在民宿中得以展现,将高端度假作为德清农业旅游发展的方向,把低碳环保作为德清乡村旅游发展的准则,在发展中力求做到两者完美结合,由此实现莫干山民宿旅游度假的特色化发展。通过农业与旅游的深度融合发展,赋予每一幢民宿独特的文化内涵,这是莫干山民宿实现跨越式发展的重要原因之一。莫干山民宿已经实现了民宿的特色化发展,并逐渐演变为长三角经济圈一个国际化休闲旅游度假区。

2. 合理开发利用,提高整体规模效益

以往发展起来的乡村民宿,多由当地村民利用自有闲置住房经营的农家乐为主导。经营理念相对落后,缺乏深入思考,经营方式也比较简单,主要依附于景点存在。这种依靠低价竞争获利的模式,不利于民宿行业的长远发展。而德清莫干山的乡村民宿产业经营者多为品味独特、对市场需求敏锐的年轻人或者外国人,他们在前期对莫干山一带的乡村民俗、景观特色进行了详细了解,并在民宿建筑过程中融入自身的价值理念,因地制宜结合多元化的文化元素,打造各具特色的民宿。他们通过合理开发利用,创造了独一无二的价值创造模式,从而推动莫干山民宿的可持续发展。莫干山的民宿在装修和经营过程中,摒弃传统的"大兴土木"方式,坚持租用当地村民的旧房,通过就地取材改造现有房屋,实现变废为新、绿色发展;民宿室内也尽量减少空调、煤气等设施的使用,坚持实行垃圾分类,采用无动力生态化处理污水等节能环保措施,实现民宿产业绿色可持续发展。同时,当地政府对历

---

① 《聚焦乡村旅游领跑者:莫干山民宿"问"与"答"》,搜狐网。详见 http://www.sohu.com/a/211789395_115376。

史文化村落的重视和保护,也使得古建筑民居能够得到合理的保护与开发利用,这些环保健康的休闲体验让游客觉得既新鲜又合理,如今德清已经拥有150多家精品民宿。环莫干山国际休闲度假集聚区已经初步形成,带动民宿产业的整体规模效益不断提升。

3. 完善基础设施,助力民宿周边旅游发展

一方面,以旅游发展为契机,大力提升集镇基础设施。莫干山镇实施市政工程改造,完成形象入口、节点绿化、全域亮化等多个城镇建设项目;推进城镇主要交通干道和重要商业街、景观路段的规范停车及路面综合整治,畅通城镇道路微循环;加强对"空中蜘蛛网"的治理,对两个重要路段全部实现管线地埋,对其他道路、背街小巷的乱拉线情况也进行了限期整改。另一方面,莫干山镇以全域旅游发展要求为总体发展思路,积极完善旅游配套设施。莫干山旅游集散中心建设工程稳步推进,实施道路交通互联互通工程,完善交通标志系统;全面实施"一把扫帚扫到底、一根管子接到底"工程;推进旅游厕所改革,提高建设标准,新建改建公共厕所10座;启动智慧旅游建设,区域内游客免费WiFi全覆盖,开发乐游莫干APP,打造莫干山国际旅游度假区微信公众号等网络服务平台,提供预订、指引和咨询等服务;推进"1+3+N"的旅游综合执法体制建设,新建集旅游法庭、旅游警务室和消费者投诉站为一体的综合执法中心,保障游客权益。

二、以农促旅路径下旅游商业模式的典型案例

(一)"生态森林+康体休闲"型——"两山"森林特色小镇

"两山"森林特色小镇位于浙江省安吉县天荒坪镇余村村,是浙江省2016年首批创建的森林特色小镇之一。该村三面青山环绕,小溪绕村而过,翠竹绿叶布满周边山路,一眼望去皆是美景。2005年8月,"绿水青山就是金山银山"在余村村提出,为浙江省乃至全国生态文明建设指明了总体发展方向。"两山"森林特色小镇作为"两山"理论的发源地,在创建之处就以"两山"理论作为重要指导思想,充分利用发挥当地丰富的林业资源优势,打造多元化、多功能的复合型林业产业,在实践中践行"两山"理论。

1. 制定"一、二、三产业融合"的发展策略

天荒坪镇作为安吉传统的林业强镇,在多年的林业发展中已经初步形成了以毛竹种植、竹制品加工、森林旅游为主导的林业产业体系。当地政府根据森林特色小镇产业发展现状以及当地经济社会发展的具体目标与要求,规划提出"夯实一产,做强二产,三产融合"的产业发展策略,并谋划重点加快森林旅游业的发展。以

互联网电子商务快速发展为主要发展机遇,规划建设电商创意园及农村电商服务中心等产业平台,并通过电商平台不断拓宽林业初加工及深加工制成品销售渠道,把余村较为有名的香榧、竹笋、白茶等特色化农产品及精美的竹制品推向社会大众及游客群体,在实现林业增收的同时又惠及了普通村民。此外,森林特色小镇已经建立起全球首个竹林碳汇试验示范区,便于当地政府与相关企业充分利用大数据、互联网、物联网等技术,不断提高森林特色小镇发展能力,力求在实际发展中践行"绿水青山就是金山银山"的重要理论。

2.明确延长林业产业链的发展目标

根据农业产业与旅游融合发展的先进发展理念与建设要求,"两山"示范森林特色小镇,坚持以森林休闲旅游产业为核心产业,重点突出森林小镇的生态文化特色,并基于核心产业确立延长全产业链发展的总目标,在规划中深入思考小镇森林旅游资源特色,深入融合生态、休闲、养生、保健等产业,因地制宜地科学开发森林休闲、康养、度假类旅游产品,创新发展森林旅游新业态。规划系统构建了森林特色小镇的森林旅游产品谱系,分为休闲度假、禅修祈福、养生体验、美食购物、户外运动5个大类,森林养生、森林拓展、森林休闲等13个亚类(见表4.2-1),建设以森林、山水资源为核心的各类景区景点、养生基地等,以延长产业链,加快传统林业产业结构优化升级,增加产业附加值,推动、带动农旅产业深度融合发展。

表 4.2-1 "两山"森林特色小镇的森林旅游产品谱系

序号	产品类型	产品亚类	支撑项目
1	养生体验类	森林养生	森林养生基地、森林浴场
		茶艺养生	生态茶园、白茶谷
		温泉养生	江南天池温泉度假村
2	户外运动类	水上运动	大溪漂流、荷花山漂流
		运动拓展	江南天地滑雪场、九山峡溯溪
		森林健身	余村森林绿道、白茶祖古道、大荷山绿道
3	休闲度假类	森林休闲	森林房车营地、竹林鸟巢度假村、田野牧歌度假村
		文化休闲	森林主题民宿、尔庐竹林民宿、梅景坞竹林山庄
		文化科普	"两山"文化展示馆、竹林碳汇体验馆、竹炭博物馆
4	禅修祈福类	祈福养性	荷花山森林祈福园
		禅修度假	"大年初一"度假村

序号	产品类型	产品亚类	支撑项目
5	美食购物类	森林美食	森林小镇美食街
		购物纪念	"竹印象"生活体验馆、竹海一品

3.体现地域文化特色的发展计划

文化特色是森林小镇实现可持续发展的灵魂,是以森林产业为核心,深入融合地域文化的综合体现。天荒坪余村森林特色小镇的文化内涵核心便是"绿水青山就是金山银山"的理论,围绕此发展理念多元化地发展体现地域生态特征的竹文化、白茶文化、古树文化、民俗文化。此外,余村作为"两山"理论的发源地,集中打造"两山"文化示范核心区,主要通过三个方面进行改造发展:首先,在文化设施建设方面,通过"两山"文化展示馆系统介绍"两山"理论的提出、发展过程及在安吉的具体实践;其次,突出了"两山"理论的重要遗址地的建设,将废弃的露天矿坑建设成环余村森林绿道上的重要景观——矿坑花园,将停产的水泥厂旧址打造为露天房车营地,为游客提供多种可供玩乐的旅游产品;再次,通过深度挖掘本地白茶祖、千年古银杏等古树名木的历史文化内涵,建设银杏公园、白茶祖公园等森林文化主题公园;最后,充分挖掘余村的传统民俗文化,并将其融入当地农村景观设计之中,打造五坊六艺民俗街区,使游客亲身参与织竹编、跳竹马等极具竹乡风情的民俗活动。

(二)"水体资源+休闲度假"型——远洋渔业小镇

远洋渔业小镇位于舟山市,总体规划面积约 3.18 平方千米。该镇抓住舟山国家海洋渔业基地建设的机遇,立足于"海洋渔业"和"渔业文化"的区域特色,倡导"产、城、民、文"四位一体发展理念,重点建设海洋保健食品、海洋新保健品、海洋生物医药等集科研、生产为一体的海洋健康产业。采用"海洋健康产业+"的创新化旅游商业模式,促进健康产业与新经济模式充分"嫁接、匹配、融合",积极推动创意、文化、旅游、电子商务等新业态的发展,促进经济发展。作为一个多链条、高度一体化的新型产业生态圈,远洋渔业小镇正在积极发展成为一个拥有浓郁海岛文化与渔业文化的特色小镇。

1.规划核心集聚区块布局

舟山国家远洋渔业基地建设规划,以定海区干览镇西码头中心渔港为核心,划分为"一港、一城、一区、一中心"。一港——现代化专业渔港:以定海区干览镇西码头中心渔港为核心,规划建设远洋渔业公共服务码头9座,其中万吨级装卸码头3

座、5千吨级码头1座、补给码头5座。一城——国际水产城：主要分为远洋水产品交易市场、远洋总部经济、远洋渔业会展博览中心、远洋渔业特色小镇四大建设板块。一区——水产品加工及冷链物流园区：主要建设国际水产品精深加工园区、冷链物流园及海洋生物产业园。一中心——远洋船舶修造中心：根据舟山船舶工业三大核心集聚区块布局，按照资源共享原则，整合岱山、普陀现有渔船修造资源，提升远洋渔船修造能力和水平。

2.推动多项产业联动发展

在舟山远洋渔业的带动下，小镇积极推动水产品加工、海上运输、船舶修造、机电设备、金融服务、石油化工、渔需物资补给等多项产业联动发展。一个集远洋水产品装卸、仓储、交易、加工、物流等综合服务于一体，一、二、三产业联动发展的现代化远洋渔业集聚区已初步形成。舟山远洋渔业已初步形成捕捞、粗加工、食品精加工、批发零售、冷链物流的渔业全产业链。当地的海港参观、海鲜特色餐饮、海洋主题住宿、渔港风情活动、海洋特产购物等综合旅游服务不断吸引游客前往，有效推动了本地渔业、运输业、加工制造业等多产业联动发展。

3.打造渔都健康休闲游品牌

远洋渔业小镇计划以3A级旅游景区建设为主要抓手，推动小镇旅游基础设施及公共服务提档升级，力图打造"渔都健康休闲游"的旅游品牌。干览镇澜港大道沿线两侧和西码头中心渔港沿港核心段，是小镇的旅游集散中心，已经打造成远洋渔都风情湾区。这个集观光、休闲、娱乐、餐饮、旅游等综合性文化休闲功能为一体的渔业小镇，向游客传递了渔都健康休闲游的新兴价值观。目前小镇中已有的海洋健康食品休闲美食街、海洋主题酒店、渔人俱乐部、海洋风情商业街等重点项目均与海相关，所有的一切都能让游客淋漓尽致地感受海边渔镇的浓郁风情。舟山锣鼓、渔民号子、灯会，这些舟山传统的文化习俗也在当地举办的节庆活动上有所展现；渔村传统历史风貌、百年渔港传统面貌、近岸渔船景观，这些原汁原味的海岛风情已将舟山渔业小镇打造为健康休闲游的旅游目的地，形成了独具特色的渔业休闲游品牌，不断吸引游客前往。

第三节 融合视角下浙江省农业旅游商业模式创新的问题与对策

一、融合视角下浙江省农业旅游商业模式创新的问题

旅游业与农业融合发展已经成为一种历史发展的必然趋势。浙江省已经形成田园综合体、民俗风情体验村、农业博览园、乡村酒店等多种农业旅游融合发展的创新模式。但就目前农业旅游的发展现状来看,两个产业在融合发展的过程中还存在一些不足,面临一些发展困境。

(一)前期整体规划设计尚有欠缺

浙江省内农业旅游可谓遍地开花,但农业旅游规划质量参差不齐,很多规划项目重复建设问题凸显,项目创新性有待提高。部分地区规划思路和规划原则通用,发展思路与理念近似,在一定程度上缺乏对本地区域旅游形象、目标、产品的差异化定位,导致个性和特色不显著。从农旅融合的发展理念看,有的地方发展旅游的热情较高,许多村民自发组织发展农业旅游,在一定程度上推动了农业旅游的快速融合发展。但总体来看,省、市层面未对农业旅游做出前期规划和整体的设计,不同地区未考虑当地农旅融合发展的旅游资源特色和农业发展基础,导致后期各区域农旅融合发展无序混乱,不同地区农旅融合功能定位同质化、重复性建设等问题突出,不利于农旅融合的可持续发展。

(二)旅游基础设施建设不足

旅游基础设施与游客旅游中的基本需求息息相关。许多农业旅游地区由于基础设施不完善,基本的安全、卫生、通讯等需求难以得到有效保障,导致许多旅游景点游客满意度偏低,从而进一步造成游客重游率降低、游客逐渐减少,旅游收入不足等问题。农业旅游中,一些乡村地区基础设施落后,无法满足游客需求的现象较为突出,导致农业旅游中出现"有产品缺精品"现象,很难吸引异地游客重复消费,影响了地区农业旅游综合效益的提高。例如,很多乡村景区道路建设不完善,可进入性较差,停车场车位过少,无法满足旺季游客承载量;洗手间、游客休憩点公共基础设施简陋且设备不足;部分地区乡村中餐厅、茶楼、农家乐等食宿设施、条件难以令游客满意,卫生状况和设备不尽如人意。农业旅游基础设施的升级,是农业旅游舒适度提升的重要保障。

（三）文化品牌形象不够突出

文化是旅游的灵魂，没有文化的旅游势必不可持续，农业旅游最主要的一个特点就是特有的地方乡村文化性。虽然农业旅游的发展使得乡村接待条件有所改善，但是不少农村旅游仍然停留在乡村生态观光层面。旅游还只停留在一些像吃农家饭、住农家屋、喝茶、钓鱼、爬山等旅游活动，类似上述单一的旅游产品品位不高，而且缺乏农业文化挖掘，很难塑造农业旅游的"魂"，也就相应地失去了持续发展的动力。此外，一些传统的乡村文化丧失了古朴性和乡村性，商业化和庸俗化气息逐步显现。乡村过分商业化的致命弱点就是使乡村失去了原有的农业文化内涵，严重偏离了乡村文化的传统，很多乡村的文化遗产，如皮影戏、剪纸等都面临无声消亡的境地。

（四）经营主体管理理念相对落后

在农业旅游经营过程中，旅游服务是一项专业化的技能，需要专业化、高素质的管理人才和服务人才。但是，当前我国从事旅游的经营主体主要是当地村镇政府、村集体，且有很大一部分为农民。尽管农民自己经营可以提高农民收入，但这些村民大都没有接受过正规的培训，缺乏专业的旅游服务知识和技能。未受过专业教育与培训的村民由于自身素质所限，服务随意，服务意识不到位，在经营过程中多表现为模仿抄袭，自主创新能力不足，导致乡村旅游经常发生游客投诉问题。这影响了乡村旅游品牌和农产品的销售，同时也必然会影响到乡村旅游的可持续发展和竞争力的提高，更甚者可能会影响到乡村旅游的整体品牌和声誉。此外，由于一线旅游服务人员需要长期与游客保持近距离接触，所以，为了提高乡村旅游产业的竞争力，必须改善目前工作人员素质不高的现状。

二、融合视角下浙江省农业旅游商业模式创新的对策

农业旅游与其他相关产业的互动融合是新农村建设的重要途径，是拓展旅游发展空间、提升农业旅游竞争力、优化农村产业结构、创新农业组织和产品的重要方式。因此，这里针对浙江省各地区农业旅游发展中存在的问题，提出以下四点促进农业与旅游融合可持续发展的对策和建议。

（一）加强前期整体规划设计

首先，要从全省层面上对乡村旅游进行总体布局和功能分区，细化目标市场，有针对性地提供特色化农业旅游产品。其次，整合利用乡村旅游和农业资源，实现两者协同发展。要结合当地的资源禀赋、人文历史、区位特点、产业特色、消费能力和消费习惯，创新规划理念，突出产业特色，优化功能布局，这既是解决布局简单雷

同、项目同质同构问题的前提,又是降低发展成本、适应消费习惯的关键,也是提升竞争力、增强持续吸引力的核心。再次,在规划设计中要提高农业旅游项目的趣味性和体验性,将休闲旅游、农耕体验、农业知识传授等功能集成,创新旅游产品开发,完善旅游路线,建设农耕文化主题业态,加强传统生产技艺体验等项目建设,实现乡村旅游功能多元化。最后,搭建多元化的融资渠道,成立由政府牵头的农业旅游发展基金,保证农业旅游建设资金的需求,探索风险共担、利益共享的利益分配机制,加强乡村旅游组织内部财务管理,建立相关利益共同体共同治理的管理模式,提高组织的风险防范能力。

(二)完善旅游基础设施建设

旅游与农业融合发展过程中,各地政府应根据当地经济社会条件、资源环境禀赋提供适合当地农业旅游发展的指引,扶持当地乡村政府改善基础设施条件、提高公共服务水平、提升旅游产品质量、推动农业旅游提档升级。确保配套方便快捷的交通网络,不断完善村内村外道路、停车场、指引系统等交通设施;切实落实"厕所革命",保证农业旅游中环卫设施的便利性;餐饮设施不仅要实现品质升级,做到干净、安全、卫生,还要讲究布局合理、种类丰富,涵盖多个档次(高、中、低),以满足不同游客的差异化需求。最后,农业旅游应配备必要的安全和救援场所,应急疏散场所和设施,以确保消防和其他救援设施齐全,相关的旅游产品没有潜在的安全隐患。农业旅游的休闲功能、尤其是休闲观光功能最大程度上受益于农村优美的环境及较好的空气质量、水质量以及纯天然的本地食物。因此,在发展农业旅游过程中,要加强农业生态保护,开展生态环境监测,实施优美农村和农村生态文明建设工程,以确保农村环境质量优质,实现农业旅游的可持续健康发展。创新农业和旅游一体化的市场运作模式,充分利用互联网和物联网等新技术、互联网金融等新工具,改善旅游基础设施,提升旅游道路和旅游接待的质量。

(三)提高农业旅游文化品牌内涵

品牌建设是实现一个地区农业旅游可持续发展的生命线,只有建设符合市场规律、满足游客群体优质旅游需求的农业旅游品牌并不断丰富其文化内涵,农业旅游企业才能实现健康可持续发展。为此,农业旅游产业品牌需要密切关注市场趋势,根据旅游市场和游客需求偏好,从文化品牌打造和多渠道宣传推广两方面展开。首先,在文化品牌打造方面,相关政府部门及旅游企业可将当地文化资源收集汇编成册,对农耕文化进行集中陈列展示,并提供特色农业文化讲解、品牌文化民俗节庆活动、特色农业文创产品设计等多项旅游产品及服务;其次,在渠道宣传推广方面,要拓宽渠道和加大力度,政府及企业可以选择传统报刊、电视、广播,以及在高铁站、机场、高速公路服务站等投放宣传册或宣传短片，还可以开通运营微信、微博公众号等新媒体，邀请"旅游大V"发挥意见领袖的作用，在飞猪、马蜂窝等旅游交流平台发布旅游体验帖，在微博、抖音等热门APP上发布优质广告。通过上述手段，打造富有文化内涵的农业旅游品牌，并加大对当地旅游的宣传推广力度，从而建立起独树一帜的农业旅游品牌，不断提高品牌知名度，实现农旅融合经济效益、社会效益和文化效益的有机统一。

（四）更新经营主体管理理念

农村环境中旅游相关企业、商铺等的经营主体管理理念，决定了当地农业旅游发展是否具有可持续性。为实现农旅产业深度融合，政府及相关企业需制定、完善农业旅游各领域、各环节的服务规范和标准，加强对旅游从业人员的职业技能与综合素养培训，不断提升农业旅游服务品质。通过不断加强对管理人员和工作人员的培训教育工作，改善服务人员的服务意识，为农业旅游产业规模化经营提供必要的人才储备。服务者要树立服务管理标准化、服务质量标准化、服务设施标准化等经营理念，不断提升当地居民旅游观念和服务意识，养成文明习惯、掌握经营管理技巧，提高从业人员的服务质量，进而提高游客满意度。此外，鼓励经营主体学习借鉴其他地区的先进经营理念、管理方法以及科技手段，促进周边地区旅游人才培养机制建设，形成合力以实现乡村旅游发展的可持续性。充分考虑本地特殊情况，探索运用托管式、共享式、会员制、分时制、职业经理制等多种先进的现代经营管理模式，因地制宜地提升农业旅游发展过程中政府及相关企业的经营管理能力和管理水平。

本章小结

本章的研究主题是"农业＋旅游"的商业模式创新和典型案例，研究内容为浙江省的农业旅游发展新模式和新方法。通过对学术界关于农业旅游研究的梳理和对农业旅游现实发展现状的解析，以及对浙江省先进的农旅融合案例的研究分析，希望发现现阶段浙江省产业融合过程中农业旅游商业模式创新的瓶颈和困境，得出现阶段农业旅游的新发展路径和发展思路。

首先，本章在现状梳理和创新模式研究阶段，着重对农业旅游的定义和相关概念进行辨析，明确相似概念的边界和特点；随后对农旅融合发展的必要性与时代意义进行了详细阐述；最后在第一节中根据农业和旅游业两大产业中产值高低的不同，将农旅融合的路径分为以旅兴农和以农促旅两条路径。其次，在案例剖析阶段,本章选用"传统村落＋文化传承"型——桐庐深澳古村旅游商业模式、"乡村民宿＋休闲度假"型德清莫干山旅游商业模式,作为以旅兴农路径下旅游商业模式创新的典型案例,总结归纳出两个案例中旅游融入农业发展的成功经验;在农业融入旅游的案例研究中,本章选取"生态森林＋康体休闲"型两山特色小镇旅游商业模式和"水体资源＋休闲度假"型远洋渔业小镇旅游商业模式两个经典案例进行详细论述,深入剖析了它们的成功经验和创新发展模式,为其他农业旅游发展提供经验和模式借鉴。最后,本章在第三节中,分析了浙江省在农业旅游融合发展中遇到的四大问题,并有针对性地提出对策措施,以期进一步提升浙江省农旅融合发展水平,为全国农业旅游发展提供借鉴。

第五章　工业旅游商业模式创新与案例实践

　　随着国家经济的高质量发展和产业结构的调整,传统工业企业面临巨大的挑战,国内众多工业企业纷纷开始转型升级,探索工业与旅游业融合发展的道路。经过多年的探索,全国各地现已建成了以长春"一汽"集团、海尔工业园、燕京啤酒、四川长虹、上海宝钢等为代表的优秀工业旅游项目。浙江省紧抓资源优势,积极引导有条件的工业企业开展工业旅游项目。截至 2018 年年底,浙江省共评定出省级工业旅游基地 101 家,①已初步形成了由杭州高科技产业、宁波港口与服装业、温州皮鞋与打火机、台州摩托汽配制造业、金华传统工业等组成的工业旅游发展格局。遂昌金矿、安吉天荒坪水电站、新昌达利丝绸世界生态园这 3 家工业企业已成功建设国家 4A 级旅游景区,娃哈哈工业园区、农夫山泉水源地、嘉善巧克力甜蜜小镇、九阳工业旅游等项目也都走向成熟。在发展工业旅游的过程中,浙江省总结发展经验,摸索出独特的工业旅游发展模式,对其他地区发展工业旅游具有良好的借鉴作用。

第一节　工业旅游的内涵与创新模式

一、工业旅游的内涵与特点

(一)工业旅游内涵

　　目前,学术界对于工业旅游的定义尚未统一。从工业旅游要素构成角度来看,国家旅游局在 2017 年 12 月发布的《国家工业旅游示范基地规范与评价(LB/T 067—2017)》中规定,工业旅游是以运营中的工厂、企业、工程等为主要吸引物,开展参

---

① 数据来源:浙江省文化与旅游厅官网。详见 https://www.tourzj.gov.cn。

观、游览、体验、购物等活动的旅游。从市场需求角度来看,工业旅游是指人们通过有组织地参观工业、科技、手工业、服务业等各类企业,了解到某些产品的生产制作过程,并能从厂家以低于市场价的价格购买相关产品。[①] 其他角度的界定见表5.1-1。

表 5.1-1　工业旅游内涵界定

序号	研究角度	核心要义	作　者
1	旅游学	工业旅游是以现有的工厂、企业、公司及在建工程等工业场所作为旅游客体的一种专项旅游。通过让游客了解工业生产与工程操作等全过程,获取科学知识,满足旅游者精神需求和行、吃、住、游等基本旅游享受,能提供集求知、购物、观光等多方面为一体的综合型旅游产品	姚宏(1999)
2	旅游供需	旅游供给:所谓工业旅游,从旅游供给的角度来看就是以工业企业的建筑环境、设备设施、生产或工艺流程、企业文化与管理等作为旅游吸引物,经过设计包装推向市场,来满足游人的求知、求新、求奇等旅游需求,从而实现企业的经济、社会、管理等目标的一种专项旅游活动 旅游需求:以工业生产过程、工厂风貌、生活场景、工业企业文化等工业相关因素为吸引物,以市场需求为基础的体验活动	Lee TH(2003),康嘉(2003),Edwards J,Aron C S(2005)
3	旅游活动内容	工业旅游是旅游发展到一定阶段后产生的一种新的旅游方式,它以工业企业的厂区、生产线、生产工具、劳动对象和产品等为主要吸引物,活动范围一般限于工业企业之内	赵青(1999),邓海云(2000)
4	旅游业	工业旅游是以市场需求为导向,以工业资源为吸引物,通过企业对资源进行整合或二次开发,突出工业资源的吸引力,将其转化为旅游资源,并以满足旅游需求、提高企业综合效益为目的的专项旅游活动和企业发展项目	王宝恒(2003)
5	产业融合	工业旅游是指依托工业生产项目和工业遗存资源,结合市场需求,开发相应的旅游形式和产品,实现第二、三产业融合发展,衍生复合新产品、造就经济新业态的一种特定旅游过程	涂小华和陈晓龙(2010)

[①] 裴泽生:《工业旅游开发漫议》,《旅游学刊》1997年第4期,第56页。

（二）工业旅游特点

由于学者对工业旅游的研究侧重点不同。因此,对于工业旅游的界定存在差别:有些学者注重对工业旅游内容的研究,有些注重对工业旅游者行为的研究,有些则站在产业间融合发展的角度来探索工业旅游发展轨迹。但是,通过以上界定,我们可以得出工业旅游具有以下普遍特点。

1. 依附性

工业旅游的依附性主要表现在专项旅游活动的开展和旅游项目的规划开发对工业资源的依附。工业旅游资源完全依托于其所在城市区域的工业发展历史与当前发展状况,工业资源的产业发展时期、产业类型特征、产业空间布局决定了工业旅游资源的历史风貌、行业属性与空间区位。这种对工业资源的强依附性,一方面使得工业旅游资源自产生起就带有地域和行业的特性,有利于其在未来开发过程中形成独特的资源特色。另一方面,对工业资源的强依附性也给工业旅游的发展造成了一定制约,在工业旅游发展的最初阶段就要依据所依附的工业资源特征采用相应的业态形式和开发方式,在旅游形式和内容上难以突破工业产业的束缚,严重影响了旅游的多样化发展。

2. 融合性

工业资源与旅游活动天生具有可融合的特性,其原因有二:一是旅游购物行为与工业产品的契合。"购"是旅游活动中必不可少的环节,工业旅游中丰富的工业产品种类与优惠的价格是吸引旅游者的重要因素。二是工业旅游的区位优势。与山水型自然景区相比,工业旅游目的地一般都是位于城郊区域,在人口集中的大城市周边分布更加密集。工业旅游一般距离主要客源地较近,近距离的旅游目的地更加契合城市居民周末外出的需求。因此,工业旅游资源具备工业和旅游业相互融合的特征,这种融合性特征赋予工业旅游资源在两大产业内部的拓展空间,既能随工业发展而不断丰富资源内容、深化资源内涵,也能与其他旅游资源和第三产业资源进一步交叉融合,获得协同发展的空间和优势。

3. 地域性

城市与工业发展相伴相生,历史遗留和当代的工业空间、工业设施通常见证了一个城市或区域的经济、社会发展过程和成就,能够反映出城市工业空间的社会关联性和文化特征。工业旅游资源成为城市工业文化的表征,体现出城市"地方性"的特性和深层内涵。工业遗产资源的这一特征表现得尤为显著,它产生于城市历史中,也凝聚了民众对城市工业发展历程的集体记化,是地方认同感形成的关键。[①] 地方认同感不仅是物理空间层面的资源,也由其发展过程中的社会网络关系建构,在资源转化为工业旅游业态及后续发展的过程中,这种"地方性"特征能够强化全球化背景下城市的地方感,呈现城市的"地方性"文化和精神。

二、工业与旅游业融合的必要性

工业虽然是我国的基础产业,但随着我国科学技术的发展以及国家发展重心的转移,工业发展速度已经明显放缓。同时,作为一个负责任的大国,我国越来越重视环境改善和资源保护,新的发展形势给我国传统工业带来巨大挑战,许多工业企业都在积极谋求绿色创新发展之路。旅游与工业融合是一种创新的旅游发展模式,也是一条工业企业实现绿色发展的绝佳途径。换言之,工业与旅游融合发展的模式,不仅能够完善旅游供给结构,促进旅游业发展,还能弥补工业企业的不足,实现工业的绿色发展。

(一)工业角度解读融合必要性

工业与旅游融合发展,不论是对工业本身还是对旅游业都具有深远的意义。从工业本身来看,通过工业与旅游融合发展,利于企业形象的树立,丰富工业企业文化内涵,破解工业企业绿色发展的难题。具体来说,工业与旅游融合发展的必要性体现在以下几方面。

1. 激活老工业企业

由于社会发展阶段的演进、工业生产技术的革新、企业经营方针的调整,一些老工业企业会逐渐失去发展活力。但不可否认,工业企业文化带给一个地区,甚至全国范围的文化影响是巨大的。浙江省丽水市龙泉上垟披云青瓷文化园——"中国青瓷小镇"就是抓住了这一特点,将整个游览区以国营龙泉瓷厂旧址为中心进行旅游化开发与改造。在厂区中不仅可以看到原龙泉国营瓷厂古朴的大厂房、大烟囱,还可以走进原青瓷研究所,通过"穿越时光"的方式让游客感受独特的千年龙泉青瓷的魅力。披云青瓷文化园将古朴的青瓷制作作坊、近代青瓷工业厂房等作为工业旅游吸引物,将废弃的工业旧址"变废为宝",打造成了一座青瓷文化园。通过这种将工业遗产遗迹旅游化开发的方式,可以激活老工业企业,激发和扩大工业遗迹的潜在吸引力。

---

① 谢飞帆:《新型城镇化下的工业遗产旅游》,《旅游学刊》2015年第1期,第5—6页。

2.树立企业社会形象

工业旅游是以企业建筑、产品体验为核心内容的旅游方式，企业通过提高自身透明度，接受公众监督的方式来让大众更加了解企业，赢得行业好口碑，从而树立企业社会形象。海尔集团前身是 1984 年成立的青岛电冰箱总厂，该厂在国内经济环境落后的情况下，坚持创新创造，严格把好质量关。经过一段时间的发展，一座集工业园区、样品大楼、文化广场、海尔大学为一体的"海尔工业园"正式向游客开放，游客通过游览生产线和产品体验的方式，能够更强烈地感受海尔的独特魅力。在工业旅游的带动下，海尔集团收获了大批忠实客户，以"创新、严谨"为核心的海尔精神得到广泛传播，在青岛乃至全国成为一代人的精神激励。

3.提升企业综合效益

一是提高企业经济效益。工业企业凭借自己的资源优势，积极发展工业旅游，能够提高企业的社会认可度、美誉度，以旅游作为带动，不仅能够增加门票这一有形收入，更重要的是能够通过发展工业旅游，对企业起到营销宣传的作用，以此来提高企业收入。二是提高生态环境效益。旅游活动对外在环境有较高要求。因此，发展工业旅游，有利于改善当地的生态环境，提高生态效益。如遂昌金矿国家矿山公园。在原金矿遗址的基础上，遂昌出资 80 多万元，把矿山公园及四周山林纳入生态公益林管理范围，先后共划定公益林保护区 1 万余亩，创造了良好的旅游环境。遂昌金矿国家矿山公园现已成为一座环境优雅、设施齐全，集休闲、度假、商务会议、求知、探密、旅游观光为一体的综合型景区。因此，工业旅游不仅能够起到宣传企业形象、展示企业文化、提升企业品质和品牌价值、培育企业新的经济增长点的作用，还能够改善当地自然社会环境，实现经济和社会效益双丰收。

(二)旅游业角度解读融合必要性

从旅游业角度出发，工旅融合能够丰富地区旅游供给，形成独特的工业文化旅游氛围，创造特色鲜明的旅游吸引物，增强地区旅游竞争力。具体地讲，旅游与工业融合发展的必要性体现在以下几方面。

1.优化地区旅游供给结构

就我国自然景观资源来看，西北形成了以戈壁沙漠为主的自然景观、西南形成了以岩溶地貌为主的独特景观、东南形成了以丹霞风貌为主的景观特色。但浙江省有许多地区缺少高质量的自然景观资源，在全国性的旅游竞争中缺少优势。工业旅游不仅能够很好地弥补部分地区自然旅游资源匮乏的问题，拓展旅游资源的外延和旅游经营范围，还能进一步起到优化旅游产品结构，丰富旅游产品，缓解旅游产品供应与需求之间的矛盾，带动地区旅游经济发展的作用。

2.弱化旅游活动季节性影响

从旅游的核心吸引物上判断，工业旅游是依赖工业资源，将工业资源与旅游功能结合发展而来的独特旅游类型，工业资源相较于自然旅游资源受季节性影响较小。因此，一个地区发展工业旅游可以丰富地区旅游内容，与地区自然资源配合，减少旅游活动的不稳定性。完善的旅游供给体系，不仅能够让城市拥有更强的旅游吸引力，还能够提升该地区的旅游地位。因此，在特定的地区，特别是自然资源相对匮乏的地区，通过开发"人造"的工业旅游景观，塑造独特的旅游吸引力，减轻因过分依赖单一的自然资源发展旅游而造成的季节性影响。

3.满足游客新的旅游需求

随着我国旅游者旅游经历的增加以及公民文化程度的提高，单纯的观光游已经难以满足当代旅游者的旅游需求。工业旅游首先具有知识性强、时代特色鲜明的特点，游客在工业旅游过程中，可以通过直观互动式的交流，满足求知心理。其次，工业旅游往往有较多的体验式活动项目，能够满足日益扩大的亲子旅游市场。最后，工业旅游能够缩短产销距离，更好地满足旅游者的购物需求。因此，工业旅游是对传统旅游资源的扩充，是另一种新颖的旅游方式，符合现代城市化发展背景下旅游者的旅游新需求。

（三）工业与旅游业融合的可能性

工业与旅游业融合的发展路径之所以能够实现，是因为旅游业与工业两个产业存在融合的可能性。从旅游活动的主体、客体与媒介三个角度出发，工旅融合的可能性表现在：首先，从旅游活动主体角度来说，工业旅游的主要客源构成为学生群体、当地居民、一般游客三类。对学生而言，工业旅游项目作为高品位的旅游方式，具有知识性浓、参与性强的特点，对学生具有较强吸引力。对当地居民而言，工业旅游是发生在他们身边的"新鲜事"，这种旅游活动对本地居民来说具有距离近、旅游成本低、易组织的优势，大多数居民乐于接受工业旅游。从一般游客的角度看，工业旅游作为一种新型旅游产品，具有体验性强、参与度高的特点，并且工业旅游是地区间进行工业成果、工业文化交流的窗口，因此也吸引了许多外来游客。其次，从旅游活动客体角度来说，工业企业具有能够成为旅游吸引物的工业活动、工业设备、工业遗迹，且工业企业中有足够的参观游览活动空间和旅游配套设施。因此，工业企业具备快速发展旅游业务的基础条件。从旅游活动的媒介角度来说，发展工业旅游的企业本身已经具有一定的知名度和社会影响，拥有完善的信息传播推广渠道和大量受众群体，坚实的工业基础能够极大地促进工业旅游活动的开展。

三、浙江省工业与旅游业融合发展路径及商业模式创新

本文以浙江省"达利集团""遂昌金矿""安吉天荒坪水电站"等多个典型的工业旅游地为核心,结合"巧克力甜蜜小镇""九阳集团""欧诗漫集团"等新型工业旅游地案例,提取不同工业旅游地的核心吸引物,探索不同类型工业旅游地的发展路径及模式,总结归纳出各类工业旅游的创新发展之路。通过大量的案例研究,可以发现工业旅游核心吸引物不同,发展路径也有不同。因此,本文根据核心资源吸引物的差异,将工业旅游发展大致划分为以"遗址遗迹"为核心和以"工业企业"为核心的两大发展路径,借此提出两类以工业资源为导向的创新发展模式——横向拓展模式和纵向递进模式。

以工业遗迹为核心和以工业企业为核心的两类工业旅游发展模式演进过程与创新商业模式见图 5.1-1。

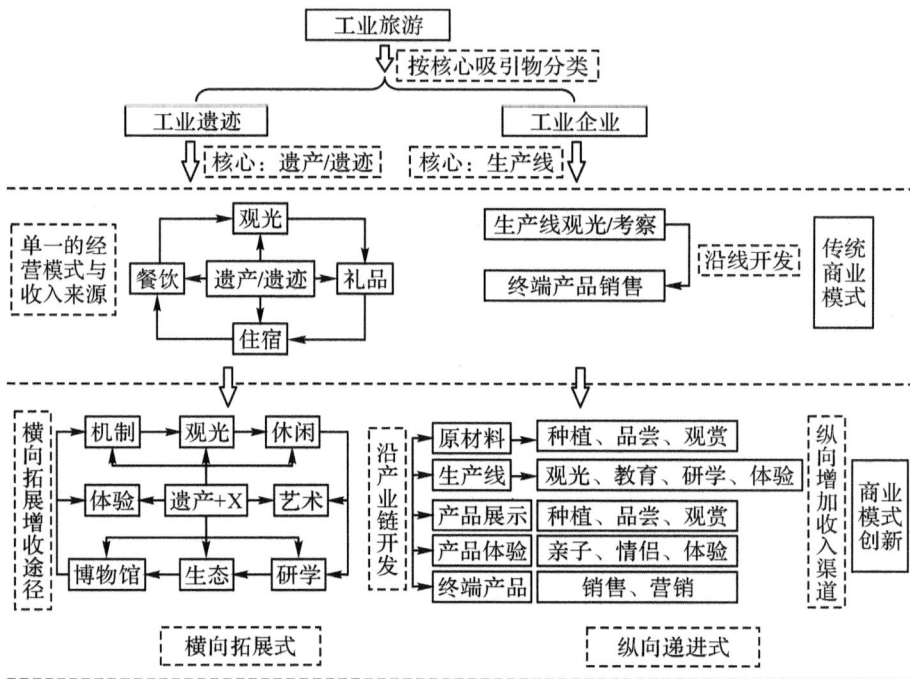

图 5.1-1　工业旅游融合发展路径及商业模式创新

（一）以资源为导向的工旅融合路径划分

工业旅游核心吸引物是决定工业旅游发展的重要因素。因此,要想厘清工业旅游的发展路径,首先需要把众多工业旅游地的核心吸引物进行科学合理的划分,再分类进行深入研究。工业旅游资源指的是在城市范围内,能够对旅游者产生旅

游吸引力,也能为工业旅游发展所利用,并在开发利用过程中获得经济、社会、文化、生态等综合效益的各种工业要素的组合。工业旅游资源包括正在开展生产活动的矿山矿场、工厂企业、工业化园区等工业生产场所,也包括工业废弃地、厂房车间、工厂设备等工业遗存空间,还包括工业发展建设成就、工业历史文化等工业非物质文化要素等。

工业旅游资源可分为工厂企业、工业遗产和工业项目三类。其中,工厂企业包含建筑场所、设施设备、过程场景、生产技术、生产成果、文化历史和其他资源;工业遗产包括物质类和非物质类资源;工业项目主要指户外在建或建成的工业工程项目,多数集中在矿产、电力和港口等产业领域。① 这种分法基本涵盖了目前开展的工业旅游的所有工业旅游资源。鉴于以上工业旅游资源类型的划分标准,认为工业项目与工业企业两类具有较大的交叉重复性,如工厂企业类资源中包含的设施设备与过程场景观光也是工业项目类资源的组成部分;再如工业项目中的在建工程项目游览,其工程项目建设情况本身可分为工业企业在建项目或工业遗址在建项目。

因此,本节将上述三类资源从更加宽泛的角度进行再次划分,将工业旅游核心吸引物概括为工业遗迹与工业企业两大类。其中,工业遗迹包括旧厂址、旧厂房、老式生产线(工艺)、传统技艺等;工业企业包括以先进的工厂生产线观光为核心的新公司、新项目、新建筑、新技术、新场景、新文化等。下文基于这种发展路径的划分方式,对以工业遗迹和工业企业为核心的工业旅游发展模式做了较为科学详细的研究,归纳出横向拓展模式和纵向递进模式两种工业旅游发展新模式。

(二)工旅融合路径下的商业模式创新

对工业旅游模式的研究也是旅游学术界关注的一个重点,研究者从不同的角度提出了多种方案。首先,依据工业旅游开发依托的载体,把我国工业旅游分为四种开发模式:一是针对某种特殊产品的开发;二是对于某个较为落后企业谋求发展的开发;三是对于具有先进管理模式的企业进行开发;四是综合性的全面开发。其次,根据对工业旅游理论认识的角度不同,学术界提出了工业旅游的十大发展模式:城市型、商品型、中心型、景观型、扩展型、场景型、产品型、文化型、外延型、综合型。再次,根据企业的性质、特点,将工业旅游的开发模式归纳为专业型开发、公园型开发、综合型开发和特定型开发四种模式。最后,根据目前我国工业旅游分布的状态和工业资源种类,可以将工业旅游划分为都市综合型、城市特色型、名胜旅游

---

① 张婷婷:《工业旅游开发模式综述》,《安徽农业科学》2009 年第 15 期,第 7312—7262 页。

区型三种类型。

随着我国工业旅游形式的多样化发展，专家学者就工业旅游发展模式进行了进一步研究。如孙万真（2008）将工业遗址旅游分为博物馆式、公园式、创意产业基地式；涂小华等（2010）认为，发展我国工业旅游拥有特定产品开发模式、综合性景区模式、综合旅游模式三种；①郭鲁芳等（2011）从产业融合的视角出发，探析了工业旅游的融合过程与发展模式，认为工业资源、旅游体验与信息技术是工业旅游发展模式的三大基石，其中工业资源是核心要素。② 根据以上分类梳理，我们可以看到涂小华将工业旅游模式进行了归类，不论是旅游产品还是旅游景区，都体现出"综合性"的特点；郭鲁芳把工业资源作为工业旅游发展基石。因此，本节基于前人研究成果，结合浙江省大量最新工业旅游案例，对传统的工业旅游模式进行深入研究，描画出浙江省工业旅游的两种发展模式，希望为日后全国其他地区的工业旅游创新发展提供新思路、新方法。

工业旅游最核心的吸引物有两种：工业遗迹和工业企业。因此，根据旅游吸引物的类型不同，将工业旅游划分为工业遗迹旅游和工业企业旅游。工业遗迹旅游的创新商业模式为横向拓展模式，核心是"遗产＋"。通过"遗产＋"的带动不断拓宽旅游发展路径，实现景区综合发展（以龙泉青瓷小镇、遂昌金矿国家矿山公园为例）。这类景区充分利用遗产、遗迹作为核心吸引物，不断增加景区旅游设施、旅游项目，提升旅游功能、旅游服务等。具体来说，这类景区通过增加遗产遗迹的辐射通道、开展生态景区建设、增开体验项目、开放研学基地，将单一的遗产旅游地改造为旅游综合体，实现景区全面提升，在丰富业态与功能的基础上，重塑企业经营价值理念，优化企业营收结构，形成一种以遗产遗迹为核心的横向拓展型商业模式创新。

工业企业旅游的创新商业模式可以概括为以"延长纳入旅游范围的产业链长度"为核心的纵向延伸型商业模式。工业企业以先进的企业生产线观光为主，这类景区在现有向游客开放的生产环节的基础上，在与核心产业相关的上下游产业上做文章，扩大产业链开放程度和游客参与度（以巧克力小镇、欧诗漫工厂为例）。具体来说，这类景区从传统的开放生产线和产品销售为主，不断延长纳入旅游范围的生产线长度，从产品源头（原材料）环节入手，将终端产品从原材料到用户的整个生

---

① 涂小华，陈晓龙，王翠芳：《我国工业旅游多层次与区域性发展现状及对策研究》，《江西社会科学》2010年第7期，第99—102页。

② 郭鲁芳，孙春华：《基于产业融合视角的工业旅游发展模式研究》，《浙江工商大学学报》2011年第5期，第53—57页。

产过程完整地开放,每个环节加入不同的旅游功能和旅游体验项目,以产业链为核心,不断丰富工业旅游内容。原材料加入观光、种植、采摘等体验活动,生产线在原有观光的基础上加入游客体验项目,让游客参与生产,终端产品也从原来的低价销售改为"观光＋体验＋销售"的模式,不断丰富业态,叠加功能,在旅游功能沿产业链深度融合的前提下提升企业价值、刺激景区二次消费、拓展企业收入渠道,优化企业间合作方式。不仅如此,游客在工业体验的过程中还能提升对产品的认可度,起到良好的企业形象宣传和产品营销的作用。

第二节　融合视角下工业旅游商业模式创新的浙江实践

前文将国内工业旅游分为工业遗迹旅游和工业企业旅游两种:前者通过"遗产＋"的方式,横向拓展工业旅游内容,打造全方位旅游体验;后者通过企业生产线的带动,加强对核心产品上下游环节的联动,纵向开发产业,让游客深度体验企业生产过程,了解企业文化。针对工业遗产类,本节选取了龙泉青瓷小镇和遂昌金矿国家矿山公园两个先进模式作为案例;针对工业企业类,选取了巧克力甜蜜小镇与欧诗漫工厂两个优秀企业作为案例,对四个案例做出深入分析,找到浙江省工业旅游创新发展点,突破目前我国工业旅游发展困境,为全国其他地区发展工业旅游提供借鉴。

一、以"工业遗迹"为核心的典型案例

(一)龙泉青瓷小镇,打造复合式商业模式

"工业遗迹＋文化＋教育＋创业＋购物"是龙泉复合式旅游新模式。以釉色闻名海外的龙泉青瓷发源于三国两晋,在宋元时期尤为兴盛。中华人民共和国成立后,国营龙泉青瓷在上垟镇恢复生产。20 世纪 90 年代,由于国家经济重心的转变,一大批厂房相继倒闭,在上垟镇留下了一批宝贵的工业遗迹。2008 年,披云青瓷文化园董事长季建真先生联合浙江大学等高校的专家、设计师,透过这里依稀残留的破厂房、小作坊,决心在这里发展工业旅游,将独特的青瓷文化发扬光大。借着浙江省特色小镇建设的东风,在 2012 年,龙泉将上垟工业遗迹进行整合、重新改造,注入文化内涵,将龙泉青瓷小镇正式列入省重点建设项目,致力于将其打造成世界级中国青瓷小镇。经过几年的建设,龙泉披云青瓷文化园拔地而起,文化园采用了以工业遗迹为核心的"工业遗迹＋文化＋教育＋创业＋购物"模式,丰富工业旅游内容,形成了集工业旅游、文化旅游、生态旅游为一体的发展模式。2014 年龙泉青瓷小镇成功创建 4A 级旅

1. 以老建筑旧厂房为核心,重塑古老青瓷文化,创造沉浸式体验

上垟青瓷小镇建设的核心区项目用地面积约 4.7 万平方米,主要由披云青瓷文化园、龙泉青瓷国际交流中心、1957 创意设计中心、青瓷小镇商贸中心、青瓷产业园五个核心区块构成。青瓷文化园是整个青瓷小镇的核心,在青瓷文化园中坐落着国营瓷厂办公大楼、青瓷研究所、制瓷窑、水碓、大烟囱等工业遗迹。整个区域凭借这些工业遗迹和上垟在龙泉青瓷发展史上的独特地位和良好的产业文化基础,将工业遗迹充分进行改造,不断地把青瓷文化渗透其中,最终形成了工业遗迹核心游览区。在这里,游客能够真真切切地感受到古代制瓷精湛的工艺和古代劳动人民的勤劳与智慧。[1]

2. 增加文化体验项目,在互动式体验中感受青瓷的艺术魅力

在龙泉披云青瓷文化园中有一座陶瓷山水文化博物馆,里面陈列着那些由青瓷烧制的碗、碟、茶盏、酒器、花瓶,和一盆盆由黏土、陶瓷烧制而成的山水盆景。博物馆内还展示着古老的青瓷技艺流程、烧制场景,完整地展示着龙泉青瓷的历史文化。除了博物馆外,园区还打造青瓷文化漫步道,青瓷寻踪大型历史文化剧场、国际陶艺村、青瓷传统技艺展示中心等景点,增加了青瓷文化演出、陶瓷制作等项目。在陶艺体验店中有专门的师傅教授青瓷古法技艺,游客能够完整地体验从拉胚到烧制的整个过程,真正参与到青瓷制作中来,体验青瓷文化魅力。另外,小镇的配套设施也无不体现着青瓷魅力。青瓷主题酒店、青瓷主题餐厅、青瓷购物一条街、主题民宿里总能看到熙熙攘攘的游客。

3. 完善创业机制,吸引"创客"归来

2015 年 6 月,中国青瓷小镇入选浙江省首批特色小镇创建名单。龙泉市紧紧抓住这一历史机遇,以青瓷文化为核心,加快完善青瓷小镇"生态、生活、生产"的三生融合发展模式,抓好"生态＋""旅游＋""文化＋"的龙泉实践。为了发挥青瓷小镇在产业转型升级的示范引领作用,在创建过程中,龙泉通过创新机制,出台政策,吸引社会资本、艺术家和农民工返乡参与小镇设计与建设,打造"大众创业、万众创新"平台。青瓷小镇成功引进上海道铭投资控股有限公司,签订了 30 亿元的合作协议,通过市场化的运作,推动人才、金融、市场等资源要素向小镇集聚。此外,还积极向企业、高校借力借智。截至 2018 年年底,公司已与 5 所高校院所开展校企

---

① 卢跃东,徐云松,刘晖:《"一业驱四化",桐乡市旅游综合改革的核心内涵》,《旅游学刊》2014 年第 10 期,第 8—9 页。

合作,推动青瓷技艺传承与创新发展。同时,青瓷产品向艺术瓷、包装瓷、日用瓷、仿古瓷、礼品瓷、饰品瓷等多方位拓展的多元化发展格局已然形成。经过几年的建设,青瓷小镇已经汇聚了众多设计师、资本家、专家学者,形成了完整的创业机制,为龙泉青瓷小镇的发展源源不断地提供智力支持。

(二)遂昌地质公园,实现内外兼修新模式

"工业遗产+研学+生态+疗养"是遂昌"内外兼修"的新模式。遂昌金矿国家矿山公园位于浙江省丽水市遂昌县东北部,区位优越,交通便利。遂昌的金矿开采历史悠久,唐代开始开采,宋代达到开采高峰。现在的遂昌金矿正式成立于1976年,是对遂昌老金矿事业的传承,也是国家重点的黄金生产基地,被授予"江南第一金矿"的称号,2011年遂昌金矿成为省内唯一一家入选首批国家矿山公园的单位。遂昌(金矿)地质公园资源独特,不仅有充满神秘色彩且深邃幽长的古矿洞、宋、明、清时代的黄金生产线和采矿遗址,还有奇峰秀水、林幽涧碧的亚热带景观。不仅如此,遂昌金矿还保护性地开发了唐代金窟,加快景区交通线路建设和井下游览环线的建设步伐;提倡培养和引进高素质的人才,健全、完善景区的接待和导游服务机制;不断挖掘矿山公园的文化内涵,打造和弘扬矿山文化;建设矿山研学基地,不断地提升遂昌国家矿山公园景区的品质,最终形成了以矿山遗址、遗迹为核心的工业"遗产+研学+生态+疗养"的综合发展模式。

1.以老矿洞改造升级为核心,提升游客感官体验,全方位凸显金矿文化

遂昌金矿老矿洞目前向游客开放了唐代金矿和明代金矿两部分。两座金矿在原有的基础上进行了修缮、维护,接入了照明设备和通风设施,在保护的基础上为游客提供了一个相对舒适的游览环境。唐代金矿以游览参观为主,洞口是由木头搭建而成,洞内的矿石呈现一种特别的金黄色,矿道越往里走空间就越小,最窄的地方只能侧身通过。唐代金矿游览完后,沿着古老的运矿小路可以到达明代金窟。明代金窟中有遂昌金矿最有特色的观光小火车,游客乘坐它可以体验到当年矿工挖矿、运矿的过程,增加游览的趣味性。遂昌金矿国家矿山公园除了重视遗址遗迹的开发与保护外,还把重点放在了金矿文化建设上。其中,唐代金窟纪念馆和黄金博物馆最为典型,前者记录着唐代采金工人进入金矿之前的情景,陈列着不同的矿石标本,后者由一个老电影院改建而来,展示着遂昌金矿的发展历史、黄金的开采冶炼过程,同时可以欣赏到精美的黄金饰品,体验"抱金砖"等有趣的活动。

2.挖掘矿山内涵,建设研学基地,开启"遗产+研学"模式

遂昌金矿自2005年取得全国首批"国家矿山公园"建设资格后,在深入挖掘古代矿冶遗存和历史文化成果、打造国家矿山公园的基础上,带头承担国有企业社会

责任,将矿产资源的影响扩大,着力开发工业旅游,开展资源科普教育和宣传工作。2016年,遂昌金矿国家矿山公园以古代采矿遗址为主要依托,将"一馆"(黄金博物馆)、"两窟"(唐代金窟、明代金窟)、"两化"(黄金文化、汤显祖文化)等资源进行有机整合,获评全国黄金行业第一个资源保护类"全国国土资源科普基地"。遂昌金矿国家矿山公园凭借强大的资源和环境优势,着力打造青少年的夏令营基地,完善住宿、娱乐、学习等设施。目前,景区内已开展黄金科普游、矿洞地质游、野外生物游等科普项目,能够满足200多名学生开展研学活动,满足其餐饮、住宿、场地要求。园区仅2018年暑假期间就接待了来自省内各地的夏令营游客超过7000人次。[1] 遂昌金矿国家矿山公园围绕青少年的多元化需求,从环境、场地、项目、服务等方面着手,整合资源,成功入选丽水市中小学生社会实践基地,成为青少年接受科普教育的良好场所,将矿山公园打造成了一张浙江研学旅游的金名片,探索出一条资源型企业的可持续发展之路。

3.结合金矿周边优质景观风光,打造休闲疗养基地

遂昌金矿国家矿山公园拥有"江南第一矿"的美称。为加强矿山保护和推动企业多元发展,遂昌金矿挖掘矿山文化,将工业资源进行充分的旅游化开发。通过充分挖掘,将矿山的千年矿业文明、采冶遗迹和生态资源进行整合,打造了以观光旅游、矿业科普宣传、现代金矿生产流程展示和劳模(职工)疗休养为主要内容的矿山景区。遂昌金矿国家矿山公园按照疗休养管理工作相关文件规定,实施规范科学管理,不断提升服务质量,打造疗休养品牌,先后被评为"丽水市劳动模范(职工)疗休养基地""浙江省劳模休养基地""浙江省省部属企事业职工疗休养基地""浙江省特色精品疗休养目的地",把疗休养基地建设成为职工休养生息的温馨家园。经过几年的努力,遂昌金矿国家矿山公园成为集观光旅游、矿业科普宣传、现代金矿生产流程展示和疗休养为一体的矿山景区,并获得了"全国国土资源科普教育基地""浙江省科普教育基地""浙江省工业旅游示范基地"等称号。

二、以"工业企业"为核心的典型案例

(一)工业企业游之巧克力甜蜜小镇

嘉善巧克力甜蜜小镇位于浙江嘉善大云旅游度假区内,距离上海68千米、杭州95千米、苏州110千米,紧邻西塘古镇。歌斐颂巧克力主题园区总投入9亿元,是"巧克力甜蜜小镇"的核心主体,也是国内首个以巧克力为主题的工业旅游项目。

---

① 资料来源:丽水市旅游官方网站。详见 http://lyj.lishui.gov.cn/。

歌斐颂负责人莫雪峰打造主题园区的目的,就是要让顾客感受到"歌斐颂巧克力不是从冰冷的工厂出来的,而是从一个温暖的小镇诞生的"。因此,巧克力甜蜜小镇以开放巧克力制作工厂为核心,着力打造巧克力文化,将这里打造成一个甜蜜温暖的小镇。

1. 以工艺流程参观为核心,围绕甜蜜主题,纵深发展产业链

目前,园区正在从传统的工厂游览模式逐步向开放整条产业链转变。目标是将从原材料种植到终端产品出售的整条生产链向游客开放。在原材料展示上,小镇从南美洲的厄瓜多尔、委内瑞拉等地引进热带可可树,筹建嘉善首个热带植被区——可可森林。由于热带植物对气温要求高,嘉善供电部门负责人多次走访小镇,根据实际用电情况,帮助确定合理的用电方案,保证热带植物存活生长。在生产线观光上,小镇从瑞士引进了国际一流的生产设备,形成了一条全自动生产线,并将生产线向游客全面开放。游客可以从一条 156 米长的全透明观光通道看到巧克力原材料混合、研磨、精炼、浇注成型、包装等过程,极大地方便游客观看巧克力的整个生产制作过程。在此基础上,小镇还将单一的巧克力工业生产观光模式拓展为集巧克力工业旅游、巧克力文化创意、巧克力社区生活等为一体的综合型旅游模式。同时,巧克力工厂积极将中国传统文化与国外风情文化相结合,使游客能够在浓郁的可可香味中体验迷人的热带风情和西非文化。在终端产品研发上,巧克力工厂负责人带领团队从各地引进最好的原材料,探索出适合中国人口味的巧克力配方,让游客在工厂观光之后品尝到可乐牛奶巧克力、茉莉黑巧克力、草莓果脆白巧克力等 20 多种不同口味的巧克力。巧克力甜蜜小镇通过丰富的观光内容、有趣的体验项目,让游客体会到巧克力制作的无限快乐,体验到巧克力滋味的无限甜蜜,感受到巧克力文化的无限魅力。

2. 突出小镇甜蜜主题,强调"甜蜜文化",开展巧克力小镇文化游

中国有 103 个工业旅游示范点,如何在上百个工业旅游示范点中脱颖而出,找到自己的发展之路,是每个工业旅游示范点需要思考的问题。巧克力甜蜜小镇在负责人莫雪峰的带领下聚焦"巧克力""甜蜜浪漫"两个核心 IP,找准小镇特色,并不断做足特色、凸显特色、放大特色,通过巧克力、婚庆、农庄、花海、水乡、温泉这六大元素,集中展现甜蜜的主题。截止到 2018 年,小镇共开发了巧克力甜蜜主题、婚纱拍照甜蜜主题、家庭亲子甜蜜主题、女性温泉甜蜜主题四个主题旅游活动,旨在将巧克力小镇打造成中国最甜蜜的地方。"甜蜜"这一主题可以称为"个性鲜明"。放眼全国,以巧克力为主题的特色工业旅游在国内独此一家,在世界上也极为少有。

文化是特色小镇持续发展的灵魂,而巧克力是一个有历史、有产业、有文化、有

故事的国际化产品。因此，"巧克力"主题有足够深的文化底蕴值得挖掘。嘉善巧克力小镇以巧克力文化为核心，以巧克力生产为依托，以文化创意为手段，充分挖掘巧克力文化内涵，拓展巧克力文化体验、养生游乐、休闲度假等功能，旨在将小镇建设成为"亚洲最大、国内著名"的全国性工业旅游示范基地、巧克力文化创意基地、现代化巧克力生产基地。随后，嘉善巧克力小镇抓住创建国家级旅游景区的契机，不断加强景区基础设施及配套设施建设，全面提升景区的景观、环境和服务质量；深入挖掘巧克力文化内涵，拓展巧克力文化旅游，不断丰富旅游产品和游客体验。未来，小镇还要在已有资源的基础上增加歌斐颂巧克力学院、可可文化展示体验馆、青少年探索研学区等区域，不断朝着巧克力文化旅游胜地、欧陆风情体验地、文化创意产业基地和国家5A级旅游景区的目标迈进。

3. 创新经营理念，凸显"品牌化和国际化"，实现特色发展

小镇经营成功的关键因素之一，就是追求品牌化、国际化。小镇创始人莫雪峰的格言是"要么不做，要做就做最好的"，这种理念自小镇创办之初就已经确立且从未改变。一方面，国际化体现在巧克力的品牌上，歌斐颂巧克力品牌名为"Aficion"，源于希腊语，意为"挚爱"，其品牌含义是"因为对巧克力的挚爱，我们千锤百炼，找出能体现可可风情的配方；更因为对生活的挚爱，我们真心实意，献上令人感动的美妙滋味"，并以此创立了品牌LOGO、口号以及宣传片。另一方面，国际化体现在制作材料和工艺上，歌斐颂巧克力选用南美、西非的可可豆、新西兰的牛奶、瑞士的制作工艺，从原材料到制作工艺再到加工技术，每一个过程都执行国际化水准。正是这种精益求精、追求精品的精神和追求品牌化和国际化的理念，才成就了今日歌斐颂巧克力小镇，形成了小镇发展特色。

(二)工业企业游之欧诗漫工厂之旅

欧诗漫集团地处中国人工养殖淡水珍珠发源地——浙江德清，是全国化妆品十强企业、国家首批农业产业化重点龙头企业、浙江省日化行业龙头企业，是浙江走向世界的名优产品生产企业，是国内唯一一家集珍珠养殖、珍珠饰品、珍珠化妆品、珍珠医药保健品产供销于一体的综合性开发企业。2013年欧诗漫珍珠生物产业园开始动土建设，整个建筑面积25.8万平方米，项目总投资12.6亿元。现在整个欧诗漫产业园上坐落着世界最大的珍珠博物院，欧诗漫的工业旅游项目也逐渐走向成熟，年接待参观人次能够达到50万，传播覆盖人数达1000万人。[①]

----

① 资料来源：欧诗漫企业官网。详见 http://www.osmun.com.cn/core/forwardPage?page=gypp&spage=3。

1. 突出原材料,增加珍珠体验项目,形成沿产业链开发模式

欧诗漫是一家主营化妆品研发和生产的公司,公司工业旅游可以追溯到20世纪90年代。最初,欧诗漫工业旅游内容大致为看珍珠养殖基地,了解珍珠养殖过程,以参观带促销的模式提高销量,增加企业知名度。欧诗漫集团认为,"工业旅游本身展现的是企业的一种透明度,让工业旅游走进车间厂区,让其在众目睽睽之下生产。这对于企业而言,需要底气,更需要勇气。对企业来说,工业旅游是敞开大门让消费者了解自己,对产品产生信赖感"。欧诗漫公司察觉到工业旅游的巨大效益,投入6亿多元,开发欧诗漫"珠之源"工业旅游项目。建设集开放式参观通道、一站式购物中心为一体的珍珠产业园。在原材料环节,开设了养殖地游览活动和蚌珠采集体验活动。在化妆品生产车间,公司将生产流水线从9条增加到16条,并且在每个楼层的车间外都设置了3.5米宽的参观通道。经过几年的努力,欧诗漫打造出了一条从参观珍珠养殖基地、体验育蚌、取珠操作工艺,到参观公司GMP化妆品生产车间、珍珠历史文化展示、珍品珠宝欣赏、产品销售为一体的沿产业链的工业旅游开发模式。

2. "原材料+研学",建设珍珠产业园,形成独特的珍珠文化

2012年欧诗漫正式申报省级工业旅游项目,对旅游线路安排、接待能力以及周边配套设施进行了全面升级。在原来的基础上,改建和新增了游客向导指示牌、大型停车场、游客接待大厅等。改造后,欧诗漫工业旅游日接待量可达800—1000人。欧诗漫工业旅游基地核心区域包括珍珠产业园、欧诗漫珍珠博物院、欧诗漫珍珠生物产业园,整个园区按照4A级工业旅游景点要求和智慧工业园区标准开展建设。欧诗漫着力做好珍珠原材料的文章,从产业源头开始,进行工业旅游创新模式开发,在珍珠文化馆内提供现场活蚌取珠的互动体验活动和珍珠美容知识讲座,让游客通过体验项目了解珍珠历史和养殖技术,打造出一条集珍珠养殖、文化体验、工业观光、休闲购物等内容于一体,三大产业高度融合的精品珍珠文化旅游园区。欧诗漫不只看重游览项目,还在游览项目中根据游客需求和行程安排定制活动,提供半小时到半天的珍珠美容知识讲座。欧诗漫通过讲授珍珠粉护肤知识、珍珠面膜使用方法、珍珠首饰与服饰搭配技巧等课程,为时尚女性传递美容心得;通过开讲座的方式,普及珍珠美容知识的同时打造公司珍珠文化氛围。在几十年的经营中,欧诗漫不断摸索创新发展模式,在重视产品质量的同时,不断挖掘产品内涵,通过开放工厂发展工业旅游的方式形成了独特的珍珠文化。

第三节　融合视角下浙江省工业旅游商业模式创新的问题与对策

一、融合视角下浙江省工业旅游商业模式创新的问题

工业旅游受地区政策、工业环境、旅游偏好、竞争情况等因素影响，各地发展层次水平不一，发展遇到的问题也不尽相同。浙江省发展工业旅游整体上来看优势明显，其特色民营经济已经激发出人们的体验欲望。从浙江省的全国工业旅游示范点的数量来看，浙江省的工业旅游发展虽呈现遍地开花的局面，但以示范点为核心的工业旅游发展模式还未成型，工旅融合深度还有待加强。

通过对浙江省工业旅游示范点的实地调研，结合前面影响因素分析，我们总结出浙江省发展工业旅游的问题：从产业端来看，一是浙江省虽城市经济发达，基础设施相对完善，但部分城市缺乏必要的工业形象定位；二是工业旅游融合模式相对单一；三是工业旅游的融合机制还不够完善。从游客端来看，我国游客对浙江工业旅游的认知不足，导致工业旅游开发缺少动力，旅游消费市场还需进一步打开。从市场端来看，浙江工业旅游的市场核心竞争优势不明显，面临着巨大的市场竞争压力。

（一）部分城市工业定位不明

浙江省工业旅游开发起步较晚，开发经验相对不足，不少地区只是照搬照抄其他类似地区的开发经验，没有结合本地区特色，造成工业旅游开发定位不明确，资源浪费现象严重。在影响工业旅游开发的因素方面，部分地区政府对工业旅游支持力度不够，缺乏清晰明确的城市形象定位，参与主体认识不足。没有鲜明的城市定位，城市综合旅游竞争力无法提高，尽管人们有较强的体验工业旅游的欲望，但仍然不能将体验欲望转化为实际行动。因此，政府对发展工业旅游除了持积极支持的态度外，还要积极牵头，为工业旅游的发展铺路护航，明确城市工业旅游发展定位，打造城市形象，以招揽更多的潜在游客。

（二）工业旅游模式相对单一

工业旅游是随着旅游业的发展而产生的一种新的旅游类型，是旅游和工业整合形成的一种新模式。在工业旅游开发内容上，浙江省工业旅游开发多数依托大型企业进行，由于工业资源类型的局限性，又因其自身地理区位、资源现状、客户群

市场等要素的差异性,工业企业大多采取特定的发展模式,在开发过程中都存在开发模式单一、旅游配套设施不完善的问题。在工业旅游开发形式上,大多工业旅游企业都选择自己建立工业旅游部门,仅有小部分企业选择参加相关展览会与各大旅行社合作,许多工业旅游景点都缺乏客源。下一步工业旅游发展应该找准定位和企业自身特色,拓宽工业旅游内容,打破单一发展的局面。

（三）工旅融合深度有待加强

目前,在工业行业与旅游行业仍存在诸多限制产业融合的因素,导致了浙江省工旅产业融合深度不足。首先,地方政府出于地区保护、产业管理等方面的原因,对产业融合管制较严,限制企业自由进入或退出市场,从而阻碍了不同产业之间的互动,导致产业系统的封闭性较强,这些因素使产业之间的融合步履维艰。其次,许多工业企业的学习与创新能力有限,工业旅游开发经验不足,对工业资源的发掘还不到位,许多极具开发价值的工业资源未能得到有效利用。最后,旅游部门提供的配套旅游服务无法满足游客的多样化需求,企业整合旅游服务与工业资源的能力有待提升,工旅融合制度需要更加开放、更加灵活,需要政府、企业、社会等多方共同努力。

（四）游客缺乏工业旅游认知

从游客角度来看,目前游客对工业旅游还缺乏足够的认识,造成这一现象的原因:一是游客对于浙江省工业旅游的感知形象不明确。旅游感知形象是旅游者对某一旅游城市潜在印象或总体印象,一般由这一地区最富盛名的旅游景点性质决定。传统旅游城市普遍具有稳定的旅游认知形象,旅游者往往凭借潜在的总体印象来做出旅游决策。如大多数旅游者对杭州形象的认知是"东方休闲之都,品质生活之城",旅游者往往会选择西湖、雷峰塔、灵隐寺、钱塘江、宋城等风景名胜和人文历史景观。因此,杭州在开发工业旅游的过程中,客源流量和工业旅游认可度都会受到传统热门景点的影响,对于新生的工业旅游发展具有较强的抑制作用。二是游客对工业旅游的了解不深。浙江省国内外旅游入境人数非常可观,为发展工业旅游奠定了雄厚的潜在客户基础。不过,旅游消费者对工业旅游的认知程度普遍较低,在部分旅游者心目中对传统旅游的理解就是离开城市或者离开自己的工作岗位,体验大自然风光或是到景区、度假区去放松心情;调节紧张的工作情绪,而工业旅游显然不符合这类旅游消费者的心理诉求。因此,在发展工业旅游的过程中,需要工业企业和地方政府重视工业旅游的宣传和教育工作,适当引导,以激发游客参与工业旅游的欲望,提高游客对工业旅游的认知度。

（五）工业旅游核心竞争力不足

上海是浙江省发展工业旅游最大的竞争城市，上海 39 个工业大类一应俱全，是我国近代工业的摇篮、现代工业的生产基地，工业整体素质和综合实力领先全国其他城市。上海在一百多年的工业发展历程中积淀了丰富的工业旅游资源。早在2003 年 7 月上海市计委、市旅委制定的《关于本市旅游业发展三年行动计划》中就指出，"在以宝钢、上汽、大众、通用等工业基地为载体构建的都市型工业旅游示范区的基础上，拓展都市工业旅游的范围"。① 2008 年上海工业旅游年票可在长三角通用，工业旅游景点包括上海和长三角地区等 120 多个。上海依靠丰富的工业旅游资源，及其发达的经济优势，合理发展，成为中国工业旅游发展的典范。相对于浙江省，上海市的工业旅游发展无论在其完善程度、公众认知度、客源市场以及区位条件上都占据优势，削弱了浙江省工业旅游对于长距离游客的吸引力。除此之外，浙江省不同城市之间的工业旅游项目相似度较高，同质化现象严重，也存在着巨大的竞争压力。因此，工业企业应该思考如何对企业进行独特定位、如何抓住客源市场、如何从众多竞争者中脱颖而出。

二、融合视角下浙江省工业旅游商业模式创新的对策

针对浙江省发展工业旅游过程中产业端遇到的部分城市缺乏工业形象定位、融合模式相对单一、融合发展机制还不完善，游客端遇到的游客对浙江工业旅游的认知不足，市场端遇到的市场竞争压力大的问题，结合浙江省旅游发展基础和发展现状，提出以下对策，希望能够有效改善现阶段浙江省工业旅游发展中出现的问题，为工业旅游提质增效提供参考。

（一）深挖工业旅游特色，明确工业旅游的形象定位

消费者对产品形象的认知，体现了不同产品市场价值的差异，一个良好的、个性鲜明的主题可以形成较长时间的垄断，所以旅游形象定位是工业旅游产品推广阶段的首要任务。以温州市为例，从外地游客的感知与认同程度、旅游产品的受众基础，以及该产品在区域旅游市场中的分工状况等因素考虑，温州市工业旅游产品形象可以定位在"民营企业成长之乡""中国企业家的摇篮"等方面，其宣传口号可定为偏重工业企业萌发地、成长地等。再如现有的"浙江工业看温州，温州工业看奥康""工业摇篮、皮鞋之乡"等，在工业旅游定位时，需要先在城市规划中将鲜明的工业城市特色凸显出来，企业

---

① 《上海旅游业发展三年（2003—2005 年）行动计划》。详见 http://www.china.com.cn/chinese/PI－c/375865.htm。

旅游定位和形象宣传与地方总体定位形成配合,共同将工业旅游的特色做大做强。同时,企业发展工业旅游需要认清工业旅游优势,摆脱工业旅游开发旧思维,与旅游部门积极协作,深度挖掘资源的特色和价值,努力与当今游客出游诉求吻合。这也有利于形成宣传企业产品及文化,提高企业美誉度。在企业旅游化开发开放的部分,要注重整体协调,不仅要加强正面建设,还要删除一切可能削弱、分散或违背主题的环节,同时要避免民俗和特色服务过于商业化和舞台化,要力求真实、亲民、有特色。

(二)聚焦景区体验创新,优化工旅融合的发展模式

我国工业旅游资源丰富,很多地方有资源,但是普遍存在不知道"怎么用,谁来用,给谁用"的困惑,工业旅游开发模式单一的问题普遍存在。解决上述问题的有效途径:一是活化资源利用方式。具体来说,就是不要简单地把车间当景点,把废墟当景观,要打破固定思维,大胆创新。如,鲁尔工业区将鼓风机车间改造成音乐厅,将煤渣山改造成室内滑雪场,这就是活化利用。中国近代纺织史上极具地位的上海第十七棉纺织厂,现在已经成为亚洲规模最大的国际时尚中心,在这里充分体现了主客共享、行业共享、国际共享。这是从实际出发,按市场规律办事,实现价值增值,盘活存量资产的工旅融合发展的典型例证。二是重视体验性项目的开发。灵活多样的体验项目能够让游客深度融入旅游过程,提升游客体验感,是优化工业旅游模式的有效手段。例如,在香水厂,游客可在技术人员指导下自己配制香水;在服装厂,可以设"T"型台,让游客试穿、表演等;在食品厂,允许游客品尝原材料、加工食品等,打造沉浸式体验项目。同时,还要做好市场细分,有针对性地开发特色体验产品。如,针对学生开展以修学、择业为主题的工业旅游;针对潜在投资者,开展以招商引资为主题的旅游活动;针对政府机关、研究机构,开展以调研考察为主题的工业旅游;针对老年人开展"怀旧""追忆"为主题的工业旅游;等等。

(三)聚焦融合机制创新,形成高效的综合管理体系

工业旅游产品与其他旅游产品一样,具有生产与消费的协同性、不可储存性、共享性等特征,导致企业生产经营管理过程与目标消费群体将零距离接触,这对企业的生产经营管理提出了更多、更高的要求,这就要求增设咨询接待、导游讲解、表演展示、购物娱乐、对客管理等相关职能,并与原有部门进行有效整合。因此,在企业与旅游功能融合的过程中,要动态调整工业企业的组织架构,创新企业的经营理念,企业内部积极配合实现旅游功能。一要配备专业、专职的旅游服务管理、营销策划等人才,确保工业旅游项目的有效、有序运转。二要设立旅游专管部门,实现旅游人才配套到位,素质过硬,便于旅游相关事务的处理。三要建立全员营销观念,培养员工的旅游宣传营销观念。

（四）推进全渠道旅游营销，树立工业旅游新认知观

针对游客对工业旅游认知不清、重视程度不够的现状，可以从企业和开发者两个层面来进行教育、培训，形成新的工业旅游建设观和宣传观，加强工业旅游的竞争力。一是企业转变营销方式。企业要充分利用自身的企业品牌优势与市场知名度，加强工业旅游产品的宣传促销工作，以进一步提升企业品牌的知名度，丰富品牌的内涵，调整目标细分市场的认知。要积极依托工业企业现有的营销渠道开展相应的营销工作，如利用企业自有的直销网点播放旅游宣传片、赠送抵价券、发放旅游宣传册等，以迅速提升市场知名度。另外，鉴于旅游营销的"虚拟性"与传统工业产品营销的"真实性"差异较为明显，工业旅游企业必须创新营销方式，摆脱企业传统的营销理念与技术方法。二是树立"泛旅游"的观念。在工业旅游项目的规划设计、开发建设过程中，应积极创新、推进现代"泛旅游"资源观，即以工业旅游消费者的"求真、求知、求异、求利、求名"等需求动机为核心，在工艺生产设备与流程、工业企业文化、工业生产成果及相应的工业文化遗迹等传统工业旅游资源挖掘的基础之上，有效整合其生产要素资源及其所承载的历史文化资源、节庆活动资源，加强工业旅游区（包括整个厂区的内外部）的环境整治与景观绿化，营造适宜休闲旅游的氛围。不断创新表现形式，丰富工业旅游产品体系，实现工业旅游产品功能的多元化，以满足游客日益复杂、多元的消费需求。

（五）加强科技渗透力度，形成地区特色核心竞争力

从产业融合的过程来看，结合浙江地区先进的科技发展水平以及丰富的科技成果，工业与旅游业的融合可以通过加强科技渗透的方式，来形成浙江省的工业旅游竞争优势。首先，工业与旅游业部门要集中力量开发信息产业中的关键性技术、战略性技术，形成部分关键技术和设备的自主知识产权，实现信息化的企业客户关系与管理、供应链管理和价值管理，从而使生产经营体系一体化。通过电子数据的交换与外界沟通联系，开发工业与旅游业共同的信息平台，跨越空间限制将更多的资源和用户连接起来，构建互通互联的数字化信息流和服务流，优化资源配置，使工业资源与旅游服务通过同一平台融洽对接，形成完整的工业旅游产品。其次，利用先进的技术达到直观展示现代先进的工艺生产流程的效果，让游客能切身体会到工艺生产的奇妙。大部分游客并非是工业企业领域专家，因此必须大胆创新展现方式，使游客能直观感受到现代工艺生产流程的先进性，利用 VR、3D 打印等技术，创造更好的感官体验，形成工业旅游发展核心竞争力。

（六）突出工业旅游二重性，实现工旅有机融合发展

工业旅游是工业与旅游业两个产业的深度融合。因此，在发展工业旅游时要

旅游与工业两手抓,创新工业旅游产业辐射方式,要凸显工业旅游"旅游＋工业"的双重属性。一要狠抓工业旅游的旅游属性。利用工业旅游新业态、新动能属性,实现工业产业结构的优化升级,展现工业旅游的经济效益,创造工业企业的新经济增长点。同时,激活工业旅游"旅游"和"工业"的双重身份,实现"工""游"无缝对接,推进"旅游＋"和"＋旅游"的全领域拓展。二要巧抓工业旅游的工业属性。创新制造业与旅游服务业的新兴融合发展模式,深化工业企业与旅游集团的战略合作,推动旅游装备制造业发展,研发生产具有自主产权的登山、滑雪、露营、探险、房车等各类户外用品和特色旅游商品,建设一批旅游工业基地,拓宽工业企业生产领域和经营空间,探索工业旅游和旅游工业比翼发展。

本章小结

　　本章的研究主题是工业旅游的创新商业模式和典型案例,研究内容为浙江省的工业旅游发展新商业模式,基本逻辑结构为"现状梳理—模式提出—案例剖析—发展问题—对策建议"。在现状梳理和模式提出部分,本章着重对工业旅游的定义、边界和特点进行划定,明确研究重点,把工业旅游资源大致划分为工业遗产和工业企业两个大类。其中,以工业遗产为核心的景区主要为横向拓展模式,以"遗产＋"为核心,横向拓宽关联项目,实现复合式发展。以工业企业为核心的景区主要是以延伸产业链为核心的纵向扩展模式,力图增加产业链的透明和开放程度,延长纳入旅游范围的产业链,旨在将产品从原料到成品的整个生产过程和生产环节都展现给游客。在案例剖析部分,文章选用了龙泉青瓷小镇和遂昌地质公园(金矿)两个以工业遗产为核心资源的典型景区案例,巧克力甜蜜小镇和欧诗漫集团工厂游这两个以工业企业为核心资源的典型案例,分析四个典型案例的成功经验和创新的商业模式,旨在为其他地区的工业旅游发展提供经验借鉴和模式借鉴。在问题和对策部分,本章结合浙江省工旅融合发展现状,以及浙江省工业旅游发展先进案例,提出了浙江省工业旅游在产业端遇到的城市工业形象定位不明、工业旅游发展模式单一、融合制度不健全等问题,在游客端遇到的工业旅游市场认可度不高等问题,市场端遇到的相邻地区竞争压力等问题,并提出相应对策,突出工业旅游二重性,以期实现省内工业旅游又好又快发展。

第六章　体育旅游商业模式创新与案例实践

　　国务院 2014 年印发了《关于加快发展体育产业促进体育消费的若干意见》,明确提出了体育产业与其他产业融合发展是促进体育产业消费的新增长点,体育产业与相关产业融合发展是产业发展的重要方向。目前,体育产业融合发展已经渗透到各个领域,出现了体育与旅游融合、体育与互联网融合、体育与全民健康融合等方式。国家体育总局和原国家旅游局 2017 年印发的《"一带一路"体育旅游发展行动方案》明确提出了浙江省体育旅游融合发展的目标,即到 2020 年浙江省体育旅游人数占该地区旅游总人数的比例超过 15%,体育旅游总消费规模突破 1 万亿元。[①] 浙江省为完成国家层面的体育旅游发展目标,明确提出了体育旅游发展方向和任务。目标到 2025 年,浙江将建成 10 个国内具有重要影响力的"体育旅游目的地"、10 个"国家体育旅游示范基地",推出 20 项"体育旅游精品赛事"等一大批体育旅游相关载体。[②] 体育旅游作为人们采取的可持续发展的旅游产业形式,不仅是旅游产业发展中的新生力量,也是传统旅游业深化改革的新起点,更是经济可持续发展的必然要求。因此,探析体育旅游的商业模式创新,有助于创造旅游产业和体育产业新的价值点,带动经济呈现新的增长。本章将从体育旅游的内涵和特点出发,探究体育与旅游融合发展的必要性和可能性,总结浙江省体育旅游融合发展路径和商业模式创新;基于浙江省层面体育旅游发展现状,研究浙江省体育旅游商业模式创新的经典案例,分析浙江省体育旅游商业模式创新的问题,并给出相应的对策。

第一节　体育旅游的内涵与创新模式

　　体育旅游由体育产业与旅游产业的融合而形成,体育旅游是从游山玩水的观

---

　　① 郦琪琛:《浙江借"一带一路"描绘体旅新版图》,《中国体育报》2017 年 7 月 24 日,第 2 版。
　　② 《关于大力发展体育旅游的实施意见》,中国政府网,2018 年 8 月 8 日。详见 http://www.jhsports.gov.cn/02/201808/t20180808_2590504_1.html。

光旅游中逐渐分离出来的一种特色旅游行业,是两种学科交叉渗透而产生的一个分支。体育旅游的发展能更好地带动经济的发展。国外学者从不同的角度对体育旅游进行了大量的研究与探索,但对于内涵的界定以及体育旅游的特点,理解都不尽相同。本节将从理论出发,探索和厘清体育旅游的内涵和特点;然后分析体育旅游融合发展的必要性;最后结合浙江实践,归纳出融合路径以及融合视角下体育旅游商业模式创新。

一、体育旅游的内涵和特点

(一)国外研究者对体育旅游的内涵界定

国外对于体育旅游的相关研究起步较早,并获得了相对丰富的成果。多数研究者通过对体育旅游类型的研究来定义体育旅游的内涵。他们大多认为体育旅游内涵界定的基础是"时间和空间置换"和"参加体育旅游的目的"(De knop,1987;[1] Standevan 等,1999[2])。例如,Redmond(1990)认为,不仅观看体育赛事是一种体育旅游形式,主动参与体育活动和参观体育名胜,如参与骑行比赛,参观著名体育场馆遗迹等也属于体育旅游。[3] Hinch 和 Higham(2001)认为,体育旅游是以体育活动为旅游吸引物,在短时间内从熟悉的地方到外地观光和体验的行为,其中,该体育活动有特定的规则,以身体对抗和游戏为本质的竞赛。[4] 但在细节方面,学界依旧没有统一的观点。一部分研究者认为,体育旅游是一种社会、经济和文化现象。如 Weed(2004)等认为,体育旅游是基于体育活动、场所和旅游者之间特殊的耦合作用所产生的一种社会观念、经济发展和民宿文化现象。[5] 再如 Joseph Kurtzman(1993)在针对体育旅游类别开发的研究中指出,体育作为旅游产业的附和物,判定游客是否开展了体育旅游,是由该游客是否真实参与到某项体育活动中

① De Knop. *Some Thoughts on the Influence of Sport Tourism*. In Proceedings of the International Seminar and Workshop on Outdoor Education,Recreation and Sport Tourism,1987. pp. 38—45.

② Standevenj, De Knop. *Sport tourism*, *Champlain*. IL: Hu-man kinetics,1999, pp. 56—61.

③ Remand. *Points of Increasing Contact*: *Sport and Tourism in the Modern World*. *Proceedings of the Leisure Studies AssociationSecond International Conference*. Walling ford UK: LSA Publications,1990,pp. 158—169.

④ Hinch T. D. , Higham J. E. S. "Sport tourism: a framework for re-search". *International Journal of Tourism Research*. 2001,3(1) ,pp. 45—58.

⑤ Mike Weed,Chrisbull. *Sport Tourism*. Oxford: Butterworth—Heinemann Lted,2004.

来决定的。^① 另外一部分学者认为，体育旅游不包括在旅游过程中不经意之间参与的体育活动。有的学者认为，体育旅游的特点是游客参与或参加的体育活动与商业性无关。如 Hall(1992)认为，体育旅游是指出于非商业动机去参与或观看体育赛事，并离开长期熟悉的家乡到外地体验生活和学习的行动，该学者认为"参加体育活动"和"观赏体育赛事"是体育旅游的两种旅行形式。[②] 还有的学者对旅行者参与体育旅游的动机以是否出于商业因素来予以区分。可见，关于体育旅游内涵的界定，国外学者争论不一，各自持有不同的观点，但大部分学者对体育旅游内涵的界定可以归纳为"旅游过程只能是否与体育活动相关""体育旅游是否与商业因素无关""体育旅游是否以参与体育活动为目的"。

（二）国内研究者对体育旅游的内涵界定

2000 年 6 月上海辞书出版社的新版《体育大辞典》中对于体育旅游的定义是：体育旅游是"以欣赏、观看或参与体育活动为内容的旅行游览活动"。通过大量的文献梳理，可知研究者对于体育旅游内涵的界定主要是从健身娱乐、体验性、旅游过程、时间—空间维度、体育与旅游学科角度等出发，具体观点见表 6.1-1。

表 6.1-1　国内研究者对体育旅游内涵的界定

序号	角度	主要观点	代表性学者
1	体育旅游的目的	功能性。体育旅游是指旅游者在旅游过程中从事各种身体娱乐、身体锻炼、体育竞赛、体育康复及体育文化交流活动等与旅游地、体育旅游企业及社会之间关系的总和，是以提高自身的健康或提高某一方面的竞技水平为目的的旅游活动	刘杰(1991)，韩鲁安(1998)
2		体验性。体育旅游是以参与各类体育竞赛、会议、交流，或者参与各种球类运动和水上水下运动、各类探险活动、康体休闲运动、汽车自行车越野、狩猎骑马、棋牌武术等为主要目的和内容的旅游，是旅游科学与体育科学交叉渗透而产生的一个新领域	朱竞梅(2000)，闵健(2002)

　　① Joseph Kurtzman. "Inaugural address— sports tourism internationalcouncil". *Journal of Sport & Tourism*,1993,1(1),pp. 5—17.

　　② Allcm. *Adventure,sport and health tourism,pecial interest tourism*. London：Belhaven Press,1992,p. 194.

序号	角度	主要观点	代表性学者
3	旅游过程中的体育项目	体育旅游是以体育资源和一定的体育设施为条件,在游客旅行过程中,以旅游商品的形式,依赖旅游地的自然环境、人文环境完成融健身、娱乐、休闲、交际等各种服务于一体的一种社会文化活动	汪德根(2002);宋杰,等(2010)
4	时间—空间维度	体育旅游是旅游者以非盈利目的较长时间离开生活地,以旅游和体育为主要目的,以休闲、娱乐、健身、探险等为主要动机,以欣赏、观看或参与体育运动为主要形式,集竞技与旅游休闲于一体的旅行游览活动以及由这些活动所引起的人、地、事三者之间的关系和由这些关系所引起的现象的总和	谭白英,等(2002);于素梅(2006);昌晶亮,等(2006)
5	体育和旅游学科角度	体育旅游学是指体育学与旅游学相互渗透的一门科学。其定义是从旅游学和体育学两个角度来进行界定:从旅游的角度定义,体育旅游是一种专业性旅游,是人们以参与、观看体育运动为目的,或以体育为主要内容的一种旅游活动形式;从体育的角度解释,体育旅游是一种休闲体育或假日体育,是人们参与体育的一种形式或活动的一种方式	刘青(2009)

来源:根据相关文献整理。

　　纵观我国学者关于体育旅游内涵的界定,一些学者认为体育旅游属于旅游业的一种形式,这种旅游形式是具有一定体育特征的特定旅行活动;还有一些学者认为,体育旅游是一种具有社会性质的社会性活动;其余学者多数从综合型产业的角度来定义体育旅游,他们认为体育旅游是体育与旅游相互渗透、相互交叉而产生的具有复合性特征的旅游活动。同时,国内学者在理解体育旅游时,都着重强调体育旅游者具有参与体育活动的动机,并且有能力实际参与其中。因此,基于大量国内外学者对体育旅游内涵的理解,本书将体育旅游定义为:旅游者具有参与体育旅游的动机,并且有能力借助旅行目的地的各种旅游资源或文化氛围,参与旅游目的地的相关身体娱乐、身体锻炼、体育竞赛、体育康复及体育文化之中,以观赏体育静态旅游资源、观看或参与体育项目为旅游方式的非商业性社会活动。

　　(三)体育旅游的特点

　　体育产业与旅游产业价值链的相互渗透,促使体育与旅游逐渐融合,进一步发展形成一种以体育健身休闲项目、体育赛事活动、大型体育场馆、体育综合体等体育元素为核心,以旅游服务要素为载体的新型旅游服务业态。通过对国内外体育旅游相关文献的梳理,可以归纳出体育旅游具有健身性与娱乐性、专业性与经济性、人文性与自然性等特点,这样具备复合特征的体育旅游项目让游客喜爱。体育旅游为旅游行业提供了综合的商业运行模式,并满足人民对健康生活的需求,同时也为旅游和体育爱好者提供了便捷、舒心、健康的服务。

1. 健身性与娱乐性

体育旅游区别于其他旅游形式,也正是源于它的体育特质——健身性和娱乐性,体育旅游具有健身性与娱乐性的特征。一方面,体育旅游具有健身性的特征。体育旅游是一种以体育本体资源为基础,以锻炼身体为目的的休闲活动,体育旅游参与者可以从活动中增强体质、强身健体,提升健康度。当今社会,多数人由于工作忙碌,无暇规划长期的健身运动计划,身体大多处于亚健康状况。因此,消费者对于运动健身的需求也正是体育旅游产生的动力之一。另一方面,娱乐性也是体育旅游的一大特点。体育旅游是一种能使得人们在旅游行动过程中归于自然、忠于文化、陶冶身心、快乐轻松的体育休闲活动,在这个过程中旅行者除了可以保持健康,还可以积累新的文化,娱乐身心,陶冶情操。体育旅游参与者可以感受旅游过程中的活动趣味性,相对于单纯的体育运动来说,更加吸引旅游者参与其中。因此,以健身性和娱乐性为主要特征的体育旅游就成为当今社会最受欢迎的体闲娱乐方式之一,集旅游、健身和娱乐身心于一体。这种具有健身性和娱乐性特征的新型服务业态决定了它广泛的群众需求,每一个人都希望能够在社会生活中有一个健康的身体和快乐的心情。因此,这是体育旅游的核心竞争力之一,能够满足人们对美好生活的追求需要。

2. 专业性与经济性

体育旅游与其他旅游形式不同,基于体育的属性,体育旅游具有专业性与经济性的特征。一方面,体育旅游具有很强的专业性特点,这是因为体育项目具有强烈的专业属性,从体育的角度说体育旅游是一项或者多项体育活动组合而成的。开展或参与体育旅游活动一般需要旅游者具备较强的体育专业技能或专业知识。就需求方面而言,如为观赛型体育旅游,旅游者需要了解观看的体育赛事的相关规则、赛事特征、竞技双方的比赛风格、各自的实力等相关知识。就供应方而言,从事体育旅游经营的企业从设施装备到教练指导,都需要具备极强的专业知识和技能。如登山俱乐部,需要有专业的基地、特别的服装、工具及医疗救护队等;除此之外,还需要登山专业技能。另一方面,体育旅游以旅游为依托,发展高效环保经济,带动各行业推动区域经济发展,实现经济的稳步增长。随着生活水平的提高,人们对美好生活的需求也越来越迫切,其中对旅游产品的质量要求也越来越高。一般的旅游产品已经不能满足人们的需要,从观赏旅游到体验旅游,再到参与旅游,人与自然的融合度越来越高。体育旅游以体育为重要参与路径,能够很好地实现人与自然的融合,提高旅游产品的质量,实现可持续的经济效益。对于其他行业而言,随着旅游产品质量的提高,吸引更多的消费者前往体验,促进服务业、运输业等行业的发展,提升就业率,为区域经济的发展提供强劲动力。

3. 人文性与自然性

体育旅游能够将人的需求、自然资源和实现经济价值有机结合起来,最终实现人与自然、人与社会和谐相处,因此体育旅游具有人文性与自然性的特点。一方面,体育旅游是人文性的。体育旅游在开发过程中充分结合当地的文化渊源开发出成熟的体育旅游产品,游客能在体育活动中体验当地文化,具有强烈的人文性。体育旅游过程中的体育活动体现了地方特色和文化内涵,参与其中的游客可以体验到与自身文化不同的愉悦与满足。另一方面,体育旅游还具备自然性的特点。传统的体育旅游开发只注重经济效益的最大化,忽略旅游资源和自然环境的承载能力,最终致使很多自然资源被严重破坏。而现在的体育旅游的开发大都借助当地优越的自然景观,将体育活动充分融入自然环境之中。因此,体育旅游要以可持续发展为指导思想,合理评估自然环境的承载能力,灵活控制游客数量,确保自然生态环境能够自我修复和良性循环,具有人文性和自然性。

二、体育产业与旅游产业融合的必要性

体育旅游是产业高度融合的产物,既具有旅游产业的特征,也具备体育产业的属性。体育旅游这种融合性产物可以实现体育产业与旅游产业的资源融合和利益融合,促使体育与旅游资源互补,并形成互利双赢的格局。因此,我国从宏观的政策环境来要求体育产业与旅游产业高度融合,产生新的经济增长点,创造出新的价值。此外,中观环境的产业转型是体育产业与旅游产业融合的内部驱动力,体育产业与旅游产业融合可以延伸出不同的旅游和体育业态,在两个行业之间产生新的产品价值函数。同时,体育旅游融合发展是我国消费市场需求内在诉求的产物。我国消费者对产品或服务的多元化需求正变得常态化,消费需求也逐渐融合,这促使体育爱好者要求体育产业不仅仅提供与体育相关的服务或产品,而且还要围绕着体育与其相关产业结合满足其新的复合性消费需求,这就要求体育产业能深度融合满足消费新需求的其他产业。因此,体育与旅游融合的必要性可以概括为三点,即宏观政策环境的外在要求、中观产业转型的内部驱动和微观市场需求的内在诉求。

（一）宏观政策环境的外在要求

国务院和国务院办公厅印发的《关于加快发展旅游业的意见》《国民旅游休闲纲要（2013—2020 年）》《国务院关于促进旅游业改革发展的若干意见》《国务院办公厅关于进一步促进旅游投资和消费若干意见》等文件中都明确提出要发展新的旅游业态，大力推动体育产业和旅游产业在深度和广度上的融合，开发休闲健身产品，组织健身体育活动，延伸体育旅游产品链，不断推进体育赛事、体育场馆、竞赛表演、休闲健身与旅游活动融合发展。[1] 为了有效推进体育与旅游的融合发展，政府相关部门积极为体育旅游融合发展营造了良好的环境、搭建了稳固的平台。例如，放开赛事审批权、管办分离等政策，释放改革红利，这些都为体育产业的快速发展提供重要动力。旅游业作为我国服务产业的重要支柱，根据我国经济发展水平可以看出，我国旅游业发展成熟的条件已经具备，旅游产业的经济带动力已经逐渐减弱，政府相关部门也重视居民休闲度假的消费问题，积极促进旅游业的发展，把体育产业和旅游产业的发展与经济社会发展转型结合起来，不断深化产业发展内涵，扩大产业发展外延，推动相关产业融合。浙江省政府办公厅对"如何更好地推动全省健身休闲产业发展"等问题，在 2017 年印发了《关于加快发展健身休闲产业的实施意见》，其中提出到 2020 年，健身休闲产业规模约占体育产业总规模的60％；到 2025 年，健身休闲产业总规模达到 3000 亿元。[2] 在这样的宏观环境变化下，要求体育产业与旅游产业围绕这些消费新需求进行深度产业融合发展。

（二）中观产业转型的内部驱动

体育产业具有很强的延伸力，这种延伸力可以衍生出各种各样的新业态、新产品，更好地满足消费者特定需求。例如，体育文化创意企业、体育主题酒店、体育餐吧、户外运动装备制造业、体育博彩业以及特色体育旅游商品研发中心、体育产品生产基地和体育产品购物场所等都是体育产业衍生出来的新业态。这些由体育产业衍生出来的新业态、新产品与旅游产业之间有着紧密的关联，能够相互促进发展。体育赛事是最具开发价值的体育旅游资源。举办大型体育赛事，不仅可以提升举办城市的旅游基础设施质量，宣传当地旅游形象，由此产生的辐射效应还会引

---

[1] 根据《关于加快发展旅游业的意见》（2009 年）、《国民旅游休闲纲要（2013—2020 年）》、《国务院关于促进旅游业改革发展的若干意见》（2014 年）、《国务院办公厅关于进一步促进旅游投资和消费若干意见》（2015 年）等资料整理而得。

[2] 浙江省人民政府办公厅：《关于加快发展健身休闲产业的实施意见》，中国政府网。详见 http://www.dongyang.gov.cn/11330783K15043025N/02/szfwj/201712/t20171228_1837575_1.html。

发一系列的连锁反应,从最基础的"吃、穿、住、用、行"到体育产业与旅游产业融合,都会带来一系列的发展。随着参与体育观赛行动次数和体育旅游消费者人数的增多,以及体育旅游参与程度的增强,我国居民对相关的体育设备、用品和赛事纪念品等体育周边产品的购买和收藏越来越重视。体育产业的渗透力和关联性很强,对旅游业的发展也会起着直接或间接的带动作用。一般而言,产业之间的关联性与资源相互利用的效率是成正比的,即关联性越强,资源相互利用的效率就越高。旅游产业和体育产业在休闲娱乐、强身健体、修心养性、社会交际等方面有较强的关联性和相似性,旅游产业为体育产业提供了较好的发展平台和载体,而体育产业为旅游产业提供了更广的需求和利润空间。体育产业与旅游产业的转型发展,从内部驱动着两者进行高度融合,形成新的商业模式,从而产生新的价值函数。

(三)微观市场环境的内在诉求

产业发展的关键在于市场需求。随着国民生活水平的提高和人民对美好生活的向往,消费者更加重视健康生活,旅游品位也在逐渐提升。伴随着消费者对体育健身和休闲旅游的意识越来越强烈,人们对体育旅游的产品、服务和项目的要求变得更高,同时旅游需求也变得多元化,不再像过去那样仅仅是满足于单一的参加体育活动或者是进行旅游体验,而是开始由传统低层次的观光型旅游向复合型品质旅游和健康型的体验旅游转化,主动参与、积极体验逐渐成为人们出游的主导需求,而体育旅游的娱乐性、人文性、健身性等特点正好符合游客对旅游服务综合性的需求,成为备受青睐的新型旅游形式。旅游产业侧重于人文性和自然性,体育产业侧重于专业性和健身性。正是这种差异化,促使旅游产业与体育产业逐渐融合以满足消费者多样化的需求,并扩大旅游和体育市场。我国体育消费与旅游消费的结构和性质正在发生巨大的变化,仅仅像过去那样提供单一的体育服务和旅游产品将不再能够满足消费者的多元化需求,越来越多的消费者提出了消费综合性、复合性、多元性的需求,要求旅游企业提供具备跨产业功能的一体化服务。因此,消费者对于旅游的需求是促使旅游产业与体育产业融合的主要因素之一。

消费者越来越青睐健康休闲的旅游活动,倾向于选择能感到健康、文明、休闲、幸福的产业。体育旅游不仅能够满足人民群众对美好生活的向往,还能大幅提高体育产业与旅游产业的经济效益;最重要的是,体育产业与旅游产业融合发展可以拉动其他相关产业共同发展。因此,居于中国旅游产业发展前位的浙江省,其体育旅游融合发展也有着无限可能。一方面,对于体育旅游发展战略国家、省市地区都提出了相应的顶层设计。"十三五"期间,浙江省相关部门为了鼓励体育产业与旅游产业融合发展多次发布相关文件。在产业转型升级、优质发展的推动下,体育旅游必将迎来蓬勃发展的机遇。另一方面，体育旅游发展的内在动力是民众的休闲健身需求。旺盛的体育旅游需求，既体现了群众生活水平的提高和消费观念的进步，同时也证明了全民健身的理念已深入人心。越来越多的人参与体育旅游之中，必将促进体育产业和旅游产业的深入融合，形成新的产业价值链，快速发展体育旅游。

三、浙江省体育产业与旅游产业的融合发展路径及商业模式创新

"十三五"以来，中国的经济增长进入高质量发展阶段，传统产业结构也面临调整瓶颈。与此同时，体育正慢慢地作为国人的一种休闲生活方式，成为国民经济新的增长点。浙江省作为旅游强省，自然也大力发展体育产业。将体育与旅游融合形成新的旅游形式，不仅能使体育产业得到转型升级，同时也能使旅游产业得到优质发展。根据浙江省体育旅游发展实践，本书将浙江省体育旅游融合发展路径分为体育资源吸引型和体育活动吸引型两类，并基于两种融合发展路径归纳总结出相应的商业模式，见图 6.1-1。

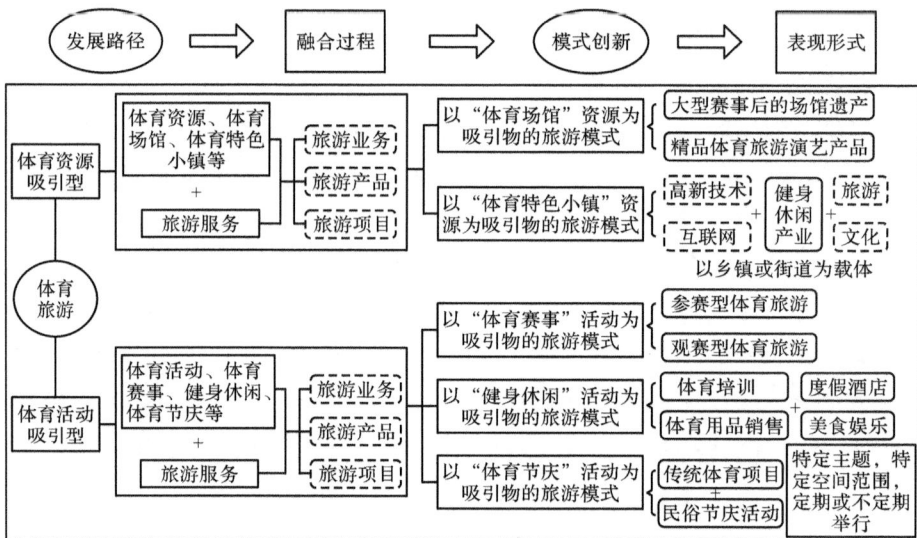

图 6.1-1　浙江省体育旅游发展路径及商业模式创新

（一）体育资源吸引型融合路径下的商业模式创新

体育资源吸引型融合是指以体育资源为吸引物，结合相关旅游服务，通过开发体育相关的旅游业态、旅游产品和旅游项目等来开展体育旅游。该融合路径是在原有静态资源的基础上产生新的旅游业态、旅游产品的一种旅游产业转型的方式，利用静态的体育和旅游资源吸引游客和消费者。根据体育资源的不同，浙江省体

育旅游的商业模式可分为以下两类。

1. 以"体育场馆"资源为吸引物的旅游商业模式

以"体育场馆"资源为吸引物的旅游商业模式,是指将体育场馆作为旅游目的地,在场馆内加入旅游服务、旅游产品、旅游项目等旅游元素,为游客提供体验、游玩、增长知识、观赏体育演艺节目的一项体育旅游形式。2015年发布的《体育场馆运营管理办法》明确提出,在有条件的体育场馆内融入旅游服务,开发旅游项目和业态,发展新型旅游形式,在建设运营大型体育馆的同时结合旅游服务,开发体育场馆休闲娱乐功能,促使体育场馆成为集健身运动、娱乐体验、旅游休闲为一体的体育休闲旅游中心。一方面,大型体育赛事的举办会为主办城市留下一些宝贵的标志性体育场馆遗产,而这些标志性的大型体育场馆也会作为城市旅游业的重要旅游吸引物,被开发为旅游观光点,成为体育场馆遗产游览旅游产品。另一方面,体育场馆空间也可改造成为一个舞台化的文化表演空间,开发打造出精品体育旅游演艺产品,延伸旅游和体育产品链,创造新的价值函数。体育场馆可以开发成体育旅游中心向游客开放,发展体育旅游服务。总之,在这种模式下,体育场馆可作为体育场馆遗产游览观光点,或者在体育场馆内观赏体育运动主题的旅游演艺节目,或者将体育场馆改造成表演舞台进行民族文艺表演,开发其他旅游演艺产品。例如,杭州市奥林匹克体育中心、杭州体育馆、黄龙体育馆、青田乐园滑雪场等体育场馆,利用市场力量,充分整合体育场馆的资源优势,以独特的建筑为引力,以各种体育项目作为体育元素,打造成与旅游产业融合的特色旅游目的地。

2. 以"体育特色小镇"资源为吸引物的旅游商业模式

体育特色小镇是集体育产业、体育赛事和体育休闲娱乐活动于一体的产业聚集地。体育特色小镇具备独特的自然和人文发展条件,在人文传承、地理环境、高新技术、交通条件、文化资源和消费经济等方面具有优势。体育特色小镇具有体育项目精致化、参与群体多元化、组织实施综合化等特征,这些特征使得群众的生活充斥在体育活动中。小镇在满足消费者多样化的生活和消费需求的同时,还促进了大众身心健康,推动了健康中国的发展。在"全民健身"的大背景下,体育产业的边界逐渐模糊,体育产业快速渗透进其他产业,体育运动不再只是专业人员、体育爱好者的专有活动,而是走进人民生活,变成休闲娱乐的一种形式。体育产业与旅游产业融合促使健康产业迅猛发展,成为休闲健康产业的一股中坚力量。体育产业中不断融入旅游、文化、互联网、高新技术等元素,与城镇和产业基地发展深入结合,形成了体育产业的新业态——体育特色小镇。建设体育特色小镇可以改变原有的合作模式,衍生出综合的、协同的发展模式,将各种产业和产品结合在一起形成一种新的产业结构，从而改变盈利模式。作为旅游强省，浙江省着力以健身休闲产业为重点，以乡镇（街道）为载体，打造一批富含体育元素、提供高质量旅游服务、产业融合潜力较大的体育特色小镇，合理布局、以点带面、辐射全省的体育旅游综合体。浙江省正在努力促使体育产业与旅游产业融合发展，体育小镇的建设走在了全国前列。截至2018年1月，在浙江省前两批79个省级特色小镇中，体育类的特色小镇已有5个——绍兴柯桥酷玩小镇、嘉兴平湖九龙山航空体育小镇、建德航空小镇、龙泉宝剑小镇、上虞"e游小镇"。此外，还有包括杭州富阳永安的"飞翔小镇"、富阳银湖智慧体育产业基地、德清莫干山的"裸心小镇"、宁海胡陈的户外运动小镇等在内的12个正在培育的创建单位。

（二）体育活动吸引型融合路径下的商业模式创新

体育活动吸引型融合是指在体育产业中的各种特色活动中融入旅游服务，增加体育活动的旅游功能，吸引各地游客、体育爱好者驻足和体验。该融合路径是通过动态的体育活动与旅游服务融合形成新的旅游形式，产生新的旅游业态、旅游产品和旅游项目，延伸旅游产业与体育产业的产品链。根据体育活动的不同，浙江省体育旅游商业模式可分为以下三类。

1. 以"体育赛事"活动为吸引物的旅游商业模式

举办体育赛事可提高旅游知名度。在体育赛事举办期间，媒体大量的赛事报道，使浙江省的形象得到广泛传播，吸引了更多的游客观赛、旅游；参赛运动员和观赛游客可以参加或观看比赛，还可以观光旅游，尤其是一些知名运动员的到来，对城市文化和当地旅游业的宣传都会产生很好的促进作用。因此，浙江省利用各种体育赛事活动形成品牌效应，吸引外来游客驻足浙江，从而拓宽旅游市场，提高旅游收入，创造新的经济增长点。这种融合发展模式一般有两种类型：一种是观赛型体育旅游，另一种是参赛型体育旅游。

（1）观赛型体育旅游

观赛型体育旅游作为一种典型的体育旅游模式，一般是以专业水平较高的体育赛事活动为主要旅游吸引物，通过体育高端赛事促进当地的旅游消费和经济发展。比如，奥运会或亚运会、美国职业篮球联赛、欧洲足球五大联赛、男足世界杯、网球四大满贯赛等体育赛事，吸引了大量旅游者前往举办地观赛旅游。例如，世界女排大奖赛（宁波北仑站），北仑从2005年到2017年作为中国女排主场以来，已累计承办国际女排赛事16场，吸引观众60多万人次；承接女排集训28次，总计达

500 余天。[①] 国际女排赛事的开展带动着北仑区的体育旅游发展,自 2000 年以来,北仑区先后荣获全国体育先进区、全国全民健身示范城市和先进单位、全国阳光体育先进县、全国群众体育先进单位等多项荣誉,连续 4 次被国家体育总局授予"全国最佳赛区"。自 2015 年北仑区体艺中心获得了"国家综合体育训练基地"称号以来,每年接待人次在 50 万以上,其中前来北仑体育馆健身游泳的人次达 20 万。这种综合性的体艺中心正不断推动当地经济向前发展。

(2)参赛型体育旅游

参赛型体育旅游作为最受体育爱好者欢迎之一的体育旅游,一般是以职业化程度不高的体育赛事项目为旅游吸引物,旨在培养健康生活方式和健身意识,推动当地旅游业兴旺发展的旅游方式。参赛型体育旅游已经发展成为一种体验性较强的产品,使旅游者对马拉松、远足、骑行、钓鱼、攀岩、滑雪等个人活动产生兴趣。例如中国·杭州环千岛湖国际公路自行车赛。千岛湖位于浙江省杭州市西郊的淳安县境内。据不完全统计,2017 年千岛湖接待骑行游客高达 118 万人次。2018 年千岛湖国际骑行活动吸引了来自 24 个国家和地区的上百名骑行旅游爱好者来到千岛湖畔,体验了持续 3 天 2 晚的环湖骑行休闲之旅。

2.以"健身休闲"活动为吸引物的旅游商业模式

在以"健身休闲"活动为吸引物的体育旅游模式下,游客不仅可以在旅游活动中体验运动带来的乐趣,而且能充分感受浙江省地域风情,体验浙江地域文化生活,满足健身、休闲、旅游的需求。这种模式也响应了全民健身的号召。"十三五"期间是传统的观光旅游向健康休闲旅游转型的关键时期,从发达国家的健身休闲旅游产品的结构来看,体育休闲和度假产品占主导地位。以"健身休闲"活动为旅游吸引物的体育旅游模式,往往是通过体育培训、体育旅游专业设备销售等集体育产业要素和旅游产业元素为一体的度假酒店、餐饮娱乐等相关旅游产业要素相结合,实现体育休闲旅游度假区价值链的重构与融合。例如,被称为"中国第一个符合国家标准的登山健身步道"的宁海国家登山健身步道融合了传统的户外运动、旅游服务、全民健身等元素。宁海国家登山健身步道不仅为民间登山运动组织及队伍提供训练和比赛场地,为登山爱好者提供专业的练习和竞技场地,还面向公众开放,为倡导和推动全民健身运动带来了一定的社会效益。

---

① 林海,陈盛竹,郑亮:《2018 国际排联新联赛将在北仑开球》,《宁波日报》2017 年 10 月 18 日,第 4 版。详见 http://daily.cnnb.com.cn/nbrb/html/2017-10/18/content_1076995.htm? div=-1。

3.以"体育节庆"活动为吸引物的旅游商业模式

以"体育节庆"为民俗活动吸引物的体育旅游模式，可简称为体育节庆旅游。通过举办体育旅游节庆活动的方式来吸引游客驻足体验。这种模式不仅可以将当地静态的旅游资源转变为动态的、参与性强的旅游资源，实现旅游资源的动、静结合，增强旅游吸引力。除此之外，体育节庆可以完善、丰富旅游产品和体育产品结构，成功的体育节庆活动本身就是一种受到广大旅游者喜爱的旅游产品。节庆是集中表现各种文化的平台，随着节庆的举行，各个传统项目也凑在一起进行表演，如元宵节等民俗活动。而体育节庆旅游是指在特定区域范围内开展的节庆活动，并结合体育元素和旅游服务而产生的旅游新形式。体育节庆活动往往在规模上各不相同，一般有特定的主题，并定期或不定期地在一个特定空间举行。例如，世界内陆水域的第一冲浪活动——钱塘江冲浪嘉年华，将世界著名的钱塘江"一线潮"自然奇观、创新创造力与观赏性的冲浪者融为一体，是"内河冲浪"视觉震撼和独特魅力的终极展示。例如，浙江休闲旅游节依托品牌活动、体育体验和休闲论坛，突出了体育休闲运动的特点，结合了浙江旅游资源、旅游文化、体育活动和体育休闲基地，举办了集自然山水、体育休闲、民俗人文、体育旅游为一体的大型体育休闲旅游活动。以上两项体育节庆活动在浙江聚众瞩目，促使消费市场持续扩张，提高了浙江省的经济实力。

第二节　融合视角下体育旅游商业模式创新的浙江实践

结合浙江省关于体育旅游的实践经验，将体育旅游融合路径分为资源吸引型和活动吸引型，并根据这两种路径将浙江省体育旅游商业模式总结为：以"体育场馆"资源为吸引物的旅游商业模式、以"体育特色小镇"资源为吸引物的旅游商业模式、以"体育赛事"活动为吸引物的旅游商业模式、以"健身休闲"活动为吸引物的旅游商业模式、以"体育节庆"活动为吸引物的旅游商业模式这五种。针对浙江省体育旅游发展特点，本节在两种体育融合路径中，各自选取了一种典型的体育旅游商业模式，即以"体育特色小镇"资源为吸引物的旅游商业模式和以"健身休闲"活动为吸引物的旅游商业模式，并从这两种体育旅游商业模式中分别选取了两个经典案例，即柯桥酷玩小镇和银湖智慧体育产业基地、宁海国家登山健身步道和淳安县千岛湖景区。本节对这两种模式下的四个案例进行深入分析，归纳、总结这四个案例的旅游商业模式，探索新的经济价值增长点，为全国范围内的体育旅游发展提供借鉴。

一、以"体育特色小镇"资源为吸引物的经典案例

（一）多元素协同型商业模式——柯桥酷玩小镇

酷玩小镇坐落在绍兴市柯桥区柯岩街道,占地 3.7 平方千米,总投资 110 亿元,计划打造成"旅游小镇、运动小镇、产业小镇"三镇合一的特色体育小镇。小镇区域内有国家 5A 级风景区——柯岩、鉴湖和鲁镇景区;还有在建和在规划中的毅腾足球训练基地、酷玩城市体育综合体、鉴湖水上运动基地等项目。柯桥酷玩小镇包括八大体育休闲类项目,如乔波滑雪馆、若航直升机场、天马赛车场等,另外还将新建环鉴湖慢行道、鉴湖码头、酷玩乐园、综合体育场等,可满足大众对康体休闲和专业高端运动的需要。柯桥酷玩小镇主要依托山水休闲基调、高端体育运动集中这两大特点,打造浙江省特色体育小镇。该小镇的发展模式主要以核心项目、山水资源、酷玩时尚为主线,形成集丰富项目、资源和文化等为一体的多元素协同商业模式。

1.依托重要核心项目,引导体育小镇落地

绍兴柯桥酷玩小镇通过"大型项目支撑、小项目扩建"的形式,确定小镇的发展方向,然后依托产业空间布局,引导小镇风貌和环境建设。这种自下而上的规划巧妙地引导小镇从战略、方向、路径等概念性阶段过渡到实际项目实施阶段,并通过项目逆行,反推规划,保证了规划的强运行性、高操作性、强方向性和强执行性,为建成体育特色小镇提供了坚实的规划基础和科学路径。通过对现有资源和建设项目,柯桥酷玩小镇将形成高端休闲区、景观游乐区、大众体育区三大区域,以游艇、自行车、赛车、马拉松、直升机等水陆空体育项目,串联各区域,形成高端体育集聚营地。

2.合理配置山水资源,打造动静相宜的体育休闲

绍兴柯桥酷玩小镇拥有丰富的旅游资源,可谓是有山有水有文化。一方面,小镇内的柯岩景区有"静"的山、水和人文。首先,柯岩景区有山,叹为观止的石景独具一格,景区以山命名的村不下 10 个,最有名的数柯山;其次,柯岩景区有水,古老美丽的鉴湖贯穿全境;最后,柯岩的山山水水孕育了底蕴深厚的文化,如霸王项羽项里首义、祁彪佳殉国捐躯、姚长子绝倭献身等家喻户晓的历史故事。如果说山水与文化体现的是柯桥酷玩小镇"静"的魅力,那"酷玩"体育项目则给小镇增添了"动"的精彩。柯桥酷玩小镇巧妙地将酷玩运动融入柯岩景区山、水和文化之中,使得整个小镇在"动""静"之间相得益彰,打造动静相宜的体育休闲。

3.以体育休闲、酷玩时尚为核心,延伸旅游产业链

酷玩小镇作为全省特色体育小镇,以体育休闲、酷玩时尚为核心,延伸旅游休闲产业链。小镇之内的东方山水公园是小镇最核心的项目,其二期建设是以"酷玩、科技、生态"作为主线,集参与性、趣味性、刺激性、娱乐性、观赏性于一体的体育休闲旅游项目。[①] 该项目拟建设东方神话、希腊神话和阿拉伯神话三大文化主题及六大功能分区,分别为探险乐园、文明演绎乐园、儿童乐园、休闲乐园、婚礼乐园及昆仑植物园。[②] 除此之外,浙江国际赛车场也坐落于柯岩"酷玩小镇"内,它是一个以赛车运动为主题的大型旅游综合体开发项目。还有乔波冰雪世界,这是一家以室内滑雪、戏雪、雪地游戏为主,兼营酒店(住宿、会议、餐饮)、运动、娱乐的大型综合性体育休闲主题公园。酷玩小镇就是通过旅游风景资源与生态生活的结合,传统民居向艺术民宿衍生,旅游观光与度假、游乐的牵手,非遗资源与人文休闲的结合,使资源利用可持续、产业互补再提升、文化融合再发展、历史传承再升华,打造一个以运动休闲为核心目标的小镇,从而形成文化娱乐产业生态链和体育服务产业生态链。

(二)多功能综合型商业模式——银湖智慧体育产业基地

富阳银湖智慧体育产业基地先后被命名为"中国滑翔伞训练基地""中国龙舟器材研发中心""中国赛艇研发制造基地",并荣获"中国十大特色休闲基地""国家体育产业基地""国家运动休闲示范区"等称号。2015年"撤市并区"后,富阳将"把运动休闲业培育成为国民经济的战略性支柱产业和人民群众更加满意的现代服务业"作为发展目标,立足生态、依托自然,大力推动产业转型、优质发展、各产业融合并进,致力于打造独具个性的"休闲浙江、运动富阳"城市特色品牌。富阳银湖智慧体育产业基地以扎实的体育产业为基础,结合高新技术,融合旅游产业,打造成产业升级下集聚智慧的体育特色小镇。该体育产业基地实施融合发展战略,开展多企业体育产业联盟,以体育产业为基础、以智慧产业为驱动,并且实行全面宣传推广策略,拓宽产业链,改变盈利模式,立志将其打造成中国首个智慧体育特色小镇。

1.实施融合发展战略,改变盈利模式

浙江·富阳银湖智慧体育产业基地对工业企业转型升级为体育产业企业实行

---

① 潘琼英:《十里鉴湖,酷玩柯岩》,《绍兴日报》2017年7月27日,第4版。

② 绍兴市柯桥区教育体育局:《我区成功签约柯岩酷玩小镇和荷马体育用品两个重大体育项目》,中国政府网。详见 http://www.shaoxing.gov.cn/jytyj/jtxx/xldt/201603/t20160328_393851.shtml。

"一事一议"专题政策,以有效推进国家体育产业基地建设。实施融合发展战略,从单一制造向综合服务转型,富阳区致力于探索体育用品制造与旅游休闲的有机结合,促进融合发展,延伸产业基地产业链,改变盈利模式,实现多渠道盈利。如,水上器材生产企业近年来研发生产皮划艇,并与海岸线皮划艇俱乐部合作,建设皮划艇基地,带动市民参与皮划艇运动;自行车配件生产商结合洞桥镇山乡节,开展骑游活动。该镇被杭州市体育局授予骑游基地。

2.多企业参与,形成产业联盟合作模式

富阳区与中国智慧体育产业联盟及多家基金公司签订合作协议,致力于打造国内独一无二的智慧体育产业高地。同时,富阳区还与华运智体投资管理(杭州)有限公司、赛伯乐投资集团、杭州兴业银行合作,引入20亿元基金支持智慧体育产业发展,共同推进项目建设进程。杭州康华船艇有限公司与丹麦Molgaard Marine公司合作,共同研发高性能级别的方程式F4摩托艇,填补了国内乃至亚洲方程式摩托艇制造的空白,丰富了产业基地旅游产品,衍生了产业链。浙江富羽体育用品有限公司成立首个球拍设计研发工作室,并与浙江理工大学工业设计部签署《工业设计合同》,量身定制新型球拍,衍生出新的旅游产品,为基地的旅游经济增添活力。

3.智慧产业驱动,发展特色体育旅游

富阳银湖智慧体育产业基地以体育产业为基础,融入旅游服务,开发旅游项目,以智慧产业为驱动力,发展富含高新技术的特色化、复合型体育休闲旅游综合体,打造独具体验感、高端健身的智慧型产业融合的体育特色小镇。富阳银湖智慧体育产业基地着重发展新型智慧体育休闲旅游,开展各种室内外新型智慧体育健身娱乐活动,例如,游客可以体验打3D高尔夫、玩3D马球等各种VR/AR体育项目。富阳银湖智慧体育产业基地突出智慧化体育产业特色来发展辨识度极高的体育旅游,重点开发智慧化、数字化特色体育旅游业态,在促进体育产业升级的同时,进一步融合发展体育旅游,实现体育产业与经济社会的协调发展。

4.实施全面推广,打造体育旅游特色品牌

富阳银湖智慧体育产业基地以运动休闲为主题开展体育旅游,曾举办中国富阳滑翔伞定点世界杯、桐洲岛皮划艇挑战赛、全国业余铁人三项积分赛、长三角自行车联赛等体育赛事活动。富阳区应用各种市场推广手段,大力宣传"运动休闲体验游",极力拓宽市场,吸引更多客源。例如,富阳银湖智慧体育产业基地不断加强与杭州旅委会、旅行社等平台的合作力度,积极到周边宁波、绍兴、金华等城市开展实地促销,与萧山区、上城区等区域达成战略合作,不断加深该产业基地在浙江的

影响。此外，该基地还积极开拓外地市场，将富阳区发展"运动休闲体验游"的宣传口号在上海、江苏等各大省市叫响，有序进行品牌推广。

二、以"健身休闲"活动为吸引物的经典案例

（一）全民参与型商业模式——宁海国家登山健身步道

宁海国家登山健身步道位于浙江省宁波市宁海县，简称"宁海步道"，这是中国首个符合国家标准的登山健身步道。宁海步道总投资高达360多万元，建设了100千米的登山步道、50千米的山地自行车道，步道与车道上都设立了休憩站、户外露营区、咨询接待点、安全报警点、垃圾处理系统等辅助设施，步道的建设基础是保持原始现状的山间天然路径。宁海步道被国家体育总局授予"国家登山健身步道示范工程"，向全国推广。该步道有机结合了传统的休闲旅游与全民健身，依托历史文化和赛事活动，形成景景相同、村村相连的格局，并坚持科学环保，增进社会效益，实现"步道经济"，打造天然原生态的体育休闲旅游目的地，形成了独特品牌。

1.合理配置体育与旅游资源，打造原生态体育旅游

在该步道建成后，宁海当地体育健身与休闲旅游发展齐头并进，逐渐形成集休闲、健身、旅游等功能于一体的休闲体育旅游。一方面，宁海积极开发具有高度吸引力的体育旅游项目，融入体育健身元素。宁海依托步道大力推动休闲体育发展，积极开发和扶持符合本地特点和认可度高的休闲体育项目，以群众喜闻乐见的活动方式和内容，吸引不同群体和更多的游客。另一方面，宁海依托独特的自然资源，大力发展休闲旅游。宁海的特色和优势是拥有良好的生态环境和丰富的旅游资源，这有利于宁海步道发展滑雪、攀岩、漂流、游艇等一系列户外运动项目，这些项目不仅能带动本地居民参与运动休闲，而且还能吸引更多外地人来到宁海参与休闲健身。在建设和开发宁海步道的过程中，注重将生态建设、旅游开发、文化的保护与利用、新农村建设与全民健身有机结合起来，在不破坏原有的生态环境的基础上，开发户外运动项目，打造原生态的休闲体育旅游。此外，宁海步道还通过总体规划、整合资源、提升服务等举措，实现互动发展，形成乡村旅游健身县域一体化格局。

2.依托赛事活动和历史文化，打造健身旅游独特品牌

宁海步道通过体育赛事，提升步道影响力；结合历史文化，进一步打造旅游健身品牌。首先，步道为宁海承办大型国际、国内的户外运动赛事提供了场地。宁海步道作为全国首个综合性山地户外运动基地，吸引了大量的国家队前来开展户外运动项目集训，以知名运动员为引擎，发展宁海体育旅游，逐步将宁海县打造成为

华东地区户外运动中心。并且,宁海依托完善的步道设施和美丽的自然环境,积极引进国内外大型户外运动赛事,举办全国攀岩赛事、亚洲山地户外运动挑战赛和国际山地户外运动公开赛等知名体育赛事,通过举办赛事来集聚人气,提高宁海县知名度和影响力。其次,宁海作为中华"游圣"徐霞客开游之地而被载入其游记开篇。浙江宁海国家登山健身步道成立后,将徐霞客开游文化融入休闲健身运动中,再借势"5·19中国旅游日"的设立,进一步打响"天下旅游、宁海开游"品牌,努力把宁海打造成全国生态旅游健身先行区。

3.坚持和谐安全环保理念,打造首个国家标准健身步道

宁海国家登山健身步道作为中国第一个符合国家标准的登山健身步道,首次将传统的户外休闲运动与旅游服务、全民健身紧密联结。在建设该步道的过程中,宁海从保护环境、标志标牌和安全系统等方面着手,进一步提升步道品质。例如,该健身步道首次采用"太阳能救援杆"等先进设备,并拥有国内第一个完善的户外安全救援体系,为夜间迷路等险情提供应急设施。不仅如此,宁海步道还在国内首次使用完善统一的标志系统、安全警告系统、安全保障体系和环境保护体系,最大程度地降低登山步道安全隐患及环境破坏的发生率。宁海国家登山健身步道以"建设规范的群众登山健身路径,引导人们在科学、安全、环保的前提下参与户外运动和践行登山健身理念,在设计施工中采用先进的"生态施工法",最大限度地保护自然环境。如根据沿途自然风景和植被,设计与之相适应的休息站、露营区等辅助设施,实现环境的可持续性。

4.带来社会效益,实现"步道经济"

浙江宁海国家登山健身步道项目作为一种新型户外运动设施,是地方政府探索群众健身场地设施建设的新路子,建成后社会效益十分明显。宁海步道已经成为宁海全民健身体系的重要组成部分,带动形成了全民健身热潮。宁海国家登山健身步道的路线设置犹如条条绳索,将宁海县100多个村庄、20多个景点连接成了一个整体,打破了旅游季节性的发展局限,同时还为宁海当地58万居民提供了免费体育锻炼的场地。宁海国家登山健身步道不仅改变了当地村民的生活方式,更为他们带来了"步道经济"。宁海步道是户外运动与旅游产业发展的有机结合,依托步道把沿途生态景观、民俗风光、景点景区、农家乐等资源"串珠成链",形成东部山水观光、森林温泉养生、徐霞客古道游、三门湾农渔体验、西部森林生态健身五条主题突出的特色旅游带,挖掘许家山"农嫁十二碗"、前童豆腐宴、七彩土豆宴等特色餐饮,拉动许家山石头村、茶山东海云顶、胡陈东山桃源等乡村生态景点的发展,有力地促进当地村民增收。

（二）多项目并进型商业模式——淳安县千岛湖景区

千岛湖位于浙江省杭州市淳安县境内，风景区地形呈树枝型，湖区面积 573 平方千米。通过湖周 25 条大小溪流、河川汇集入湖，千岛湖拥有形态各异的大小岛屿 1078 座，被誉为"天下第一秀水"。千岛湖地区依托山水生态资源条件，在自行车运动、水上运动、山地运动等方面已经开发了丰富的健身休闲类旅游项目和体育活动，是"全国十佳运动休闲城市"。以"寓体育健身于休闲娱乐"为先导理念，淳安县确立"品牌赛事为引擎、运动体验为先导、康复养生为支撑、装备制造为补充"的发展思路，将健康休闲、体育健身与旅游体验紧密结合起来，打造集多种项目为一体的生态体育旅游综合体。

1.优化空间布局，合理利用自然资源

千岛湖户外休闲运动空间布局思路可以概括为"一心、两环、六大区块"，体现了"点、线、面"结合的布局思路。"一心"，即千岛湖水体。千岛湖水体资源为千岛湖景区的水上运动休闲项目提供了载体，同时，这也是千岛湖景区的灵魂所在。根据资源聚集密度和项目分布情况，将"一心"再细分为中心湖度假休闲区、东南湖运动休闲区、西南湖游乐休闲区三个水上户外运动品区。"两环"，即西南滨湖旅游大环线和东南滨湖环线，沿线串联多个乡镇及核心旅游资源点，充分体现千岛湖独特的自然风光。"两环"以骑行、自驾车等运动项目为载体，将观光、休闲运动、农事体验等户外活动有机串联。"六大区块"，即千岛湖景区将全县分为六大区块，分别为户外探险区、峡湾探幽区、运动养生区、峡谷探秘区、山水体验区以及活力拓展区。千岛湖合理利用空间布局和自然资源，优化产品布局，延伸出新的产业链。

2.丰富产品体系，打造综合型旅游目的地

千岛湖利用具有特色的地理优势和自然环境，不断丰富产品体系，打造成综合型的户外体育旅游目的地。就地理位置和自然资源而言，千岛湖地区属浙江西部山地丘陵区，由中低山、丘陵、小盆地、谷底组成。地势四周高、中间低，由西向东倾斜，形成四周低山逐渐向中部丘陵区过渡的地貌形态。千岛湖因湖内拥有 1078 座岛屿而得名，是中国面积最大的森林公园和国家 5A 级景区。景区内碧水呈奇，千岛百姿，自然风光旖旎，生态环境绝佳。就旅游产品而言，千岛湖根据其特殊的地形地貌和丰富的生态资源，将其旅游项目产品延伸到水上、陆路和高空，形成综合型的产品体系。水上运动项目包括皮划艇、游艇、垂钓、帆船、水上表演、潜水等，陆路运动项目产品有公路自行车、山地自行车、自驾车、摩托山地越野、汽车越野、骑马、网球、户外生存技能挑战、登山等，高空运动项目产品有水上飞机、动力伞、直升飞机等。

3. 以重点体育项目为牵引,形成品牌效应

千岛湖以户外骑行为重点发展项目,形成强有力的品牌效应,带动整个景区甚至城镇的旅游经济。环湖骑行已成为千岛湖户外运动的一张金名片,为千岛湖骑行而建设的环湖绿道可谓国内首屈一指。千岛湖被称为"绿道骑行天堂",除拥有一条集山水和城镇、乡村、桥梁、隧道等景观于一体的环湖景观骑行主线路外,还有多条特色鲜明的骑行线路被广大骑行爱好者所热衷,绿道系统形成"环+放射"的网络状结构,沿途风光旖旎,犹如穿行在山水画境之中。2014 年,"绿道传骑"成功入选千岛湖新十景,成为千岛湖旅游的一张新的金名片。"环千岛湖国际公路自行车赛"和"环千岛湖骑游大会"两大赛事活动,已成为提升千岛湖户外休闲运动品牌知名度和影响力的重要手段。

第三节　融合视角下浙江省体育旅游商业模式创新的问题与对策

随着体育旅游的快速发展,体育旅游成为浙江省非常流行的旅游形式之一,其健康的理念、全新的商业模式等都得到了政府的支持及民众的青睐。当然,虽然浙江省拥有独特的、多样的旅游和体育资源,但其作为新兴产业,在发展过程中的商业模式创新仍旧存在着很多需要解决的问题。面对这些问题,结合浙江省体育旅游商业模式创新的现状,本节给出了相应的解决对策和建议,为浙江省体育旅游融合发展注入动力。

一、融合视角下浙江省体育旅游商业模式创新的问题

浙江省作为旅游产业发达地区,面对体育产业与旅游产业融合发展的大趋势,不遗余力地发展体育旅游,使浙江省旅游产业再一次得到腾飞。当然,在体育与旅游融合发展的过程中,其商业模式创新同样面临着一些问题,其中最为突出的问题有以下四个。

(一)体育旅游具有强季节性

大多数的体育旅游项目或活动具有很强的季节性,市场受体育活动开展时间的影响较大。比如体育赛事旅游,观赏比赛或者参与比赛是游客的主要目的,消费活动主要是在体育赛事开展期间。因此,进行市场开发时必须把握好时间,积极做好赛前的宣传、促销等准备工作。不仅赛事旅游,其他体育旅游,如冰雪类体育活

动、登山活动等体育旅游活动也会受到季节的影响,具有很强的不可持续性。浙江体育旅游具有很强季节性的原因主要是浙江省对体育旅游没有明确的规划,在对于各种体育旅游项目类型的开发和开放时间的计划上存在混乱现象,各个地区在发展体育旅游项目上没有及时沟通,没能使其做到在时间上的全面覆盖。因此,浙江省体育旅游存在季节性的困境,缺乏时间上的可持续性。

(二)体育旅游专业人员相对匮乏

大多数的体育旅游都需要旅游者具备专业性的体育知识。因此,体育旅游的融合发展离不开具备集专业体育知识和技能、旅游相关知识和技能于一体的综合性专业人才。例如,针对极限户外运动来说,需要专业教练对动作、饮食、装备等进行专业指导,甚至对于参与者的心态进行校正与辅导,避免发生不必要的意外事件。旅游专业人才缺乏的原因是多方面的。一是缺乏专门的、灵活有效的人才机制,在吸引、录用和培养人才方面仍然保持着传统模式,缺乏宽松的环境氛围和吸引人才的良好条件,并且对人才的管理和约束仍采用僵硬化的制度,导致人才缺乏流动性。二是高等教育规模普遍较小,它不仅不能满足发展体育旅游对人才的需要,而且也不能满足公众接受高等教育的要求。三是工作环境恶劣及待遇低,导致了大量的职业体育旅游人才流失。

(三)体育旅游的设施共享度偏低

浙江省为了实现区域资源有机整合、产业融合发展、社会共建共享,以旅游业带动和促进经济社会协调发展,全面发展全域旅游,但是,在体育旅游发展过程中浙江省却没有很好地体现全域旅游的共建共享理念,尤其是在体育旅游的设施共享方面。浙江省旅游与体育融合发展正处于初步阶段,大部分体育旅游项目仅存在于某一个景区内,其体育旅游相关的基础设施仅供前来游玩的消费者使用,周围居民无法共享体育设施,尤其是在旅游淡季,体育旅游设施空置,造成浪费。就这个问题而言,主要在于浙江省在宏观的政策层面没有对其提出明确的要求,导致体育旅游设施区域化和专有化,无法满足当地居民对体育的需求。其次,在于浙江省针对公共体育设施建设没有提供必要的财政支持,进而导致居民想要健身、运动但无处可练的局面。

(四)体育旅游安全保障体系不够完善

虽然体育旅游快速发展,但安全事故时有发生,体育旅游发展的安全问题越来越突出。如何保障体育旅游参与者的安全已成为影响体育旅游活动、旅游景区和体育旅游企业可持续发展的一个重要问题。就体育旅游活动的特点而言,体育旅游者的参与程度很高,有些活动也具有一定的刺激性和挑战性,这些旅游项目可以使旅游者通过挑战和超越自己来获得满足和享受,从而吸引了大量的体育旅游爱好者参与其中。但一些体育旅游项目,如攀岩、蹦极、探险等,确实存在一定的风险。此外,一些大型体育旅游活动也需要公共安全措施的保障。就浙江省体育旅游的发展而言,部分体育旅游项目的安全保障体系还不完善,很容易存在安全隐患。安全是体育旅游的生命线。因此,想要体育旅游得到进一步发展,就迫切需要建立严格的安全保障体系。

二、融合视角下浙江省体育旅游商业模式创新的对策

结合浙江省体育旅游产业发展现状,就上述提及的浙江体育旅游发展中针对商业模式创新出现的一些问题,在这里提几点应对建议。

(一)丰富体育旅游项目,提高旅游时间可持续性

体育旅游是体育与旅游融合发展的产物。因此,其同时具备体育与旅游的特征。由于很多体育项目,尤其是体育赛事,在时间上具有不可持续性,所带来的经济效应只局限于开展体育赛事期间,赛事结束,给赛事所在城市带来的经济利益也会随之消失。为了克服体育旅游时间上的不可持续性,浙江省需要做出以下努力。首先,需要大力发展体育旅游项目,建设具备多功能、新技术的体育场馆或赛场,增加创办体育赛事的机会;其次,挖掘体育旅游资源,创新、增加能够让全民参与的体育旅游活动;再者,合理规划体育旅游项目,每个季节都推出高品质的体育旅游项目;最后,利用高新技术、人工创造体育旅游场所,使得具有很强季节性的体育项目不再受到环境的影响。例如,可应用人工造雪和保温技术,使人们在夏天也可以感受滑雪的乐趣。

(二)招聘体育旅游专业人员,建立专业人才培养体系

体育与旅游两个产业之间的深入融合发展,离不开复合型和高素质的人才,尤其是专业性较强的户外极限运动的专业人员。浙江省需要积极地适应体育旅游产业的发展趋势,制定体育旅游专业性人才培养机制,为浙江省体育旅游发展增添活力。首先,浙江省可以从外引进一流的专业体育人才,指导体育旅游有条不紊地开展。其次,可开展广泛的国内外有关体育旅游的交流活动,研究国内外先进的体育旅游运作经验和专业人才培育方案,了解体育旅游人才在开发、培育、提升技能等问题的方式方法。最后,浙江省要建立复合型人才培养机制,鼓励和支持高等院校开设与体育旅游相关的学历教育和认证,为体育与旅游融合发展提供人才支持和智力支持。

(三)大力挖掘体育旅游资源,建立体育旅游共享机制

秀美的景色固然能吸引游客,但真实的体育文化体验更能够留住游客。为实

现浙江省传统体育与旅游融合发展,有必要从挖掘体育旅游资源和建立体育旅游共享机制这两方面采取措施。在体育旅游资源挖掘上,旅游发展部门应组织相关专家,深度挖掘浙江省传统体育文化资源;在传统旅游中可以创设体验中心,注重旅游者的体验需求;创设富含浙江省文化特色的传统体育项目、竞赛、表演、展示等,培育传统旅游与浙江省传统体育融合的独特性;最后,设计和开发具有纪念意义、实用价值等相关的产品,投入市场进行销售,延伸融合发展产业链。在构建体育旅游共享机制上,首先,需要政府制定相关政策,大力支持建设公共体育旅游设施;其次,政府针对体育旅游景区制定鼓励政策,促使景区变社区,周围居民可以享受体育旅游设施,形成人人可游、家家可练、户户可健的局面。

(四)提升体育旅游安全意识,构建体育旅游保障体系

体育旅游安全事故具有突发性、客观存在性、复杂性、紧迫性及其影响的重大性,安全成为保障浙江省体育旅游正常进行和维护旅游业健康发展的重要方面。因此,体育旅游安全保障体系的构建势在必行。为了确保体育旅游的健康发展,可以从以下几个方面着手提升体育旅游的安全性:第一,完善保障体育旅游安全的法律法规,促使法律法规与现实发展同步,与浙江省体育旅游的发展并行。第二,鼓励浙江省体育旅游相关部门主动完善体育旅游安全管制体系,积极发挥政府引导作用。第三,构建浙江省体育旅游安全预警体系,化被动为主动,实时关注体育旅游安全。事前预警是体育旅游安全管理的第一步,亦是体育旅游安全管理的关键所在。第四,强化安全救援体系,控制事态发展,保证参与者人身安全。第五,完善安全保险体系,有效降低和化解体育旅游风险。

(五)增强体育旅游意识,打开专用装备应用市场

体育旅游装备是指参加各种探险、赛事等旅游及户外运动时需要配置的一些设备,例如帐篷、徒步登山鞋、服装等。目前,浙江省体育旅游仍处于初步发展阶段,人们对于体育旅游的认识还不够深入,对于体育旅游所需专门装备的了解更是缺乏。想要大力发展体育旅游,就必须打开体育旅游专门装备市场。首先,鼓励供应商提升装备的功能和便捷性,打造集多功能于一体的、丰富的体育旅游装备;其次,大力宣传体育旅游专业装备的功能及在体育旅游过程中的重要性,引导和培养消费者对体育旅游装备的需求;最后,创新材料,降低装备制造成本,进而使得人人都可消费专业性的装备,打开体育旅游装备市场。

本章小结

本章的研究主题是"体育＋旅游"的创新发展模式和典型案例,研究内容为浙江省的体育旅游发展新模式和新方法。文章的基本逻辑结构为"体育旅游内涵与创新模式—浙江省体育旅游模式创新案例—浙江省体育旅游融合发展的问题及对策",希望通过对学术界体育旅游研究的梳理,厘清体育旅游的内涵,结合浙江实践探析旅游与体育融合的路径及创新模式,再通过对省内先进的体育旅游案例进行研究分析,发现现阶段浙江省体育旅游发展的瓶颈和困境,并给出相应的对策,为其他地区的体育旅游发展提供借鉴。

第一部分——体育旅游的内涵与创新模式。首先,在体育旅游的内涵和特点研究中,分析了国内外研究者从各个角度对体育旅游概念的研究,并明确界定体育旅游的内涵,即体育旅游是指旅游者具有参与体育旅游的动机,并且有能力借助旅行目的地的各种旅游资源或文化氛围,参与到相关身体娱乐、身体锻炼、体育竞赛、体育康复及体育文化之中,以观赏体育静态旅游资源、观看或参与体育项目为旅游方式的非商业性社会活动。其次,明确提出了体育与旅游融合发展的必要性,即宏观政策环境的外在要求,中观产业转型的内部驱动和微观市场环境的内在诉求。最后,在以往学者研究的基础上,总结出浙江省体育旅游融合发展路径和商业模式创新。融合发展路径主要包括"体育资源吸引型"和"体育活动吸引型"两个发展路径,从路径衍生出五种浙江省体育旅游融合发展的创新商业模式。其中,体育资源吸引型融合路径下有两类:以"体育场馆"资源为吸引物的体育旅游和以"体育特色小镇"资源为吸引物的体育旅游。体育活动吸引型路径有三类:以"体育赛事"活动为吸引物的体育旅游,以"健身休闲"活动为吸引物的体育旅游,以"体育节庆"活动为吸引物的体育旅游。

第二部分——融合视角下体育旅游商业模式创新的浙江实践。该部分分别列举了"体育资源吸引型"和"体育活动吸引型"两大融合路径下的一种体育旅游商业模式,介绍以"体育特色小镇"资源为吸引物的经典案例和以"健身休闲"活动为吸引物的经典案例。在以"体育特色小镇"资源为吸引物的经典案例研究中,列举了绍兴柯桥酷玩小镇和富阳银湖智慧体育产业基地;在以"健身休闲"活动为吸引物的经典案例研究中,列举了宁海国家登山健身步道和淳安县千岛湖景区两个案例。并对这些经典案例进行了具体分析,从实践中发现并学习体育产业与旅游产业融合发展的商业模式和经验,旨在为其他地区体育旅游发展提供经验借鉴和商业模式借鉴。

第三部分——融合视角下浙江省体育旅游商业模式创新的问题与对策。基于第二部分对浙江省体育旅游商业模式创新的典型案例分析,再结合浙江体育旅游实际,在本章第三部分总结了浙江省体育产业与旅游产业融合发展过程中商业模式创新存在的四大问题:体育旅游具有强季节性;体育旅游专业人员相对匮乏;体育旅游的设施共享程度偏低;体育旅游安全保障体系不够完善。并根据具体的问题,提出五大解决策略:第一,丰富体育旅游产品,提高旅游时间可持续性;第二,招聘体育旅游专业人员,建立专业人才培养体系;第三,大力挖掘体育旅游资源,建立体育旅游共享机制;第四,提升体育旅游安全意识,构建体育旅游保障体系;第五,增强体育旅游意识,打开专用装备应用市场。

第七章　养生养老旅游商业模式创新与案例实践

　　根据《2018—2024 年中国共享经济行业深度调研及市场发展趋势研究报告》调查,我国的城市居民,尤其是"都市白领",超过半数处在亚健康状态,且人数呈现上升趋势。与此同时,国家统计局 2019 年发布的最新统计数据显示,过去十年间我国 60 岁以上老龄人口占比逐年上升,截至 2018 年年末,全国 60 岁以上人口占总人口的 17.9%,其中 65 岁及以上的占 11.9%,比 2017 年年末又上升了 0.5 个百分点。① 经济的快速增长使国民的物质水平得到较快提升,居民的生活品质和身心健康也越来越多地受到重视,养生养老旅游成为旅游发展热点。国家出台的《关于加快发展旅游业的意见》和《"十三五"旅游规划》,提出加速推进旅游产业内部各要素的融合,以及旅游与其他产业的融合。各地政府积极响应,纷纷结合当地资源优势,探索旅游产业与养生养老产业融合的发展道路,缩小旅游发展矛盾,并同时完成产业升级和经济转型。浙江省凭借得天独厚的资源优势,探索旅游新产品、革新旅游新模式,积极推动养生养老旅游发展。自 2014 年起,浙江省就已围绕"老年养生旅游示范基地""中医药文化养生旅游示范基地"等展开认定和评选工作。各县市相继涌现出以休闲娱乐、健身美体、医疗卫生等为主题的特色小镇与旅游示范基地,养生养老旅游融合模式逐步形成,并在此基础上发展出多种旅游业态、创新模式,对其他地区发展养生养老旅游具有良好的借鉴作用。

---

　　① 李希如:《人口总量平稳增长　城镇化水平稳步提高》,国家统计局。详见 http://www.stats.gov.cn/tjsj/sjjd/201901/t20190123_1646380.html。

第一节　养生养老旅游的内涵与创新模式

一、养生养老旅游的内涵与特点

（一）养生养老旅游的内涵

养生养老旅游由养生旅游与养老旅游两大板块构成。

养生旅游起源于 20 世纪 30 年代的美国和墨西哥，旅游者通过开展休闲健身活动与医疗护理项目来规避城市化所带来的人口拥挤、生活节奏加快、环境污染等问题，以达到放松减压、维护健康、平衡工作与生活的目的。而我国的养生旅游起步较晚，始于 2002 年三亚保健康复旅游和南宁中药养生旅游。目前，我国对养生旅游的普遍认知，为养生旅游是以保养、保健为导向的多维度、多空间的旅游活动。养老旅游可以看作是一种特定的旅游方式；就活动方式而言，养老旅游侧重于老年人养老期间所参与的旅游活动。关于"养老"的基本解释有两种，即"奉养老人"和"老人步入老年后的闲居休息"。我国乃至世界其他各国当前进行养老旅游行为最为活跃的群体稳定在 50—60 岁之间，且呈低龄化发展趋势。

无论是养生旅游还是养老旅游，在本质上都有很大的共性，即在旅游过程中强调身体与心灵全方位健康。围绕这一本质，养生养老旅游将旅游资源、旅游设施及相关其他条件有机结合并建设地域综合体项目。养生旅游和养老旅游消费群体对于旅游产品有以下几大诉求——身体医疗、修复保健、修身养性、生活体验和文化体验等。结合当前国内亚健康人群及老龄人口数量的逐年攀升和其对旅游产品的共同诉求，可将养生养老旅游视为一个产业。因此，养生养老旅游是以养生养老服务为核心，养生资源与旅游活动相结合，能为亚健康人群及老龄人口等提供娱乐设施与服务，满足人们对身心健康的全方位需求的旅游活动。

1.国外学者对养生养老旅游内涵的界定

国外对养生养老旅游的研究较其他领域相对滞后，且与健康旅游、康养旅游、医疗旅游有同一性。对于养生旅游概念的界定，目前还存在诸多学术争议。在欧美国家，养生（Wellness）一词由美国医师 Halbert Dunn 于 1961 年提出，由 Wellbeing（幸福）和 Fitness（健康）结合而成，主张"自我丰盈的满足状况为较高的养生境界"。关于养生旅游的定义，先后有伯尔尼大学休闲旅游研究中心提出的"以维护健康或促进健康为主要需求动机的空间移动活动所引起的各种关系和现象的总和"和夏威夷养生旅游组织提出的"以追求身体、感情、精神、灵魂平衡和谐为目的的旅游活动"等。关于养老旅游概念的界定,国外早在1969年便有学者就相关问题进行初步探讨,且有相当数量的文献出自 *Tourism Management* 等旅游研究领域内的权威期刊。如 Haug, et al(2007)在对来西班牙度假的挪威人进行研究的过程中,将养老旅游界定为一种特殊的旅游现象,认为其介于长期人口迁徙和观光度假之间。①

2.国内学者对养生养老旅游内涵的界定

我国关于养生养老旅游的研究还没有定论,现有文献质量参差不齐。就养生旅游来说,养生一词最早由道家学派代表人物庄子提出,其核心是强调人类要主动按照自然的规律去调理身心、养护生命。关于养生旅游的定义,先后有"养生旅游是旅游活动的一种,是以养生为目的来选择景点、安排内容和进展、考虑节奏快慢的一种旅游活动"(周刚,2006),②以及原国家旅游局提出的"通过养颜健体、营养膳食、修心养性、关爱环境等各种手段,使人在身体、心智和精神上都能达到自然和谐的优良状态的各种旅游活动的总和"等。无论何种概念的界定,都是基于开展养生旅游的动机和诉求,即延年益寿、强身健体、修身养性、康复治疗、修复保健、生活方式的体验和养生文化的体验。(杨光和林峰,2006)③就养老旅游来说,由于相关成果较其他领域略显滞后,且养老旅游是一个综合性较强的研究方向,涉及社会老年学、积极心理学和旅游学等几个学科,至今国内外学者始终对养老旅游的归属和界定持不同见解。李松柏(2007)④和周刚(2009)②则更倾向于人口学研究方向,基于人口迁徙对老年旅游行为的长期探讨来对养老旅游概念进行重新界定。梁陶(2008)则将养老旅游归为旅游的细分类别做进一步探讨。但无论何种观点,都离不开对养老、旅游者年龄和养老旅游特点的界定。⑤

综上所述,笔者将养生养老旅游界定为亚健康人群和老年人群以提高生活质量、改善身体状况为目的,以养生、康复、养老和休养度假为宗旨,离开惯常居住地展开的一系列旅游活动。

---

① Haug B, Dann G M S, Mehmetoglu M. "Little Norway in Spain: from Tourism to Migration". *Annals of Tourism Research*, 2007,34(1), pp.202—222.

② 周刚:《养老旅游及其开发的可行性研究》,《商讯商业经济文荟》2006年第3期,第63—66页。

③ 杨光,林峰:《生态养生旅游开发(下)》,《中国旅游报》2006年6月26日,第7版。

④ 李松柏:《我国旅游养老的现状、问题及对策研究》,《特区经济》2007年第7期,第159—161页。

⑤ 梁陶:《我国养老旅游产品开发策略研究》,《现代商贸工业》2008年第7期,第117—118页。

（二）养生养老旅游的特点

纵观国内外研究成果，学者们从资源、旅游者、产品、服务等多方面对养老旅游的特点进行研究，关于养生旅游的特点也已形成较多不同角度的看法，但针对养生养老旅游特点的研究观点颇少。国内学者王燕（2008）认为，养生旅游的特征体现在自然环境的科学养生机理、市场的无限延展性、产品的体验性与健康性、效益的无波动性和生态性、活动的专业性和教育性。[①] 胥兴安等（2011）认为，养生旅游的特征包括资源环境要求高、生态效益明显、旅游消费能级高、旅游项目的健康性与体验性。[②] 杨智涛（2012）提出与传统休闲观光旅游和生态度假旅游相比，养生养老旅游具有普适性、游乐体验性和综合性等特征。[③] 笔者综合现有的研究成果认为，我国现代养生养老旅游具有以下几大特点。

1. 市场人群的普适性

与单纯的养生旅游或养老旅游相比，养生养老旅游市场是两者细分市场的集合，其受众的年龄层次更为丰富，旅游者的职业、文化、收入等背景也更为广泛，主要集中于亚健康的中青年人群和非完全丧失自理能力的老年人群。同时，养生养老旅游也成为越来越多不同群体在不同时间段的出游诉求。这部分人群不一定是老年人，也不一定是"病人"，他们是一群追求健康快乐生活的人，不同于普通的游客，他们具有较强的养生养老目的性，会根据不同的心理需要进行养生养老旅游目的地的选择。

2. 资源开发的特殊性

旅游养生养老旅游开发的资源具有特殊的依赖性。传统旅游中定义旅游资源为对旅游者构成一定吸引力的自然和社会因素。养生养老旅游的开发以优良的环境为首要因素，对目的地的气候舒适度、空气清新度、水质清澈度、地面清洁度等要素指标具有较高的评价要求。除了必须要具有良好的自然生态环境以外，养生养老旅游开发还需要综合考虑目的地的山体、森林、湖泊、温泉等自然旅游资源的养生养老价值，以及当地的文化氛围、文明程度、民俗特色等因素。

3. 产品功能的综合性

养生养老旅游是一种集"旅游、养生、养老"功能于一体的综合旅游活动形式。

---

① 王燕：《中国养生旅游探索性研究》，北京第二外国语学院学士学位论文，2008 年。

② 胥兴安、李柏文、杨懿：《养生旅游理论探析》，《旅游研究》2011 年第 1 期，第 40—46 页。

③ 杨智涛：《以湛江遂溪为例探讨养生养老旅游发展策略》，《旅游纵览》（下半月）2012 年第 11 期，第 101—102 页。

国外养老旅游的发展程度从各方面都远超于国内,但是养生旅游的概念却是从中国传统的养生理念发展而来。养生养老旅游是具有中国特色的综合性旅游产品,它不仅将我国传统的养生文化、养生理念、养生方法发扬光大,而且结合现代生活中有益于人体身心健康的多种科学手段进行了有机更新,既注重旅游过程中养生养老的功能性,也注重养生养老过程中旅游的休闲体验性。传统与现代的碰撞,旅游休闲与养生养老相结合,以及多学科的综合介入指导形成了丰富多样的多功能养生养老旅游产品。

4. 旅游服务的体验性

较传统旅游而言,养生养老旅游突出的一点还在于其各项旅游服务的体验性,旅游者必须在旅游过程中经过服务体验才能达到养生养老的目的。为满足旅游者修身养性、静心养神、快乐生活的目的,养生养老旅游将服务至上作为经营宗旨,营造慢生活氛围,为旅游者提供交友、游览、劳作、棋牌、垂钓等休闲娱乐服务,以及健康管理、餐饮住宿、管家护理等全方位品质服务。这就要求养生养老旅游目的地在养老养生科学理论的指导下,以健康服务为核心价值,为旅游者提供配套的公共设施、居住设施、餐饮设施和休闲娱乐设施,配备专业的养生养老服务团队,既要通过各项旅游活动传播正确的养生养老知识,还要进行个性化、专业化的养生养老指导,倡导使用合理健康的养生方法。

5. 医疗安全的保障性

较传统一般旅游活动而言,养生养老旅游从硬件设施到软件服务都更加注重医疗保障。全域旅游发展背景下,国家对旅游安全保障的要求越来越高,尤其是养生养老旅游的主体主要为亚健康人群和老年人群,其主要目的就是养生养老,即医疗体检、疗养保健、修养身心、延年益寿等。为满足养生养老旅游者的这些需求,医疗保障是景区养生养老旅游发展不可或缺的部分,例如把医院、健检中心、理疗室、瑜伽室、茶室、药膳等养生养老项目纳入旅游发展项目当中,依托专业设施设备开展养老、保健、理疗等活动。

二、养生养老产业与旅游业融合的必要性

产业的融合对于产业的发展和经济的增长来说,具有非常重要的作用,如促进资源合理配置、催生新产品与服务、促进新市场的开辟、增强竞争性、塑造新市场结构、增加就业和人力资源的发展、派生出产业增值的机会等,对整个经济社会发展有着极其广泛的影响。党的十九大提出的大健康观念,不仅勾勒出健康中国的蓝图,更使健康中国战略上升到国家战略的高度并被大众所认可。在大健康观念被大力提倡的今天,将旅游产业与养生养老产业充分融合极具意义。养生养老产业与旅游产业的融合动力模型见图 7.1-1。

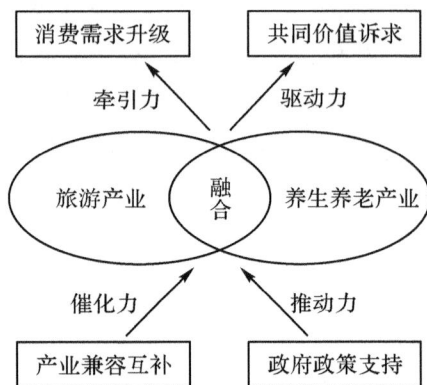

图 7.1-1　养生养老产业与旅游产业融合的动力模型

（一）市场消费需求升级

旅游产业和养生养老产业都是消费导向型产业,两者市场需求的变化会牵动整个产业链的变化。随着社会经济的发展和消费观念的转变,国人的消费水平也不断提高。"十三五"期间,我国人民群众休闲度假需求快速增长,对旅游生态环境、基础设施、公共服务的要求越来越高,在旅游过程中更加看中个性化、特色化、健康化、生态化的旅游产品和服务体验。而现代养生养老产业所强调的先进养生理念和品质康养服务刚好迎合了旅游市场消费者在该方面的潜在需求。简言之,消费者需求的变化和升级是促进两个产业融合的重要因素。

（二）产业共同价值诉求

养生养老是为老年人和亚健康人群提供饮食起居、生活护理、健康管理、疾病康复、心理疏导和文体娱乐活动等综合性服务的产业,并且会随着中国人口老龄化趋势上升和亚健康人群比例增高而发展。而旅游指的是为旅游消费者提供"吃、住、行、游、购、娱"等多样服务的产业,它是通过外出游览、观光娱乐、休闲度假等方式,帮助人们改善身心健康、提升生活品质的一个重要途径。养生养老产业和旅游产业具有共同的价值诉求,通过产业融合可以满足消费者追求身心双重健康和生活享受的要求。

（三）产业之间兼容互补

一般来说,产业间的兼容性越强,资源互相利用率就越高,越能达到产业互补增效的效果。旅游产业具有关联性强的特点,不仅与吃、住、行、游、购、娱等直接相关,还兼容金融、地产、信息、健康等多个行业。养生养老产业在这方面与旅游产业极其相似,两者在休闲娱乐、强身健体、修身养性等方面都具有很强的关联性和兼容性。将养生养老融入旅游中,能为旅游产业增添特色吸引物吸引旅游者前往,促进旅游消费,提升旅游产业的利润空间;而旅游同时又为养生养老产业提供宽广的平台,成为人们实现强身健体、身心放松的载体。两者的融合不仅能弱化旅游产业的季节性波动,还能促进养生养老产业发展,获得"1+1>2"的协同效应。

(四)政府政策支持引导

政府对产业发展具有政策导向和协调规划作用。国家先后出台的《关于促进旅游业改革发展的若干意见》(2014)、《"十三五"旅游规划》(2016)及《健康中国2030规划纲要》(2016)等明确提出,要加速发展旅游产业内部各要素的融合,以及旅游与其他产业的融合,并积极推动健康旅游融合发展;科学编制《"十三五"国家战略性新兴产业发展规划》(2016),重点推进21项重大工程和创新平台建设,创新体制机制以促进交通、旅游、养老、人力资源等领域共享平台规范发展;部署推行《关于促进健康旅游发展的指导意见》(2017),提出提高健康旅游供给能力、培育健康旅游消费市场、优化健康旅游政策环境、加强组织实施等。政府通过出台相关政策文件,大力创设旅游产业与养生养老产业融合发展的有利环境,这是引导和扶持相关产业深入融合发展的推动力量。

三、浙江省养生养老产业与旅游业融合发展路径及商业模式创新

国务院出台的《关于加快发展旅游业的意见》《"十三五"规划》和浙江省颁布的《浙江省健康产业发展规划(2015—2020年)》等明确提出,要将积极推动健康旅游融合发展作为省重点工作领域之一,鼓励优质医疗机构、旅游服务机构和旅游休闲基地(目的地)的合作,积极开发医疗美容、中医药养生养老旅游等健康旅游产品和服务,展开海滨休闲度假、禅修养生、温泉养生、中医药养生、游乐养生、美食养生等特色养生产品的投放,进行乡村旅游产业集聚区和老年养生示范基地的创建,加速跨地市的区域性健康旅游带的建立,推进全域旅游并实现旅游产业快速升级,带动当地就业,实现经济增速。养生养老旅游是真正的新型绿色产业之一,其发展的前提条件是拥有优质的生态环境,对区域资源的依赖性较强。其开发的第一步就是研判区域资源条件,把握开发方向。综合浙江省各地养生养老旅游发展的特点和现状,产业融合背景下养生养老旅游主要发展路径为资源融合与功能融合,通过旅游与养生养老产业融合发展所需的特殊资源不同程度的开发利用,达到产品创新、服务创新、业态创新、市场开拓等目的。按照发展创新所依托的基础资源的不同,

又可将其商业模式创新划分为两类：一是以优势旅游资源为依托，从低层次的观光型旅游向品质型、健康型体验旅游升级，开发养生养老产品，丰富养生养老服务，为旅游发展带来新的吸引物，扩大旅游市场，提升利润空间；二是以医疗保健、健康检查、医疗美容、中医药理疗等养生养老产品为核心，复合休闲度假、娱乐养老、田园体验、终身学习、亲子互动等多重功能，完善旅游服务配套设施，使旅游发展为养生养老产业快速发展提供平台和载体，打造综合立体式养生养老综合体、健康小镇等，具体见图 7.1-2。

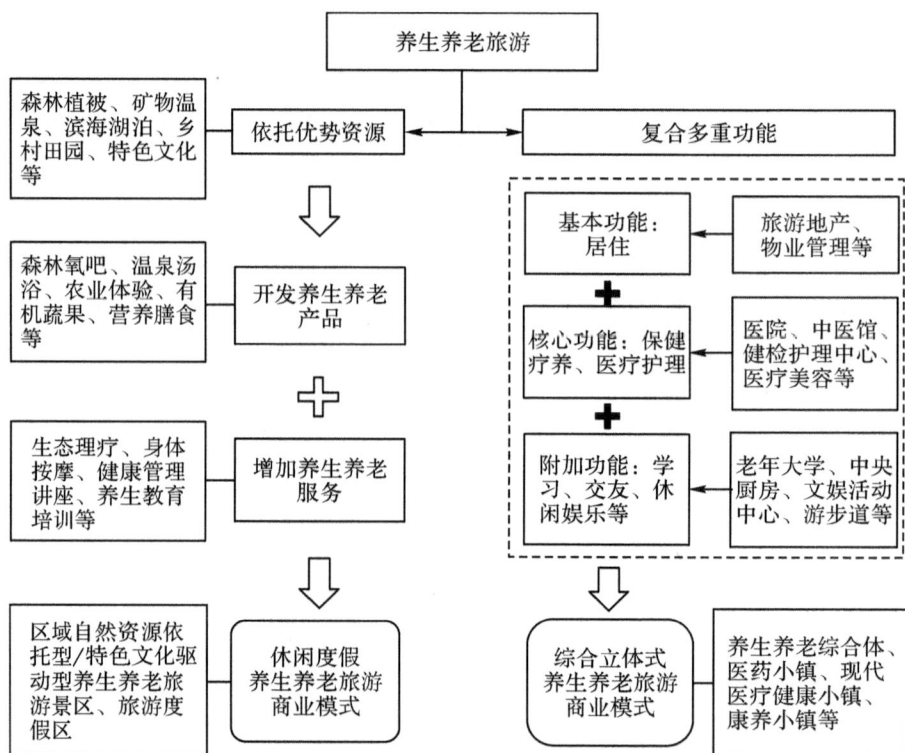

图 7.1-2　浙江省养生养老旅游发展路径及商业模式创新

（一）优势资源依托型商业模式

以不可复制的优势旅游资源为依托，旅游发展中融入养生养老元素，为旅游产业增添了吸引物，丰富旅游载体，拓宽旅游产业发展渠道。依托自然资源和文化资源的优势，浙江省养生养老旅游可以具有康养价值的区域自然资源或区域特色文化为核心开发设计多层次的生态养生养老和文化养生养老旅游活动，形成独具竞争力的品质化养生养老旅游度假区、养生养老旅游示范基地等。

1. 区域自然资源依托型养生养老旅游

素有"七山一水二分田"之说的浙江,地貌特征非常丰富,从浙北地区水网密集的冲积平原,到浙东地区的沿海丘陵,再到浙南地区的山区,还有舟山市的海岛地貌,可谓山河湖海无所不有。丰富的地貌特征赋予了浙江丰富的自然资源,为开展养生养老旅游业提供了基础和广阔前景。以区域自然资源为核心开展养生养老旅游主要依托高山、森林、温泉、滨海、冰雪、乡村田园等具有养生养老价值的自然资源优势,利用适宜的气候条件、植被覆盖率、负氧离子含量等,打造清肺吐纳、避暑、雾浴、森林浴、日光浴、温泉浴等旅游产品线,形成新的旅游吸引力,打造难以替代的自然型养生养老旅游度假区。

(1)森林养生养老旅游类

森林养生养老旅游商业模式是指旅游体验基地依托丰富的森林植被景观、沁人心脾的森林空气环境、健康安全的森林食品、内涵浓郁的生态文化等优质的森林资源,开发能够满足旅游者改善身心健康、保健、养生、养老需求的旅游产品。例如,淳安千岛湖森林氧吧依托森林、清泉、山石、溪涧、瀑布等自然资源,以每立方厘米 10 万个负氧离子含量、植物精气以及矿物质含量丰富的水质等生态因子为特色,极大地发挥了森林资源功能,科学规划设计亲水休闲区、茶室休闲区、森林负离子呼吸区、森林游憩区、森林野营区和森林科普区六大区块,供游客开展林中漫步、森林吸氧洗肺、山泉足浴、溯溪垂钓和野营等休闲运动项目。千岛湖森林氧吧依托森林资源,将健康养生养老元素融入森林旅游之中,强调人与自然的和谐,形成"森林氧吧小镇"这一养生养老旅游创新业态,满足现代人对健康旅游的需求。

(2)滨海养生养老旅游类

滨海养生养老旅游商业模式是指以海水、沙滩、海洋食物等海洋资源为依托,建设形成的海水和沙滩理疗、海上运动、海底科普旅游、海边度假、海洋美食等旅游服务产品,融合高端海滨休闲、养生度假、观光教育等于一体的复合型养生养老旅游模式。例如,定海远洋渔业小镇和奉化滨海养生小镇。其中,奉化滨海养生小镇是浙江省"三湾一港"市政重点项目,占地面积超过 2 万亩,以康养服务为特色将养生养老元素与滨海旅游巧妙融合。小镇充分依托当地"港、渔、涂、岛、景"等海洋资源优势,打造海洋之心度假酒店、温泉疗养中心、禅修中心和健康养生养老综合服务区等核心项目,为游客提供包括护理、休闲疗养、健康养生、高端医疗、温泉疗养、休闲购物、演艺演出、教育培训和会务等服务,创新构筑了一个集健康养生养老、休闲娱乐、滨海度假等功能于一体的复合型滨海养生养老旅游度假区,带动了当地游客人数的增长和滨海旅游的消费。[①]

（3）庄园养生养老旅游类

庄园养生养老旅游商业模式是指创新利用传统种植庄园的生活空间，将农耕文化、农事农活、农情、农戏开发为旅游体验内容，让旅游者真正享受如度假般的庄园生活乐趣，达到回归田园、康体疗养等目的，形成庄园养生养老旅游基地的一种新型旅游商业模式。例如宁波北仑丽盛玫瑰庄园，地处宁波老鹰山山麓，占地面积约6.7万平方米，三面环山，空气清新，自然环境优美。庄园内种植了360余种、数十万株玫瑰花，是宁波地区规模最大的玫瑰栽培基地。园内各类品种的玫瑰花一年四季竞相绽放，景色壮观。当地政府充分利用基地资源优势，以玫瑰文化为特色、以玫瑰庄园为载体，构建集玫瑰科研科普、栽培繁育、加工销售及玫瑰香薰理疗、玫瑰自助采摘、玫瑰美食、会务接待和休闲观光服务于一体的玫瑰主题乐园和庄园养生养老旅游基地，创新养生养老旅游业态，带动地方经济发展。

（4）高山养生养老旅游类

高山养生养老旅游商业模式是指依托山地、峡谷等地形地貌形成的高山中负氧离子、冰雪、温泉等旅游资源，针对养生养老旅游者开发适合健康养生养老的户外拓展、户外露营、养生运动、徒步旅行、探险等高山养生养老旅游产品。例如素有"江南长白山"之称的安吉江南天池旅游度假区，因其位于海拔近千米山顶、三面环山、北面敞开的地形优势，每年冬季都有10－20场雪，呈现冰瀑、冰柱、雾松冰挂等自然景观。当地政府和旅游局充分利用其高山资源、竹林资源和气候条件，在山顶打造了华东最大的户外露天滑雪场及位于天池之畔、狭长山谷中的温泉度假村。滑雪场内设有不同级别的滑雪道和戏雪场，可满足不同人群的需求。游客可在结束滑雪之后回酒店换上浴袍，一边享受20个散布在静谧优雅竹林中的露天温泉泡汤，一边欣赏雪山和挂着落雪的翠竹美景，既休闲放松又缓解疲劳。安吉江南天池旅游度假区依托得天独厚的自然资源，强调其高山洗肺、滑雪度假、温泉疗养的养生功效，将养生养老元素巧妙融入旅游中，创新形成高山运动养生养老旅游业态，任何人都能在这里找到属于自己的养生旅游度假体验。

（5）温泉养生养老旅游类

温泉养生养老旅游商业模式即依托温泉这一独特的核心资源，充分发挥温泉矿物质中的治疗保健功效，定位健康和亚健康人群，以温泉养生、放松解压、快乐度假为主要目的，发展"温泉＋"特色产业，如温泉＋养生、温泉＋会议、温泉＋运动等，形成以保养健康和休闲为主的温泉养生养老旅游产品。例如武义温泉小镇，位

---

① 《我市三地入选升级特色小镇创建名单》，《宁波晚报》2015年6月12日，第8版。

于武义温泉旅游度假区核心区域,抓住省级特色小镇创建机遇,突出温泉特色,丰富温泉文化内涵,注重挖掘和展示小镇历史人文特色资源,在环境设计、建筑设计和温泉资源的利用和保护等方面贯穿"生态"理念,创新打造宜居、宜业、宜游的生态型、文化内涵型温泉养生养老旅游小镇。

2.特色文化资源驱动型养生养老旅游

从《道德经》到《庄子》,从《周易》到《吕氏春秋》,从《黄帝内经》到《千金要方》,从《神农本草经》到《茶经》,不可否认,中国的养生文化历史悠久。从"物质养老"到"文化养老",经过五千多年世世代代的不断丰富和完善,中国形成了特有的养老文化体系和深厚的养生文化底蕴。浙江是养生文化的沃土,依托其丰富的茶文化、民俗文化、戏剧文化及宗教文化旅游资源,极大地发挥特色文化资源的养生养老功能,最终达到养身养心、养神养胃、天人合一的疗休养目的。因此,以区域文化资源为核心的养生养老旅游指的是以区域特色文化底蕴为基础,以民俗养生、宗教养生、艺术养生、休闲养生等为发展方向,衍生出民俗文化、节事活动、参禅悟道、儒学养生等多种业态创新,形成文化资源驱动型养生养老旅游基地。

(1)民俗文化养生养老旅游

民俗文化养生养老旅游商业模式是以地方特有的民族风情、节庆风俗等为核心吸引物,打造独具热闹氛围和节庆色彩的养生养老旅游方式。例如泰顺竹里畲族乡康养基地,不仅具有山美水美、气候宜人、空气洁净的天然优势条件,还有作为当地发展养生养老旅游的三张金名片——独具魅力的畲乡民俗文化、国学文化、竹文化。在畲族民俗文化方面,当地政府注重畲族传统习俗、服饰、歌舞、语言、技艺等畲族文化的保护、传承、挖掘和发展,并在每年举办以"乌饭宴"为主题的三月三畲族风情节,吸引了大批游客;在国学文化方面,基地通过引进"文礼书院"项目,向国内外招收书院班、师范班和国际班三个班次学生,与书院一起教授经典、传播国学并使之成为常态化旅游项目活动,带动当地旅游发展;在竹文化方面,基地引进竹雕工艺美术大师作品,建设集竹产品种植、加工、展示为一体的民间博物馆,成为全乡展示竹文化的主阵地。此外,泰顺竹里畲族乡康养基地不断完善住宿、美食等旅游配套设施,形成了"民俗文化养生村"这一养生养老旅游创新业态。

(2)宗教文化养生养老旅游

宗教文化养生养老旅游商业模式是利用道教、佛教等宗教传统中丰富的绿色养生、自然保健、自我身心保养等文化内容,深度挖掘项目地独有的宗教文化、历史文化,满足游客在观光游览中修身养性、回归初心、平心静气、充实内涵等精神需求,打造集宗教文化养生体验、养生教育、休闲度假、轻松养老等于一体的旅游产品。例如，天台和合小镇依托天台山"儒释道"三教和合、兼容、并蓄的独特地域文化——和合文化，规划建设以休闲度假、养生康体、宗教静养为主的和合天堂养心谷，包括传教院、慢生活区、和合天堂度假村和禅修习养园等项目，将小镇打造成融合文化地标、旅游门户、非遗基地、养生基地于一体的复合型旅游目的地，①吸引了大量教徒和旅游者前来朝拜、养生度假，并留下来禅修旅居养老。随着各项配套设施的建设，养生养老度假、佛道禅修等服务业态的拓展，和合小镇将以文化为魂、旅游为形，带动休闲旅游、文化创意、健康服务等核心产业链快速延伸，推动文旅融合发展，形成"禅修文化小镇"这一升级版养生养老旅游业态。

（二）医疗保健功能主导型商业模式

养生养老产业因其为老年人群和亚健康人群提供特有的强身健体、修复保健、中医康复、修身养性等服务，不仅需要良好的生态环境，还需要多种手段和途径来实现。基于养生养老产业与旅游产业之间的高度兼容和关联性，将旅游作为平台和载体融入养生养老产业，不仅能让消费者在享受养生养老服务过程中回归自然、达到强烈且持续的身心愉悦状态，还能促进养生养老产业快速优质发展。依托浙江省各地市的特色健康疗养资源，可围绕健身保健养生、中医药养生养老、复合康疗养生几大主题，将太极养生、气功养生、休闲运动、中医保健、中草药种植、中药膳食、中医文化体验等与旅游融合在一起，打造特色复合型养生养老旅游综合体、健康小镇等。

1. 中医药养生养老旅游

该模式是指依托中医药产业、医药文化等资源，发展中医保健、中草药种植、中药膳食、中医文化体验等旅游项目，推动健康养生、休闲度假等产业发展的医养特色养生养老旅游发展模式。中医药文化博大精深、底蕴深厚，其中蕴含的独到科学见解和丰富智慧经验使得中医药能生生不息数千年。中医药养生养老旅游将中医药文化与旅游进行融合，以养生保健、康复疗养、疾病治疗等为主要目的，以旅游服务设施和当地特色的中医药资源为主体，不仅能使旅游者享受到中医药养生的乐趣，更能使中医药文化在旅游过程中得到传播和传承。早在 2015 年 11 月，国家中医药管理局和国家旅游局就联合发布了《关于促进中医药健康旅游发展的指导意见》，对中医药养生养老旅游这类新型业态给予了充分支持。典型的以医药产业为发展平台，聚合产业、生态、旅游、居住四大功能来发展养生养老旅游的小镇有磐安

---

① 《天台和合小镇："和合文化"展新颜》，《天台报》。详见 http://tsxz. zjol. com. cn/xwdt/201708/t20170803_4726314. shtml。

江南药镇、富阳药谷小镇、杭州东部医药港小镇、椒江绿色药都小镇等。其中,磐安江南药镇是名副其实以中草药全产业链发展为主线,结合当地生态旅游优势,积极整合养生养老资源,发展养生养老旅游产业的特色小镇。

2. 现代医疗养生养老旅游

该模式是指以康复护理、医疗检查为主题的旅游,依托区域现有的或引入现代先进医疗技术资源、医药资源作为平台载体,利用周边良好的生态环境,建造养生养老公寓、别墅、健康医疗中心、老年大学、娱乐休闲中心等业态,打造以健康检查、康复护理、医学美容、心理疏导、强身健体运动训练等现代医疗为核心,集旅游观光、旅游度假、异地养老、老年大学、亲子互动等多功能于一体的新型现代化综合医疗养生养老社群。例如温州瓯海生命健康小镇,以温州医科大学附属第一医院为核心,发展眼视光专科和医药研发,突出康复医疗,医学旅游等主导功能,着力打造生命健康产业。湖州海亮国际康养小镇以国际康复诊疗、医疗健康培训、国际养生养老为核心功能,综合国际农业体验、国际休闲度假以及现代综合服务等几大板块,建造宜养、宜居、宜业、宜游的高水准国际化综合性养生养老基地,实现从健康教育业务和养生养老业务向医养旅游度假业务跨进式发展。

第二节 融合视角下养生养老旅游商业模式创新的浙江实践

在浙江省委、省政府的支持和引导下,浙江省各地结合自身旅游资源优势和条件,积极推动健康旅游融合发展,走出了一条富有浙江特色的养生养老旅游发展道路,呈现出百花齐放的状态。其中就有一些独具特色的创新业态脱颖而出,例如大径山禅茶养生养老旅游、武义温泉养生养老旅游、神仙居氧吧小镇、磐安江南药镇以及温岭方山旅居康养中心等。以下将选取浙江省典型的养生养老旅游项目来详述其模式的创新和发展,以及为地方产业融合发展和经济增效带来的积极影响。

一、优势资源依托型养生养老旅游典型案例

(一)森林旅游+养生养老模式:氧吧天堂,绿色仙居

有"仙人居住"之美誉的浙江仙居县地处浙江东南,是一座历史文化悠久、人杰地灵的千年古城。绿色生态是其底色,境内自然资源丰厚,风景秀丽,森林植被覆盖率高达 77.9%。早在 2013 年,仙居全县按照国家级旅游服务标准建设成为"国家公园"试点县,被评为浙江省"十大养生福地"。仙居积极进行产业转型升级,通

过"旅游＋"完善全域旅游生态圈，以绿色生态为主题，以旅游为发展平台，打造神仙氧吧小镇。2015年6月，神仙氧吧小镇被列入浙江省首批特色小镇创建名单，并紧紧围绕特色小镇创建要求，坚持绿色发展，促进森林旅游产业与养生养老产业融合发展，创新森林养生养老旅游商业模式，成为"绿色转型"的样本。

1.以绿色为核心，创新森林养生养老旅游业态

神仙氧吧小镇位于仙居县神仙居省级旅游度假区的核心地带，总规划面积3.8平方千米，规划范围内山水秀美，森林覆盖率高，水资源丰富，空气质量独绝，每立方厘米负氧离子最高可达8.8万多个。神仙氧吧小镇贯彻"氧吧"理念，从产业转型、业态创新、空间优化、合理保护资源等方面发展绿色经济。为实现打造充满活力的生态产业高地的目标，仙居县委、县政府创新绿色化发展体制机制，顺应新时代旅游从观光游向休闲度假的转变趋势，战略性地提出发展"氧吧"产业，满足旅游者休闲度假中康体养生需求，即以旅游产业为核心，进一步推进产业融合发展，依托旅游平台发展，包括文化体验、养生养老、休闲度假、康体美容和医养结合的大健康产业，打造全国性健康养生养老基地、医疗人才培训基地、国际养生旅游目的地。在具体操作过程中，神仙氧吧小镇前瞻性地划定了生态旅游核心区来维护和保留小镇中的原生态山水；发挥自身生态资源优势，通过产业功能叠加、模式创新和业态升级增加小镇整体的旅游吸引力。小镇规划布局有休闲度假区和养老养生区，在传统的景区游览中增加文化休闲和养生养老元素，建设有湿地主题度假酒店、神仙居养生度假综合体、神仙居SPA养生度假基地、健康国际健康医学养生博览园等养生养老旅游项目，以及神仙居文化产业园、湿地休闲广场、薰衣草观光园、新影创意产业园等休闲娱乐项目，为游客提供多样的休闲娱乐方式，丰满了整个区域的旅游内容。此外，小镇还宣传生态养生和文化养生的"氧吧"文化，践行生产循环、出行低碳的"氧吧"绿色生活方式，为旅游发展带来新亮点，创造了生态、文化、经济多重价值。

2.以相关政策为助力，促进森林养生养老旅游发展

仙居养生养老旅游转型升级在很大程度上得益于政府政策的支持和旅游产业的融合发展。神仙氧吧小镇旅游开发建设项目自启动以来，得到县委县政府的高度重视，并专门组织领导小组进行省级特色小镇创建指导工作。同时，多部门创新部门联动机制，县旅游处、住建局和项目各相关部门通力合作，多次深入一线召开项目规划和实施会议，加快项目实施落地，推进了仙居养生养老旅游发展进程。政府提出的高起点编制规划、高标准谋划产业、高保障招引人才的"三高"政策，不仅促进构建小镇完整规划体系，还扶持小镇大力开展招商引资，县委县政府领导多次

带领小镇投资建设相关负责人到外地上门推介项目。截至 2018 年年底,小镇已累计投资固定资产 31.67 亿元,成功引进 6 个项目,成功创建国家 4A 级旅游景区,又先后获得"长三角最具魅力旅游特色小镇"和最受欢迎"旅游小镇"称号。① 在宣传推广和市场开拓方面,仙居与玉环形成山海协作。神仙氧吧小镇与仙居县及玉环县的相关景区景点共同谋划多条养生养老旅游线路,合作举办两地职工疗休养旅游产品推介会,两地通过共享客源市场来促进养生养老旅游消费。

（二）温泉旅游＋养生养老模式：温泉养生,魅力武义

武义是著名的"中国温泉城",有着稀缺性的温泉资源,凭借量大、质优、温度适宜的特点,素有"浙江第一、华东一流"的美誉,温泉已成为武义一张响亮的旅游名片。聚焦温泉和养生养老元素,武义温泉养生养老旅游产业发展正蒸蒸日上。武义县先后获评"全国'两山'发展百强县""中国天然氧吧""中国温泉之城""全国生态旅游示范县""全球绿色城市"等,同时成功入选"全省全域旅游示范县"创建单位。"绿水青山就是金山银山"理论在武义县得到了充分展示。

1. 做强温泉引擎,构建优质"温泉＋"旅游产业格局

温泉是武义最具特色的优势资源和最亮的主打产品,温泉养生是武义旅游业的主打品牌。武义县深入实施"文旅富县"战略,满足新时代旅游者休闲度假需求,持续放大温泉资源优势,做深做精"温泉旅游＋"产业融合,充分发挥天然矿物质温泉的理疗保健功能,构建优质的"温泉＋"旅游产业格局。在旅游产业联动效应的发挥下,武义县大力推进以温泉养生为龙头的旅游业与养生养老产业融合发展,衍生出"温泉＋生态""温泉＋养生文化""温泉＋养老服务"等新一代复合型旅游业态,借助健康养生养老产业发展,大大提高温泉旅游的吸引力和竞争力,不断增加新旅游消费热点。其中,位于武义温泉旅游度假区最核心区域的温泉小镇,便是产业融合背景下创新养生养老旅游商业模式的典型。武义温泉小镇,是全省首批 37个特色小镇之一,是以温泉旅游产业为主导,养生养老为核心的大型旅游项目。通过做足"温泉＋"的文章,充分发挥生态人居、天然温泉、传统文化三大优势,小镇以"一轴六组团"的空间布局,结合乡村文化、古民居文化、文创设计、医药文化等区域文化,设置了清水湾·沁温泉度假山庄、唐风温泉、武川温泉养生园、中国温泉萤石博物馆、温泉养生研究所、寿仙谷国药养生园等特色养生养老旅游项目及配套设施,优化了温泉风情展示、温泉文化研学、温泉洗浴、温泉度假、温泉养生、温泉保健

服务、温泉养生研究等温泉纵向拓展功能。截至 2018 年 12 月,温泉小镇共有入驻企业 16 家,累计完成投资 50.12 亿元。2017 年实际完成有效投资 8.06 亿元,完成年度投资计划的 134.33%,实现服务业营业收入 2.18 亿元,上交税收共计 2092 万元。[①] 温泉小镇正以丰富的养生养老旅游产品和独特的养生养老资源,努力实现成为全国知名的温泉度假养生产业集聚区和温泉养生度假旅游目的地的战略目标。

2. 做大温泉节会,搭建更大养生养老旅游发展平台

为进一步打响"生态名称、养生武义"的旅游品牌,武义县以节促旅,紧紧围绕"温泉养生"这一关键词,连续多年坚持举办不同主题的温泉旅游盛会,策动养生养老旅游经济发展。截至 2018 年年底,武义县已举办 12 届温泉节和 9 届国际养生博览会,逐步将其打造成为武义全民共享的旅游节庆活动和全国知名的节庆品牌。每年的武义温泉节一般持续近半个月,开展国际温泉小镇峰会、温泉旅游大会、"温泉之夜"演唱会、道教养生文化节、中华武术养生大会、全民马拉松比赛、围棋赛、书法美术大赛展等内容丰富、形式多样的精彩活动,邀请海内外相关企业人士、旅游界人士、新闻工作者、商业投资者以及省市县政府各级领导共赴盛会,集聚大量人气,拉动了节会旅游经济。国际养生博览会围绕"食养、药养、医养、体养",突出有机农产品、老字号养生食品和有机国药养生产品的展览展示,汇聚 200 余家来自全国各地的相关企业和数千种养生产品,吸引越来越多海内外游客前来旅游消费,为养生养老旅游产业发展搭建了养生产品展销、养生文化交流以及共商良策的重要平台。在节会举办期间,武义县旅游部门还趁势组织多家景区推出了旅游惠民活动,加大力度推广武义养生养老旅游。2018 年,武义共接待国内外游客 1684.34 万人次,实现旅游综合收入 165.09 亿元,同比分别增长 10.17% 和 9.72%。[②]

二、医疗保健功能主导型养生养老旅游典型案例

(一)中医药养生养老旅游模式:药材宝库,江南药镇

磐安是著名的国家级生态示范县,全县森林覆盖率高达 80.4%,无可比拟的生态底色和丰富物产使其成为名副其实的全县域天然氧吧。"身心两安,自在磐安"是磐安县的总体定位和最新旅游宣传口号。磐安县以创建国家全域旅游示范

---

① 《武义温泉养生产业园获省级综评第七名》,武义新闻网。详见 http://wynews.zjol. com.cn/wynews/system/2018/12/28/031367503.shtml。

② 《县旅委:咬定目标、凝心聚力》,武义新闻网。详见 http://wynews.zjol.com.cn/wynews/system/2018/12/27/031364908.shtml。

县为抓手,充分发挥磐安在综合区位、县域经济、生态旅游资源、中药材产业发展等方面的比较优势,加快"全域旅游"的建设步伐,围绕大盘山国家级风景名胜区、大盘山温泉山庄、"沪上人家"异地居家养老旅游基地等项目布局养生养老旅游,积极创建省级劳动模范休养基地、国家中医药健康旅游示范区,着力打造好吃、好喝、好玩,又养身、养心、养神的磐安养生养老旅游新品牌,实现"绿水青山"向"金山银山"的成功蜕变。其中,江南药镇是最典型的中医药养生养老旅游商业模式创新的典范。

1.深耕中药材全产业链,建设中医药产业特色小镇

磐安江南药镇,地处磐安县新渥镇境内,以中药材产业为依托,是浙江省第一批 37 个省级特色小镇之一。磐安自古以来就是浙江省中药材之乡,盛产以白术、元胡、玄参、白芍、玉竹为代表的"磐五味"。大盘山是全国唯一以药用植物种植资源为主要保护对象的国家级自然保护区,有药用植物资源上千种,种类数量占全省的近七成,被誉为"天然的中药材资源宝库"。由此发展而来的中国药材城"磐安浙八味市场"是长三角地区唯一的大型药材特产批发地。磐安以此为基础,以浙江省特色小镇为发展契机,建设浙产地道药材集散和交易中心,创建以中医药产业为主,集中药材集散交易、保健品购买、中医药养生养老旅游、休闲度假、地道养生药膳体验于一体的省级特色小镇。从原来的纯中药材种植到产供销一体化和一、二、三产业融合发展,实现了药材产销、医药集散、中药材养生养老旅游的完整产业链。江南药镇管委会联合政府部门重点扶持中医药龙头企业,以中药材种植示范和生产基地信息化建设为先,发动知名企业带动磐安医药文化发展,打造精品药膳,建立以医药、疗养为主题的住宿设施,真正实现中药材种植、中药材生产、中医药文化、休闲健身与旅游的深度融合。此外,磐安县为加大旅游宣传,提升磐安养生养老旅游形象,数次举办"药膳养生之旅"产品发布会、疗休养产品推介会、旅游进社区等活动。开设磐安广播全域旅游专栏,借助 FM93 平台冠名知名栏目"一路有你",全时段播出磐安旅游宣传口号,不断打响磐安养生养老旅游品牌。

2.加强旅游服务功能,创建中医药文化主题 3A 级景区

在全县发展康体养生游、养老民宿游等主打产品的推动下,江南药镇不断营造浓厚的中医药文化氛围,优化小镇生态环境景观,完善配套设施,优化商户旅游服务,成功创建国家 3A 级旅游景区(江南药镇景区)。当地政府以丰富的中药材资源为基础,完善旅游接待设施,将其打造成集山水观光、文化体验、生态休闲、旅游度假、康体养生、快乐养老于一体的江南药镇。江南药镇分为三大功能区:一是药镇对外服务的核心区,主打中医药技术的体验,包括药文化园、养生博览馆、中医药

文化特色街区和中医院，为游客提供一系列康体养生综合服务。中医技术中独具特色的诊疗、针灸、推拿等传统治疗手段在此被广泛使用，使旅游者亲身体会中医的疗效。二是以中药材的种植和展示功能为主的主题展示区，它基于中医药知识和文化展开参观和学习等活动，包括中医药主题公园和百草园，向游客科普中草药知识，宣传国医文化。三是以中医药产业园建设为代表的产业区。江南药镇以区域中医药康体产业优势，以旅游产业为载体，将旅游服务、养生养老、中医药健康三大产业进行巧妙融合，形成中医药养生小镇这一新业态，为游客塑造了一个传承中国医药文化、人与自然和谐共生的养生养老福地。

（二）现代医疗养生养老旅游模式：佳境桐庐，长寿之乡

早在 2012 年，作为中医药鼻祖桐君的故里，桐庐借助地方中医药资源和文化，兴起养生旅游，依托优异的生态条件培育了 15 个可供食宿玩乐和可提供医疗服务的农家养生养老示范点。随着新时代人民美好生活需要的升级，人们对"大健康"概念的关注度越发提升。桐庐县委县政府在全省范围内率先抢抓大健康这一朝阳产业的发展机遇，加快创建从事健康产业的特色小镇——桐庐健康小镇，走在了全国前列。桐庐健康小镇成为长三角重要的健康服务业集聚区、浙江省健康产业发展示范区，吸引了众多游客到桐庐开展养生养老旅游活动。

1.做深"健康服务业＋"，完善健康产业发展体系

桐庐健康小镇养生养老旅游转型升级，在很大程度上得益于关注国际养生养老经验和跟踪各地实践，并有效发挥生态环境、区位交通、产业基础、健康文化底蕴等多重优势，形成了自己独特的商业发展逻辑。小镇集聚现代健康服务产业，打造生命健康与旅游产业融合发展的新高地，培育"4＋2＋X"的产业发展体系，即以健康养生养老、中医药医疗保健、养生度假旅游、生命科学为四大特色产业，以特色医疗服务和健康管理服务为两大支柱产业，以制药器械生产、物联网、电子商务、文化创意等为几大配套产业。按照"医养结合、旅居结合"的思路，小镇积极招商引资引入了智慧健康养生产业园、江南国际养生中心、瑞金医疗养生综合体、细胞工程与再生医学产学研基地项目、郎景和健康管理中心、光华国际精准医疗中心等现代医疗服务项目和研发机构，集聚高端健康医疗、检测中心、体检中心、护理中心以及乐养中心、高档景观度假养生酒店、活跃老年社区、老年大学等配套设施，联合中国中医科学院等权威科研机构为消费者提供个性化健康管理方案，真正做到将中医药"治未病"理念和健康养生养老科学体系有机结合。此外，小镇纵深延展产业链，通过科学规范标准种植中药材和有机农产品，丰富保健品加工，开发特色药膳美食等健康药食品辅助产业，创新健康养生养老旅游综合服务新模式。健康小镇正向着

打造国家级生命健康产业先行先试区、美丽中国桐庐样本健康引领区而努力。①

2.依托优良生态环境，保护产业发展核心资源

背靠大奇山国家森林公园，紧邻桐庐县城，地处富春山健康城核心区块，三面环山、一面临着富春江，超过 80％的森林覆盖率、远超国家Ⅵ级标准的空气质量和负氧离子指数，以及温和的区域气候、百分百达标的水资源，等等，彰显着桐庐健康小镇的区域山水优势和自然生态气息。正是依托了这些良好的生态资源、区位优势和文化底蕴，健康小镇才得以创建并发展。因此，小镇管委会在开发建设过程中，也始终坚持着"绿水青山就是金山银山"的发展理念，秉持保护优先原则，坚持走附加值高、低碳无污染的绿色崛起之路。在产业导入方面，小镇以产业为王，但始终在兼顾生态环境保护的同时，努力协调好产业与环境之间的关系，大力发展生物医疗、细胞工程、大健康等绿色高端产业，做到产业生态化和生态产业化。在项目落地方面，小镇以项目为要，紧紧围绕健康服务的绿色高端产业进行原则性招商，对招商项目进行严格把控，只做健康服务业，只引进具有相同理念、相同信仰、相同情怀的绿色低碳项目和企业。在迎合市场方面，小镇也有着长远发展的眼光，着力布局和培育多个医疗服务点、健康管理项目，以满足消费者养生养老和旅居养老需求。

第三节　融合视角下浙江省养生养老旅游商业模式创新的问题与对策

随着人们养生养老旅游意愿的日渐强烈，旅游业与养生养老业融合发展情势愈益多样化。依据省内不同类型旅游资源的空间分布特点，浙江省养生养老旅游总体发展模式围绕"一核、两翼、四圈、多点"的指导思想展开，即以长三角旅游中心城市—杭州为核心，发展东部海洋海岛旅游业和西部山区生态旅游业，并形成杭州、宁波、温州、金华—义乌四大都市旅游经济圈。② 作为旅游大省，虽然浙江省在旅游产业与养生养老产业融合发展上走在全国前列，但两者在融合过程中仍存在一些困难和发展瓶颈。

---

① 《桐庐打造国家级生命健康产业先行先试区》，浙江特色小镇官网。详见 http://tsxz.zjol.com.cn/xwdt/201810/t20181023_8545092.shtml。

② 《浙江省旅游业发展"十三五"规划》，2016 年。详见 http://www.zj.gov.cn/art/2017/1/5/art_1582439_26045135.html。

一、融合视角下浙江省养生养老旅游商业模式创新的问题

（一）产品同质化现象较严重

浙江省养生养老旅游产业发展存在产品同质化的现象。养生养老旅游产品不仅与传统观光休闲类产品没有本质区别，且同类产品之间差异较小。首先，与其他类型的旅游产品相比，目前浙江省推出的养生养老旅游产品在很大程度上没有真正掌握目标群体的特点和需求，没有充分考虑亚健康人群和老龄人口的身体和心理状况，与其他类型旅游差别不大，导致空有"养生养老"的外壳。其次，养生养老旅游产品缺乏当地特色且种类较少，各地市同类旅游产品之间大量复制，千"养"一面，差异化竞争优势不明显，因而导致许多项目中途夭折，阻碍了浙江省养生养老旅游发展的整体进程。

（二）养生养老产业尚不成熟

养生养老产业是随中国人口老龄化而发展起来的，目前尚处于发展的初级阶段。老年消费者对养生养老这一新兴产业的认知还处在萌芽阶段。在旅游产业与养生养老产业逐渐融合发展过程中，各旅游部门及企业并未与康养及养老机构形成密切沟通与合作机制，对于如何研发例如森林、海洋、养老等康养旅游产品、如何提供旅游康养服务等方面缺乏深度的研究和学习，导致养生养老旅游只停留在概念宣传的层次，以致对养生养老与旅游融合发展出的新模式在意识上还未及时扭转过来，更呈现出接受度低的特征，阻碍了融合进程。

（三）政策扶持体系欠完善

目前，针对养生养老旅游的相关政策还不完善，在政策扶持方面还缺乏一定的行业标准。由于国家对于养生养老旅游尚未出台权威的政策法规，浙江省也并未针对承接养生养老旅游业务的部门或企业制定统一的服务标准，导致项目服务规范性较弱，进而影响养生养老旅游项目的社会资本进入。养生养老旅游投入大，但在享受当地相关优惠政策上又受到一定程度的限制，因此面临不同程度的融资及资金配比难题，制约和影响了各地发展养生养老旅游的热情，成为限制浙江省养生养老旅游发展的瓶颈。

二、融合视角下浙江省养生养老旅游商业模式创新的对策

根据"十三五"规划的精神和具体内容，针对浙江省养生养老旅游发展目前存在的瓶颈，应厘清并处理各个要素、环节之间的逻辑关系。

（一）紧密围绕创新做文章

旅游和养生养老相关企业应充分认识到产业融合是产业转型、经济增效的必由之路，且在产业融合过程中要时刻围绕"创新"，包括产品创新、项目创新、技术创新、营销创新、人才创新、资本创新和管理创新等，从多角度推进产业融合发展。例如，养生养老旅游要以特色化和品牌化为发展目标，形成特色养生养老旅游品牌。基于此，各地区首先要对当地的养生养老旅游资源进行充分挖掘，包含自然养生资源和文化养生资源等方面。各地区可因地制宜开发特色养生养老旅游产品，以养生养老为主题，同时将我国传统的养生文化融入其中，开发集娱乐、养生、休闲、民俗、鉴赏等为一体的养生养老旅游产品和服务。在开发与管理方面，还需结合当前的科技成果，运用现代化信息技术手段形成具有现代化气息的旅游氛围，尝试新、奇、特等元素，以满足旅游者的猎奇心理。

（二）积极发挥政府主导作用

政府应在旅游与养生养老产业融合进程中发挥主导作用，深化产业改革，制定行之有效的政策。例如要敢于打破景点、景区和地域的概念和壁垒，因地制宜，处理好各区域之间特色错位，实现景点互联、区域互通、产业互融，从而降低成本，实现资源优化配置，达到"1＋1＞2"的效果。此外，政府部门还应尽快制定专门行业标准和服务规范，健全宏观政策的配套支持。如建立休闲养生养老旅游综合管理机构，协同其他部门形成旅游市场监管、旅游警察等专业机构；建立健全营销宣传及投诉受理反馈机制，积极运用网络科技形成智慧旅游平台以及手机 APP、微信公众号等载体，开展内容、产品和文化宣传，畅通投诉建议渠道，形成线上线下多方共建共享的格局；健全旅游协作参与机制，建立养生养老旅游市场跟踪调查、养生养老旅游项目灵活投资融资及养生养老旅游标准化建设等机制。

（三）号召社会各界积极参与

社会各界应积极响应政府号召，支持推进养生养老旅游产业发展。社会资本的进入可加速推进浙江省养生养老旅游的发展进程，加快项目投资领域的市场化和全域化进程。社会各界参与并建设以混合所有制、旅游产业引导基金、旅游投资 PPP 等为代表的旅游金融新模式，可完善项目投资机制，激活浙江省养生养老旅游发展的活力。此外，作为旅游目的地的常驻居民，在养生养老旅游发展效益中起着重要作用，如可以建立社区"养生养老旅游管理委员会"，积极参与和协助当地养生养老旅游的发展；旅游者作为旅游的参与者和身心受益者，也应在休闲养生养老旅游中文明旅行、协同参与发展养生养老旅游的进程。

本章小结

　　本章为养生养老旅游商业模式创新与案例研究,首先对养生养老旅游进行了概念界定和特点总结。将养生养老产业与旅游产业融合发展的必要性归结为旅游市场消费需求的升级、旅游与养生养老两大产业的共同价值诉求、产业兼容互补,以及政府政策支持引导四大原因,并以依托优势旅游资源融入养生养老元素和以医养功能为核心叠加旅游度假功能为两大路径融合发展出创新模式。前者以优势资源类型为划分依据,以区域自然资源为核心的养生养老旅游模式有森林养生养老旅游、滨海养生养老旅游、庄园养生养老旅游、高山养生养老旅游和温泉养生养老旅游,以特色文化资源为核心的养生养老旅游模式有民俗文化养生养老旅游、宗教文化养生养老旅游。后者以医疗保健的养生养老功能为核心,将这一路径下的模式分为中医药养生养老旅游、现代医疗养生养老旅游。基于以上模式与路径,选取浙江省仙居森林氧吧、武义养生温泉两个"旅游＋养生养老"的典型案例,以及浙江省磐安江南药镇和桐庐健康小镇两个"养生养老＋旅游"的典型案例,阐明两大路径下的典型模式。最后基于案例研究,提出浙江省养生养老旅游融合模式发展遭遇的产品同质化现象较严重、养生养老产业尚不成熟、政策扶持政策体系欠完善三大瓶颈,并由此给出推进浙江省养生养老旅游发展的对策和建议。

第八章　商务旅游商业模式创新与案例实践

在经济全球化的影响下,企业或其他组织的经营发展必然离不开商务活动,同时随着中国企业差旅管理意识的提升,以及"一带一路"倡议的持续深入推进,更多的中国企业开始布局海外市场,海外企业也开始开拓中国市场,跨区域、跨国界的商务活动需求带来一系列旅游相关活动,包括餐饮、住宿、交通、游览、购物、娱乐等,促进了商务旅游活动的开展。据全球商务旅行协会数据统计,中国在 2016 年就已经超越美国成为全球最大的商旅消费支出国,市场规模达到 3170 亿美元。[①]《2019 中国商旅管理市场白皮书》显示,2012—2018 年中国商旅管理市场交易规模保持持续增长状态,总体增长幅度在 15％－21％之间浮动。2013 年增速更是达到 28.1％;2018 年市场交易规模为 2261.2 元,较 2017 年增长了 18.9％。[②] 随着商务业与旅游业的深度融合,商务旅游作为一种新兴的旅游形式,逐渐成为旅游市场的重要组成部分,并越来越彰显出其重要地位,促进着业态转型革新,拉动着旅游消费市场,成为城市经济新增长点。本文围绕旅游产业和商务业的融合发展,从商务旅游的概念、特点,以及商务业与旅游业融合的必要性入手,提出了浙江省商务业与旅游业融合发展路径与创新的商业模式,着重分析杭州国际博览中心、乌镇商务旅游和浙江省义乌商贸城、宁波国际旅游展等商务旅游案例,全面解析浙江商务旅游发展创新模式,总结分析制约浙江省商务旅游产业发展的因素,并在此基础上有针对性地提出一些建议与措施,旨在为全国其他省市的商务旅游商业模式创新提供经验与借鉴。

---

① 《商旅服务,架起"商务连接世界"的桥梁》,劲旅网。详见 http://www.ctcnn.com/html/2018－05－11/13563847.html♯PPN＝bt。

② 《2019 中国商旅管理市场白皮书:市场规模稳步上升,但集中度低》,环球旅讯。详见 http://sh.qihoo.com/pc/944ce94aef3c0504a? cota＝4&refer_scene＝so_1&sign＝360_e39369d1。

第一节　商务旅游的内涵与创新模式

一、商务旅游的内涵与特点

（一）商务旅游的内涵

国际上关于商务旅游的定义众说纷纭，Medlik（1993）的"商务旅游是公司雇员或其他人在工作之中的旅行、访问，包括会议、展览"，这是最早关于商务旅游的定义。[①] 国内对于商务旅游的定义始于 20 世纪 90 年代中期，例如匡林（1996）指出，商务旅游是参与者以商务活动为目的，以旅游为手段，以游览和娱乐为辅助活动的旅游活动。[②] 吴必虎（2001）认为，商务旅游就是因从事商务活动而进行的旅游活动。[③] 在 2004 年举办的国际商务旅游产业峰会中，人们认为商务旅游是指商务人士在进行商务活动过程中产生的所有旅游消费行为。除了传统的经贸洽谈外，还包括参加行业会展、跨国公司的区域年会、调研与考察、企业间跨区域的技术交流、产品发布会期间进行的旅游活动以及公司奖励旅游等。

综上所述，国内外对商务旅游界定中的共同点在于：认为其是一种以商业事务为主要目的的依附型、复合型旅游形式，是以参加会议、展览等为依托，从而引发的消费旅游产品或服务的活动，是建立在商务活动基础之上的一种带有工作性质的专项旅游形式。

（二）商务旅游的特点

相较于旅游产业与其他产业的融合发展，商务旅游活动具备商务活动的一些特点，可以概括为消费者旅游质量要求高、旅游时间季节性弱、旅游目的地选择非自主性、旅游市场稳定性强等。

1. 旅游质量要求高

商务旅游发展中旅游质量要求高体现在商务旅游人均消费水平高、商务旅游者服务需求要求高两个方面。一方面，商务旅游人均消费水平高。商务旅游者的

[①]　Medlik S. "Dictionary of Travel, Tourism & Hospitality (3rd ed.)". *International Journal of Contemporary Hospitality Management*, 2003, 15(7), pp.413—414.

[②]　匡林：《香港商务旅游前景的喜与忧》，《经济论坛》1996 年第 6 期，第 43—44 页。

[③]　吴必虎：《区域旅游规划原理》，中国旅游出版社 2001 年版，第 262—263 页。

商务活动经费来源往往是雇主或者机构,个体本身相较于其他类型旅游者无须支付商务旅行过程中发生的费用,具有较多可支配的个人旅游经费,这为商务旅游者在休息时间进行高端休闲旅游提供了资金支持,具有更高的人均消费水准。另一方面,商务旅游者对服务水平要求高。商务旅游者对外代表的是所属机构的整体形象,所以在住宿和餐饮消费上有其相应的标准,追求更高层次、更高质量的服务;商务旅游者希望在既定的费用下服务效率高、舒适完善、追求便利,希望得到过程中的高效服务配合。此外,商务旅游者的出行目的和工作性质决定了其需求的多样性,需要一些专门的商务设施,例如会议场馆、展览中心及专业的商贸咨询、语言翻译人员等。商务旅游者目标客群的旅游高质量要求,决定了相关企业需要更加关注目标客户的需求,提供更加优质的个性化定制产品。

2. 旅游时间季节性弱

商务旅游的旅游时间季节性弱。对于商务旅游者来说,基于工作的目的性,其所追求的观光型(自然)旅游吸引物在选择目的地的决策过程中处于次要位置。商务旅游者的出游目的地一般是根据公司的计划和日程安排,受旅游季节性干扰弱,不会出现明显的淡旺季需求差异,但相对于商务旅游中的奖励旅游等,会展旅游会表现出一定的淡旺季。根据英国展览业协会的调查,3—6月和9—10月是展览会举办的旺季,而12—1月和7—8月是淡季,所以总体来看,商务旅游者的旅游时间季节性弱,不受旅游淡旺季的干扰。

3. 旅游地区相对固定

商务旅游目的地在空间上表现的特征为目的地非选择性和相对固定性。一方面,商务旅游的目的地一般非旅游者自主选择,往往受到雇主、赞助商、所拜访客户所在地的影响,或是取决于会议、展览、商务活动的举办地。另一方面,商务旅游目的地相对固定。例如会议、展览的地点常驻某一区域,导致相关的商务旅游活动的目的地相对固定。例如由中国倡导的世界互联网大会(WIC)的会议地址自2014年起永久落户浙江省嘉兴市桐乡乌镇;目前中国最大的电子商务博览会——中国国际电子商务博览会每年的举办地址选在浙江省义乌国际博览中心。总公司与分公司的地理位置相对固定,导致其来往的商务旅游活动相对固定,例如互联网企业阿里巴巴、网易等总部设置在杭州。因此,相较于其他类型的旅游者来说,商务旅游的旅游目的地选择没有自主权,目的地选择具有非自主性、场所相对固定的特点。而这一特性使商务旅游游客相比于一般的团体游客或散客更有品牌忠诚度。因此,在同等情况下,企业对商务旅游者客户关系的维护更加重要,可以利用更低的维护成本以获得更高的利润价值。

4.旅游市场稳定性强

以商务目的为导向的性质决定了商务旅游活动的时间较为固定,相对于一般的旅游市场,商务旅游市场具有一定的计划性和稳定性。商务旅游活动的开展必然离不开商务业的发展,而现阶段商务业的繁荣发展,年会、大型会议、展览举办的必要性和企业、机构组织的商务往来活动必然会产生跨地区、跨区域的商务旅游活动,这决定了商务旅游的市场不会出现较大的波动,商务旅游重游率相对较高。即使是奖励旅游也是根据企业的发展具有一定的计划性和规律性的。这使商务旅游具有稳定的旅游客流和收入,不会受到气候、交通或者其他不利条件的影响,成为旅游市场中较为稳定的一个细分市场。

二、商务业与旅游业融合的必要性

(一)国家政策支持,为融合提供宏观保障

随着人们精神需求的提升,旅游成了满足精神需求不可或缺的元素。旅游业是"带动性强、能耗低、附加值高"的产业,旅游消费也成为国民消费的重要组成部分,旅游业的全面发展大力推动了国民经济增长。2017 年 11 月,商务部提出将合力推动"商务＋旅游"深度融合发展;2018 年 3 月,《国务院办公厅关于促进全域旅游发展的指导意见》中指出,要推动旅游与商贸业融合发展,要积极发展商务会展旅游,完善城市商业区的旅游服务功能,开发具有鲜明地方特色和自主知识产权的实用性、时尚性、便携性旅游商品;为落实发展全域旅游,跟随国家旅游发展战略,各地方政府也要出台相关政策文件,鼓励和支持商务业与旅游产业融合发展。浙江省在多个文件中均提出要积极培育旅游新业态,商务旅游新业态的发展在旅游产业融合发展中占据着重要地位,《关于进一步促进旅游投资和消费的若干意见》《浙江省人民政府关于加快培育旅游业成为万亿产业的实施意见》等政策意见均提出要大力开发旅游新业态,积极推进旅游业与一、二、三产业创新融合发展,重点推进商务旅游等新型旅游业态的发展。由此可见,政府正在营造旅游产业与商务业融合发展的良好环境,为产业融合提供良好的社会基础。

(二)旅游需求驱动,为融合打下市场基础

随着我国综合国力的提升,中国成为众多具有世界影响力的国际会议、展览的举办地,这些举办地往往会投入大量资源建设会展中心,成为集观赏性、商务性和政治性为一体的旅游点。此外,参加商务活动已是企业发展不可或缺的途径之一,通过组织内的商务活动可以增强员工积极性与竞争力,如考察培训、奖励旅游等,通过组织外的商务活动进行合作获利,如会展、行业会议等。随着企业"人性化管

理"的倡导,商务活动不仅仅局限于事务处理,还会附带就近的观光与体验旅游,成为一种新型福利机制。这就要求在商务活动目的地选择上,关注其旅游价值,赋予商务活动休闲价值。2017年在对会议的参会者调查中,关于参会者重视的参会体验这一项,希望感受当地人文的人数占18.3%。[①] 随着旅游者需求的丰富和层次的提高,旅游业从单一的观光旅游向有深度的优质旅游发展,商务行业进入壁垒较低的旅游产业,范围不断延伸,产业体系日益丰富。商务产业和旅游产业融合发展成为市场需求驱动下的必然选择。

（三）产业链重合性,为融合提供产业基础

产业链重合性是旅游与商务互融的产业基础。旅游和商务产业具有较强的产业关联性。旅游产业链主要以"吃、住、行、游、购、娱"六大要素所涉及的产业部门为核心,主要在旅游交通、旅行社、餐饮业、旅游商店、旅游景区等行业之间形成链条关系。商务产业链主要围绕商务活动开展,目前大多数商务活动都是跨国、跨地区的,离不开"吃、住、行"三要素及相关行业,因此两者产业链具有较大的重合性。商务产业和旅游产业共用大量的城市公共资源,其彼此的产业价值链互相交织。商务产业中的会议、会展、商务考察等活动的举办,若依据效率最优和成本最优原则,企业外包第三方是最优选择。旅游产业与商务产业的产业链交织,导致同等情况下,旅游企业更适合做这个"第三方",商务产业与旅游产业的发展在不知不觉中互相渗透。旅游产业部门、资源和产品可为商务活动所用,相关企业也可以通过对现有资源进行分类、整合和合并。两大产业能够通过优化重组,将分属于两大产业的核心价值活动环节融于一体,进行高层次的资源整合创新。

三、浙江省商务业与旅游业融合发展路径及商业模式创新

商务旅游以商务活动为载体,因商务活动的多样性,旅游形式多元氏,如会议旅游、商务考察旅游、奖励旅游等。目前学术界对商务旅游的商业模式创新研究看法不一。国外学者John Swarbrooke和Susan Horner（2001）认为,可以基于商务的目的将商务旅游分为各类重大国际会议、各类地区及全国性的会议、展览与贸易展销会、培训、新产品发布会、奖励旅游、学校交流项目、政府官员公务旅行、短期的工作和迁徙等类型。[②] 另一个比较流行的观点是"MICE",即商务旅游包括会议

[①] 　徐依娜:《聚力前行 2018 中国会议行业调查》,《中国会展》(中国会议)2019 年第 2 期,第42—49 页。

[②] 　Swarbrooke J, Horner S. "Chapter 8 — The physical infrastructure of business travel and tourism". *Business Travel and Tourism*, 2001, pp. 91—102.

(meeting)、奖励旅游(incentive)、年度会议(convention)、展览会(exhibition)等。[①] 国内对商务旅游的商业模式创新研究较多。刘春济和朱海森(2003)将商务旅游的发展模式分为传统的商务旅游、奖励旅游和会展旅游三类;[②]陆林(2003)认为,商务旅游市场除传统商务旅游、会议旅游、奖励旅游外,还应该包括大型商业活动以及由大型体育活动引发的旅游活动。[③] 而王昆强(2016)的观点与陆林(2003)观点一致。刘大可(2009)认为,"MICE"概念一方面本身涵盖的内容存在重复,另一方面商务旅游中很多新的业态并没有包含其中,在此基础上他提出"IMBEST"即商务旅游是基于商业目的或公务进行的包括奖励旅游、会议旅游、展览旅游、特殊活动旅游、培训和教育旅游等的活动。[④] 综上,本文认为商务旅游的商业模式发展是以商务产业发展为主体,以商务活动的不同目的划分商务旅游商业模式创新发展的路径,将旅游活动进行模块嵌入式的商业模式创新。将旅游产业作为一个价值模块并嵌入商务产业中的会议、展览、出差、考察等产业链环节,成为产业链上的价值点,从而延伸出具有综合效益性的传统商务旅游、会议旅游、展览旅游、奖励旅游、商务考察旅游。(见图8.1-1)

(一)旅游嵌入传统商务活动促进商贸合作:传统商务旅游

商务活动以经贸洽谈、推介宣传、拜访客户、产品推销、科技交流等作为出发点和目标,将旅游作为一个增值点,在商务活动前后安排游览观光或者更深层次旅游形式的旅游活动,这种模式被称为旅游嵌入传统商贸活动的商业模式创新。随着经济社会的快速发展,传统商务活动呈现出增长趋势,其一,企业或公司为了谋求新的发展机会,需要与顾客进行直接接触;其二,企业的规模不断扩大,企业总—分发展模式越来越普遍,交流与培训的来往规模不断扩大;其三,文化建设的日益受关注,企业对员工的学习与培训需求不断增加;其四,产业融合发展导致企业之间的界限越来越不明显。同一产业之间的竞争、不同产业之间的合作等都会产生商务往来。因此,传统商务旅游形式仍然保持着难以撼动的市场活跃度。以杭州为例,网易、阿里巴巴等大型企业总部均驻扎在杭州,其与分公司的商务往来促进了杭州市以及其他地区商务旅游的发展。在企业或公司的人力资源管理中,企业员工的培训不可缺少。这在一定程度上保证了传统商务旅游活动的开展。这种商业

---

① 匡林:《香港商务旅游前景的喜与忧》,《经济论坛》1996年第6期,第43—44页。

② 刘春济,朱海森:《我国商务旅游及其市场开发策略探讨》,《旅游科学》2003年第3期,第37—40页。

③ 陆林:《国际商务旅游市场浅析》,《中国会展》2003年第4期,第18—19页。

④ 刘大可:《大型活动的旅游效应与旅游概念延伸》,《旅游学刊》2009年第3期,第6—7页。

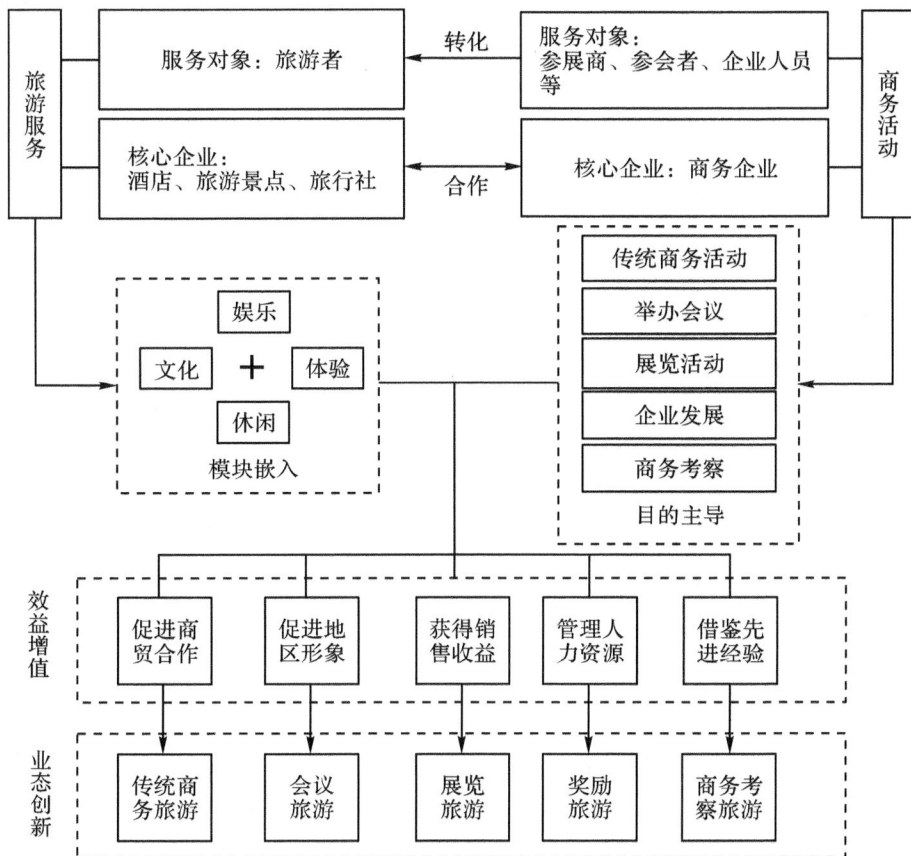

图 8.1-1 商务旅游融合发展路径及商业模式创新

模式发展下的商务旅游市场以散客为主,将旅游板块嵌入商务洽谈、出差产品流程体系中,例如酒店、交通预定等方面,将旅游业的供给和商务业的需求通过相关企业合作,形成互利共赢发展,使传统商务活动与旅游业融合发展,促进商贸合作的增值效益。

(二)旅游嵌入会议活动传播地区形象:会议旅游

会议旅游是指将具有共同话题或者目的的人有组织、有计划地聚集到一起参加会议、探讨一个主题,在此期间嵌入旅游功能模块,在会议所在地安排参观游览、休闲娱乐等活动。其中的会议可能是培训会议、年会、研讨会、高峰论坛等。随着经济全球化的快速发展,会议旅游已经由原先的欧美区域向新兴国家与城市扩展;同时,随着人们对美好的自然与生态环境的憧憬,会议旅游的发展开始由传统的一线城市区域向生态环境更加良好的非一线城市乃至乡村转移。浙江省的山水生态资源为浙江省会议旅游的发展提供了得天独厚的优势。在 2018 年中国会议行业调查中，杭州市占据 13.9％的会议市场，位列第一。[①] 2019 年 5 月，国际会议协会（ICCA）全球会议城市排名发布，统计数据显示，2018 年杭州凭借 28 个会议，列在中国大陆城市中第 3 位，亚太第 21 位，全球第 97 位。以旅游相关产业为主题的会议旅游发展突出。

会议旅游能够有效促进地区形象的传播。在会议旅游发展中，一方面国际会议会带动举办地的旅游业发展。国际会议代表了国家形象，政府往往投入大量的资源，对会议目的地进行建设，包括基础设施、会议场馆、环境景观等方面，从政府层面对当地的资源进行高层次整合创新，促进集交通、住宿、餐饮、购物为一体的产业链的完善。同时，世界各界媒体的关注、多渠道的报道打响了会议举办地的城市品牌，提高了举办地的知名度，进而吸引了国内外游客的广泛关注。如杭州因 G20 国际会议闪耀在世界眼前，其抓住"前峰会后亚运"的机遇，不断深化会议大使项目，成功引进百余个国际性、全国性、地区性的学术会议。例如，第八届世界两栖爬行动物学大会（WCH8）、第三届华人遗传学大会、第十八届国际电磁领域计算会议（IEEE CEFC 2018）等。这些会议不仅为杭州带来相关产业的先进技术和成果，推动杭州相关产业的发展，也为杭州带来了"人流量"，促进了杭州旅游业的发展，也促进了杭州形象的传播。另一方面，以旅游发展促进会议场址的落户。商务活动的团队规模大、消费需求高、停留时间长、季节性弱等特点，不仅契合了旅游产业发展的要求，而且很好地弥补了旅游业淡旺季的短板，扩大了旅游目的地的市场。将商务者转化为旅游者，更能充分利用旅游资源及旅游配套设施，激活旅游产业的活力。乌镇"互联网小镇"的开发是一个典型案例，以景区旅游转型为契机，推动商务业与旅游业的融合发展。自乌镇西栅景区开业至今，已接待大小会议团队 10000余个，其中包括国内外政府部门、世界五百强企业组织的商务活动。例如各类年会、研讨会、市场推介会、奖励旅游等。乌镇在 2014 年成为世界互联网峰会的永久举办地。其通过不断扩建博览会展馆、扩大峰会的举办规模、完善智慧旅游建设、加强互联网科技旅游体验等，有效地促进了乌镇"互联网小镇"的形象传播和品牌建设。

（三）旅游嵌入展览活动获得销售收益：展览旅游

展览旅游主要是指在举办大型的商务展览会议前后及期间安排相关的旅游活动。展览主要是向消费者提供产品项目的展示以及相关服务，目标是为参观者提供相关的产品服务信息或者销售展出的产品。展览旅游的发展有两种形式，一是

---

① 资料来源：杭州会议与奖励旅游官网。详见 http://www.micehangzhou.com/Exhibition/pas15t.aspx。

将旅游产业模块纵向切入,将旅游产业的发展作为展览的一部分。其中展览的对象是旅游产品,通过展览的形式将特色旅游产品及线路推销,成为旅游发展的有效宣传及营销渠道,有效促进旅游业的可持续发展。例如世界休闲博览会的举办,直接将城市搬到杭州国际博览中心,休博会成为各个地区的旅游推介场所,实现了旅游产值的贸易升值。宁波国际旅游展将展览作为一个销售平台,将国内外的旅游线路等产品进行展览,促进地区间的合作与交流。二是将旅游产业模块在展览业中横向延伸,促进当地旅游产业融合发展。即是在举办其他产业展览前后,安排相关旅游活动,或者在常态化举办展览的基础上,形成购物旅游,有效增加了旅游与其他产业的销售收益。展览旅游目的地选址大多以地域优势和特定产业或行业为依托,集聚商品和服务信息,为参展商和贸易商建立新的客户,以及寻找贸易伙伴和获取经贸信息提供便利;展览旅游最大的特色是提供一个平台,促进商家与消费者面对面交流,一个成功的展览会吸引大量商家和消费者前来交易或旅游。浙江省已经形成一批展览知名品牌,如中国家博会、白马湖动漫展、中国(杭州)国际纺织服装供应链博览会等展览。又如义乌商贸城展览,在形成义乌小商品市场后,来义乌购物已经成为旅游者来义乌的主要目的,这大力地促进了义乌旅游可持续发展。

(四)旅游嵌入企业管理发展活化人力资源:奖励旅游

奖励旅游最初是作为公司或企业奖励优秀员工的重要方式,起源于20世纪20年代的美国。奖励旅游是指将旅游假期作为对员工的奖励,以留住优秀的员工,使之更好地为其服务而提供的免费旅游活动。将旅游作为一个活动嵌入企业人力资源管理中,帮助管理者实施既定的管理目标。国际奖励旅游协会将奖励旅游作为一种全球性的管理手段,通过特殊的旅游经历来激励员工更加努力工作或借以承认员工的优秀工作表现,以便实现企业的各类目标。[1] 奖励旅游是现代化企业管理体制的创新,随着以人为本管理理念的逐步推广,奖励旅游已成为普遍发展趋势,成为解决人力资源管理难题的有效途径,被誉为现代管理的"法宝"。相对于其他的商务旅游模式和传统的旅游业发展,奖励旅游的目的具有多样性,奖励旅游的消费价值更倾向于传播企业文化和增强企业凝聚力和向心力。旅游相关企业应重新定位这一细分市场,以便更有针对性地开发多元化的产品,找到新的价值增长点,扩大自己的盈利空间。

浙江省以其典型的江南水乡、秀气山水成为开展奖励旅游的目的地。2009年

---

① 胡斌,朱海森,孙柯:《我国发展奖励旅游初探》,《桂林旅游高等专科学校学报》2002年第3期,第70—73页。

台湾安泰人寿保险公司将奖励旅游地点定在杭州，这个由1900多人组成的大型奖励旅游团队在这里进行了规模巨大的APP大会、颁奖晚会、庆功宴、会后旅游等活动。会议期间公司全程将团队分散入住15家五星级以上标准酒店，总计出动了62辆旅游车。浙江妇女国际旅行社共安排了200名服务人员全程跟进。在会后旅游期间，由杭州、上海、苏州、乌镇、千岛湖等地组成的黄金旅游线为团员们带来了一次领略江南诗意的惬意旅行。高标准的服务、高层次的资源整合促成了这场高等级的奖励旅游之旅。2014年，全球领先的电源解决方案供应商安森美半导体公司500多名员工齐聚杭州，开启了4天3晚的奖励旅游之旅。他们围绕西湖开展了为期一天的徒步、定向拓展等团队建设活动，体验烟雨江南中的活力与激情；负责接待的杭州第一世界大酒店通过在充满异域风情的热带雨林中庭里布置西湖绸伞的装饰，将团队文化建设与西湖文化传播完美结合，形成了多元价值创造和企业文化传递。

（五）旅游嵌入商务考察活动借鉴先进经验：商务考察旅游

以各个行业的成功案例作为目的地，进行考察学习，并在其中嵌入旅游模块进行考察与旅游并举的活动被称为商务考察旅游。例如旅游产业中，自然风光相似的景区，在打造主题时，容易出现同质化现象，景区差异小、竞争激烈，导致人气不温不火。在此背景下，如果地区结合自身的特色，引燃新的人气爆发点，形成区域"网红"，成为旅游景区发展的标杆，这就会引入考察学习类商务游客，借鉴学习经营管理经验及创意。商务考察类游客有很强的带动性，往往会出现扎堆现象，这也意味着大量的客流，安吉鲁家村是商务考察旅游目的地发展的典型代表。美丽乡村建设的浪潮中，鲁家村以"家庭农村聚集区"为发展理念，建设成功了18个差异化的农场，用一辆小火车将其串联，打造了一个独一无二的田园综合体。鲁家村成了"乡村振兴"的标杆，成了农村三产融合的典范，成了各级政府考察学习的首选地。中央及省市多位政府领导在2018年5月来到鲁家村考察，认可和肯定了鲁家村的"三变"（即田园变景区、资源变资产、农民变股民）举措。各个省市都组织代表团前往鲁家村学习农村改造，产业创新的成功经验，他们也成为鲁家村重要旅游群体之一。鲁家村利用自身资源，再加上独特的创意，成功为其引入商务旅游游客，实现了不可复制的商务考察旅游商业模式创新。

第二节　融合视角下商务旅游商业模式创新的浙江实践

在《浙江省旅游业发展"十三五"规划》中明确提出，全面推进浙江省旅游产业向"观光旅游、休闲度假、文化体验、商务会展"四位一体转型升级。商务旅游发展在浙江旅游业中发挥着重要作用,已形成了以杭州、嘉兴、义乌等市为中心的会展旅游,以乡村旅游为基础带动的考察旅游发展格局。以下将选取乌镇、杭州国际博览中心、义乌商贸城等为典型案例来详述融合视角下浙江省商务旅游商业模式创新的发展,为其他地区商务旅游的发展提供一些经验借鉴。

一、以会议旅游为商业模式的创新

(一)互联网小镇的蜕变——乌镇

作为首批中国历史文化名镇、全国环境优美乡镇、中国十大魅力名镇,乌镇素有"中国最后的枕水人家"之誉,拥有 7000 多年的文明史和 1300 年的建镇史。乌镇曾经是一个江南古镇、旅游景点,不平凡但也不出众;现在,网络化、智慧化等逐渐成为乌镇的形容词,成为了中国对话世界的"窗口"之一,成为了享誉世界的"互联网小镇"。乌镇,乘"国际互联网大会"之东风,筑会展小镇,引旅游之浪。

1. 立足传统,利用资源优势打造文化品牌

乌镇是典型的江南小镇,古镇深厚的历史文化内涵是乌镇可持续发展的本质驱动力,而打造乌镇特有的文化品牌则是乌镇可持续发展的关键所在。乌镇在发展之初,就本着保持传统文化、"修旧如旧"的原则进行科学规划,全镇分为传统作坊区、传统民居区、传统文化区、传统餐饮区等,在维持"原貌"的同时拓展旅游市场。传统的功能区布局为游客全面认识乌镇提供了物质载体,为乌镇的可持续发展提供了良好的基础。在此基础上,乌镇致力于弘扬名人文化,提升其文化内涵。茅盾故居作为嘉兴市迄今唯一的全国重点文物保护单位,就坐落在乌镇。乌镇另外还筹建木心美术馆、余榴梁钱币馆等。乌镇挖掘传统文化,丰富文化内涵,一是恢复皮影戏、桐乡花鼓戏等民间传统艺术活动;二是建设具有地方浓郁特色的博物馆、手工作坊,如江南木雕陈列馆、宏源泰染坊等。乌镇不仅挖掘自身资源,更是将乌镇的木屋、石桥、巷陌等作为舞台,让来自全世界各地的百余组艺术表演团体在此献上了 1800 多场各具特色的精彩演出,如今乌镇戏剧节的门票一票难求。乌镇依托古镇传统建筑与文化,以传统文化为核,引入多元文化,重新定位客户需求价值,以戏剧为入口,先做观光,再造体验,在旅游发展中实现了"观光旅游→度假休闲中心→文化旅游"的多次转型,为乌镇旅游的发展创造了新的盈利增长点和价值增长点。2013 年世界互联网大会专家组在全国寻找会址时,要求选择互联网经济比较发达且能代表中国几千年文化的地方。距离互联网巨头阿里巴巴所在的杭州80 千米之外的乌镇,成为最优选择。乌镇几千年的文化积淀,为乌镇的中选增色

不少。

2.放远长久，引进"互联网＋"促进产业转型

世界互联网大会让乌镇搭上"互联网＋"的浪潮。自 2014 年乌镇成为世界互联网永久举办地以来，"互联网＋会议"让乌镇展现出不一样的古镇风采，让乌镇找到了互联网经济、会议旅游经济的新增长点：通过增加"景区复合收入"提升综合盈利能力，培育新的持续盈利模式，乌镇会议旅游的发展由此展开。如今乌镇互联网国际会展中心已经成为全国唯一一个"具有国际影响力的国家级盛会举办地的会展中心"。该会展中心整体建筑的建设既注重将传统风格与现代风格相结合，以水为媒；又按照国际大型会议的建设标准，在场馆的设计中突出科技的重要性，融入智慧楼宇装置、智能会议等先进的软硬件设施。会展公司团队还根据客户的不同要求，为客户提供专业化的服务，无论是舞台布景还是一块餐巾、一瓶水的放置，都十分高效、贴心、人性化。服务水平的提升为乌镇会展业的发展提供了隐形助力。除世界互联网大会，乌镇还承接了 VIVO、用友软件等企业的新品发布会，逐渐形成"乌镇发布"的品牌优势。"互联网＋会议＋旅游"商业模式的发展，为乌镇旅游相关企业拓展了新的客户群体，拓宽了宣传渠道，形成了多元化的收入米源。乌镇以旅促会、以会带旅的发展模式，让传统的江南水镇展现出全新的面貌与魅力，为其他同类型的小镇发展提供了新的发展方向与思路。

（二）国际会址的发展——杭州国际博览中心

杭州国际博览中心坐落在素有"人间天堂"美誉的杭州。基于 G20 峰会的国际影响力，杭州国际博览中心已经成为浙江乃至全国会展业的领头羊。其以规格多样的活动场地、得天独厚的地理位置、方便快捷的交通系统、江南意蕴与现代简约风格相融的场馆设计，成为各类会议、活动举办的首选场地。2016 年，中国杭州 G20 峰会的召开，让世界认识了杭州这座城市，而承办这次会议的杭州国际博览中心也因此惊艳全球——仅用一年的时间就用耀眼的成绩单创造了行业的奇迹，为中国会议业的发展注入了全新活力。2017 年 7 月，杭州国际博览中心成为国际会议及大会协会（ICCA）会员；8 月，成为国际协会联盟（UIA）在国内的唯一会员单位；9 月，加入国际展览与项目协会（IAEE）；11 月，又成功获得全球展览业协会（UFI）认证；12 月，又加入国际会议中心协会（AIPC）。杭州国际博览中心完成了"承办国际会议→体验旅游→展会策划"的发展，成就了"会议＋旅游＋体验＋策划"的商业模式创新。

1.从国际会址到体验旅游的升华

中国杭州 G20 峰会的成功举办成为全国人民骄傲的盛事。不同于其他会议

场馆,杭州国际博览中心不仅没有在会议过后销声匿迹,而是及时地转变发展策略,将会展经济搞得一浪更比一浪高。峰会结束没多久,借助 G20 峰会品牌开发了一条"迎宾大厅－接见大厅－主会场－午宴厅－空中花园"旅游观光线路。颇具特色的杭州国际博览中心夜景、空中花园夜景引人驻足,同时配备了专业讲解人员,为游客再现 G20 峰会壮观场景。杭州国际博览中心的建筑设计,大气磅礴中处处体现江南韵味,极具观赏性。2016 年 9 月 25 日,杭州国际博览中心作为参观区正式对外开放,首日客流量便超过 3000 人;到 2016 年年底共接待 110 万人次。来杭游客已不再满足于淡妆浓抹总相宜的西湖、清幽的九溪十八涧、宁静的西溪湿地……恢弘磅礴的 G20 体验馆成了人们的新选择。大多旅行社推出领略 G20 游线,尤其是面对亲子游市场,因为体验 G20 对青少年也有教育意义。G20 体验馆利用观赏教育资源将会场体验旅游发挥到极致,举办了"峰宴""跟随习大大的脚步"等各种活动,拓宽了博览中心的客户群体,将旅游融入场馆建设中。由原先的只承办会议展览的场所,到发展科普教育旅游活动中心,博览中心将 G20 的价值传播与青少年的价值需求巧妙融合,进行了商务旅游的商业模式创新。在 2019 年 4 月,又针对散客正式上线了自助导览机,尽显杭博风采。

2.从国际会址到会展策划的延伸

杭州继 G20 会议后,已凭借丰富的国际会议办会经验、较好的国际化服务基础、优越的生态环境和独特的区位优势,成功引入多个国际博览会、年会、学术论坛等重要活动。例如,在 2019 年 5 月第三届中国国际茶业博览会举办过程中,杭州国际博览中心承办了国际茶学院所长会议、茶乡旅游发展大会等重大活动,提供了贴心、人性化的高质量服务,用杭博服务,沏了一杯"世界好茶"。[①] 杭州国际博览中心策划公司借助平台承办这些活动,在提升会场服务能力的同时,有效促进了杭州形象的传播,吸引更多的人前来杭州旅游,也给会展中心增加了新的业务来源和经济利润来源。现今杭州国际博览中心已经成为一个以会议、展览为核心,集餐饮、酒店、商业、写字楼、旅游等多元化业态的综合体。其通过充分利用各种资源,围绕核心会展产业向上下游产业进行衍生,与相关企业进行合作共赢,提高了机构的市场竞争力。2017 年 10 月,杭州国际博览中心旗下的会展策划公司成立,标志着其正式进入会展产业链上游业务市场,是发展会展产业的新起点。会展策划公司结合杭州极具活力、创新的城市气质,成功策划首届"萧山会展业发展论坛",并致力于将其打造成为会展行业的品牌活动。

①《用杭博服务,沏一杯"世界好茶"》,杭州国际博览中心官网。详见 http://www.hiechangzhou.com/News/detail/id/189。

二、以展览旅游为商业模式的创新

（一）购物旅游的天堂——义乌商贸城

义乌地处浙江省中部，特色产品主要有服装、饰品、针织、玩具等，经过多年的发展，义乌市已从"鸡毛换糖"的小县城逐渐发展成为全球最大的小商品集散中心，被世界银行、联合国等国际权威机构认定为世界第一大市场。近年来，随着互联网经济的发展，"小商品""义乌"成为不可拆分的两个词语。义乌小商品市场建于1982年，由义乌国际商贸城、宾王市场、篁园市场三大市场构成，是一个拥有20万从业人员、20多万日客流量的大型商品交易市场，其商品几乎囊括所有的日用品，也是浙江省指定的旅游购物定点单位。2006年，义乌国际商贸城被评为全国首个4A级购物旅游景区，在国内购物旅游发展史上具有跨时代的意义。2009年，义乌市抓住了以商品展览促进旅游商品研发的契机，获得中国国际旅游商品博览会的永久性举办权。2015年，经前国家旅游局批复同意，义乌成为中国首个创建"中国国际特殊旅游目的地"的城市，开始了创建"中国国际商务旅游目的地"的工作。义乌市开创了"以商带游、以游促商"的先河，"中国国际旅游商品博览会"与"旅游购物中心"的结合，形成了义乌商贸城商务旅游的基本模式。

1.政策引领，步步推进

义乌依靠全球最大的小商品批发市场，使购物旅游成为义乌旅游发展的一张"金名片"，这是由政策引领、政府主导推进的结果。2003年，义乌市政府就出台了《加快发展义乌购物旅游的若干意见》，提出"加快购物旅游发展步伐，打造全球最大超市，建设国际购物天堂"。随后，针对购物旅游市场开发中这一特殊景点无门票、全开放的特点，政府出台《对组织来我市购物旅游的旅行社实行奖励的实施方法》，对组织游客前来义乌的旅行社给予一定奖励。2010年，义乌市出台《关于全面加快旅游业发展的政策意见》，在义乌旅游业的发展中设立旅游发展专项基金，用于扶持旅游产业可持续发展。2015年，《关于建设中国国际商务旅游目的地城市的实施意见》中提出以国际贸易综合改革试点为契机，申报国家旅游综合改革项目，要在义乌设立进口商品免税购物区，放大义乌购物旅游的龙头带动作用，做大做强义乌商务旅游。2018年，义乌市人民政府办公室出台《关于进一步促进会展业改革发展的实施意见》，提出以打造浙江省展览品牌城市、世界"小商品之都"、重要的国家级会展平台为目标，坚持"以贸兴展、以展促贸、展贸互动、共促繁荣"发展特色，形成"展、会、节、演、赛"全面发展的大会展发展格局,着力推动义乌商务市场持续繁荣发展和产业转型升级。①此外,政府举办的一年一度的义乌小商品博览会自 1995 年开始,至今已连续举办了 24 届。这种种措施都促进了义乌商务旅游的发展。

2. 价格优势,稳步发展

由于小商品本身属于低附加值的产品,其生产难度较低,义乌采用"贸工联动"的方式加快工业发展、组织各小商品行业建立相关生产基地,将相关生产企业集聚形成合力,强化竞争优势,逐步实现了变"小商品义乌销"为"小商品义乌造"的目标。在小商品集聚的表象下,是义乌及周边强大的小商品制造业产业集群的发展。这为义乌带来了无与伦比的价格优势,使义乌逐渐成为小商品的海洋。义乌小商品的影响力慢慢渗透到全省、全国、全世界,义乌小商品的定价足以影响全世界范围内的价格。此外,义乌的小商品"物美价廉"成为义乌旅游发展的一大特色,成为旅游者前来义乌旅游的不可或缺的"吸引物"。

3. 以商带游,以游促商

义乌相对于其他地区的旅游发展来说,旅游资源相对匮乏,发展旅游业的条件先天不足。随着义乌国际商贸城的蓬勃发展和其市场知名度的提高,商务旅游的发展可能是义乌旅游发展的唯一出路,市场是义乌发展商务旅游的巨大优势,可以利用市场来发展商务旅游。之后,义乌市政府提出"打造全球最大超市、建设国际购物天堂"的旅游可持续发展思路,强调义乌旅游业的可持续发展必须立足于小商品购物市场的发展,走多元化的创新发展之路。义乌开创了"以商带游、以游促商"的先河,成为"小商品的海洋,购物者的天堂"。2018 年,义博会主办单位新增国家标准化管理委员会,自此成为国内首个植入标准化元素的国家博览会,开依托市场举办大型博览会之先河,是中国依托市场举办专业展会的范例。在此基础上,2009年义乌开始举办一年一度的国际旅游商品博览会,随后义乌举办的专业性展会越来越多,其国际影响力也越来越大。义乌展览旅游兴起于市场功能的创新,随着展览业的蓬勃发展,义乌的展览旅游发展也日趋成熟。

(二)旅游展览的平台——宁波国际旅游展

宁波国际旅游展(下称宁波旅展),是由宁波市人民政府和浙江省文化和旅游厅联合主办,大陆首创的消费性旅游展览会。自 2014 年举办以来,宁波旅展一直坚持"国际

---

① 《关于进一步促进会展业改革发展的实施意见》,义乌市人民政府。详见 http://www.yw.gov.cn/11330782002609848G/bmxxgk/12330782MB0L59925B/03/04/02/201808/t20180817_3052643_2.html。

化、品牌化、专业化、市场化"的办展理念,秉承"惠民""创新"原则,被宁波市政府列为重点扶持的旅游节活动,2018 年更被誉为"华东旅业风向标"。对于游客来说,宁波国际旅游展是旅游业的"大卖场",成就了旅游业的"双十一";对于参展商来说,旅游展实现了展销合一,商机无限。宁波国际旅游展成为参展商寻求旅游合作的最直接、最有效、最广阔的交互平台,也成为行业的年度盛会。对于宁波市来说,宁波旅展成为打造宁波品牌、提升宁波旅游形象的大平台。自 2014 年开展以来,宁波国际旅游展的参展商一直不断增加(见图 8.2-1),成交额不断上升(见图 8.2-2)。宁波旅展将旅游与展览完美结合,实现了企业与市场的良性互动,构建了现场交易、销售互动的一站式旅游交易平台,成功打造了市场认知度极高的旅游营销品牌。①

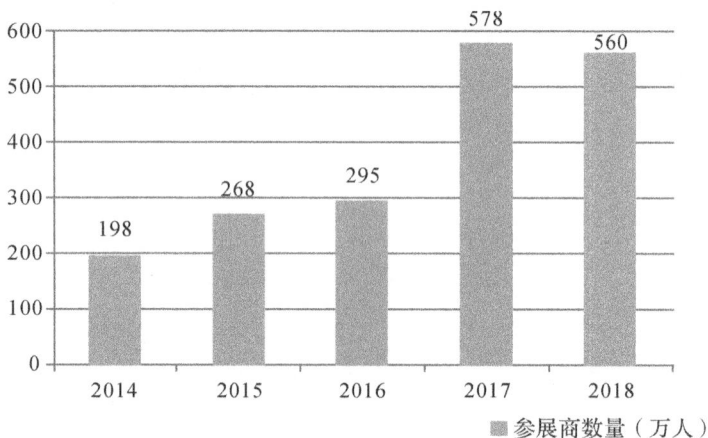

图 8.2-1　宁波国际旅游展 2014—2018 年参展商数量

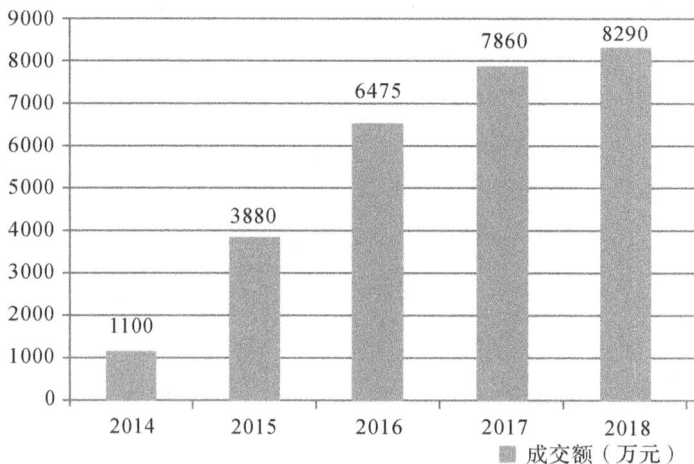

图 8.2-2　宁波国际旅游展 2014—2018 年成交额

① 资料来源:宁波国际旅游展官网。详见 http://www.exponingbo.com/travel.com/v2/。

1. 创新驱动，打造区域品牌

宁波旅展举办五年来，每一届都在推陈出新，带给游客更多的惊喜。从办展形式上看，无论是 2015 年以 B2C 形式办展，还是 2016 年首次以 B2B＋B2C 形式办展，都大大辐射了周边城市。2017 年宁波旅展更是推出了线上旅展，将展会期间优势产品放在线上同步售卖，造就了旅游业的"双十一"。办展活动每年根据潮流新增参展板块，2017 年在会展酒店板块有新的创新和突破，新增宁波本地馆、乡村馆和会奖馆。2018 年新增"宁波乡村全域旅游馆"，将宁波全域旅游发展成果展现在游客眼前；还首次引进全球最著名、全球规模最大、历史最悠久的狂欢节之——2018 尼斯嘉年华活动。宁波国际旅游展在不断创新中服务游客，打造宁波旅游知名品牌。

2. 惠民发展，服务广大游客

宁波旅展的发展无论是功能体验还是产品服务，都以促进广大市民的消费和服务需求为出发点。一方面，宁波旅展作为大型的促销活动，实现了买卖双方面对面交流，将宁波市到浙江省、全国甚至全世界的旅游线路及产品整合，进行线下促销活动。"我在宁波遇见全世界"是参展观众及游客的真实写照。在展会期间，不仅推出特惠活动，在现场互动环节还不断创新，特价抢票活动、"定时竞拍""一元秒杀"等活动比比皆是。2017 年首次推出"宁波旅游年卡"，只要 99 元的套餐费用，市民就可以享受全年无限次或多次畅游包括前童古镇、丹山赤水在内的八大景点。2018 年开展了"我的旅游梦想"圆梦征集、文明旅游知识问答抽奖等活动。另一方面，宁波旅展成就了旅游产业的"饕餮盛宴"，其间有歌曲串烧、特色民俗表演、异国风情展示等精彩的舞台节目，实现了集"吃、喝、玩、乐、游"于一体的展览旅游。宁波国际旅游展打造了旅游产业的"周年庆"，满足了新时代大众旅游新需求。

第三节　融合视角下浙江省商务旅游商业模式 创新的问题与对策

近年来，我国经济稳步提升，商务活动日益频繁和多样化，会议旅游、展览旅游和考察旅游等商务旅游需求得到大幅提升，我国已成为理想的商务旅游目的地。北京、上海、杭州、南京等城市先后多次举办了具有国际影响力的大型会议和展览活动。浙江省的商务旅游虽发展如火如荼，但是在旅游产品匹配度、系统化管理水平、专业化服务程度、商旅结合认知度等方面也面临着一些问题。针对这些问题，本节拟对浙江省商务旅游商业模式创新发展提供一些建议。

一、融合视角下浙江省商务旅游商业模式创新的问题

（一）商旅产品匹配度有待提高

商务业与旅游业融合发展是基于一定的旅游发展或商务发展基础上衍生出来的商务旅游发展模式，相对于传统旅游，商务旅游发展需求具有品质更高、内涵更丰富的特点。商务旅游产品匹配度不高，体现在商务旅游产品供给不足和会展场所供给过剩导致的资源浪费两个方面。其一，商务旅游产品供给不足。一个完整的商务旅游活动除需要交通、酒店、场址等多个要素的结合，还需要与传统旅游活动有机结合。除几个商务旅游发展较好的地区，例如义乌、乌镇等，浙江省的商务旅游发展观念传统，难以将"商务""旅游"真正地有机结合，实现"1＋1＞2"的效应，也尚未形成紧密的产业链。商旅公司没有将商务活动与旅游活动有机结合，针对商务旅游者开发具有针对性的产品，例如在会议或展览旅游过程中，针对这部分的商务旅游者没有针对性地"打包"相关旅游产品供旅游者选择，旅游市场中提供的还是大众旅游产品，出现需求与供给不对等现象。例如，杭州国际博览中心的商务旅游建设，在交通线路方面、联合打造杭州旅游线路等方面有待提高；在杭州国际博览中心举办会议展览期间，没有针对性地挖掘特色旅游线路和提供最优化交通线路方案。其二，一般会议或展览场所利用率低，供给过剩，造成商务资源浪费。怎样在场馆闲置期间将其充分利用，与旅游产业结合，将其作为一个景点打造但又不失其本身承接展览会议的功能，将闲置场馆"活化"，实现经济效益、社会效益最大化，这是场馆运营的一大难题。

（二）系统化管理水平有待提高

商务旅游发展过程中，其系统化管理水平有待提高。一是政府、企业、协会对商务旅游市场的运营模式有待改善。例如，会议旅游或展览旅游的市场化程度较低，缺乏市场调节能力，其经济效益不高，要厘清政府、协会、企业的关系。二是企业系统化运作能力有待提高。例如一般商务旅游发展中酒店或机票的预订系统。会议或展览旅游发展中的管理系统相较于国外先进的管理水平来说还有很大差距，会造成资源信息不对称、经济效益不高等问题。三是企业互动协作较少。虽然浙江省的商务旅游市场较为广阔，但针对商务旅游市场的专业化公司还相对较少。除却提供代购机票、酒店等单一服务外，缺乏创新，有关公司难以提供全方位、专业化的系统服务，旅游企业管理专业化程度较低。在此情况下，商务企业和旅游企业的联合发展、专业化分工尤为重要。但浙江省商务和旅游企业管理与发展中还存

在"各司其职"的现象,没有形成资源整合。例如,从事会议和展览行业的公司和从事旅游业的公司没有形成产业联动,导致会议旅游或展览旅游发展过程中服务水平跟不上、旅游体验性不强等问题。

（三）专业化服务程度有待提高

作为一种新型的旅游形式,商务旅游有着出游时间多样化、对价格不敏感等特点,为旅游企业提供了较大的利润空间,但也对旅游企业的接待规格、配套设施和服务质量等提出了新的标准与更高的要求。商务旅游是商务活动中的重要组成部分,商旅服务必须朝着专业化、智慧化、人性化的方向发展,其涉及的领域和环节更多、专业化服务程度更高、对旅游服务人员要求更为严格。而一方面,浙江省乃至全国范围内旅游专业人才缺乏,从事商务旅游的专业人才更为缺乏。商务旅游具备的商务活动的特点,决定了对相关从业人员在口语和书面表达能力、交际能力、抗压能力等方面都有较高的要求。专业化服务水平已成为浙江省乃至我国商务旅游市场发展的软肋。

二、融合视角下浙江省商务旅游商业模式创新的对策

（一）优化商旅产品结构,为商务旅游发展提供驱动

针对浙江省商务旅游产品匹配度不高等问题,浙江省商务旅游要优化产品结构,为商务旅游发展提供强大的内涵支撑。其一,相关企业要为商务旅游者提供"一体化""定制化"的旅游产品,商务旅游供给商应当把每一位旅客作为一个细分市场,在满足其商务活动的同时分析其需求,充分利用海洋、山水等资源,开发独具特色的商务旅游发展模式,开展集商业、娱乐、运动休闲于一体的商贸会展、会务性商务旅游活动,设计个性化产品。其二,"商务+旅游"融合发展需在基础设施上实现共享,充分利用会展等场所的"空窗期",扩大经济规模,实现经济效益稳增长。例如开发旅游拓展市场,将闲置场馆作为文化载体,可以利用品牌效应拓展客源,如拓展小学生市场,开展研学旅游。

（二）加大政府扶持力度,为商务旅游发展提供保障

商务旅游促进经济发展,经济发展又反作用于商务旅游,两者是联动关系。政府是推动市场发展的强有力保障,政府重视地区经济的发展,就必然会重视商务旅游的发展。首先,政府可通过优惠政策和措施,为旅游相关企业铺设一些加速板,提升其进入商务旅游市场的积极性,并建立相应的管理机构。如在会展方面可建立会展局,根据相关政策专门规定对会展的举办、实施进行监督,促进会展旅游规范化发展。其次,政府需要厘清关系,在商务旅游的发展中找准定位,改变政府主

导的观念。加强与旅游相关企业的合作，促进商务相关企业与旅游相关企业的合作，形成资源共享，实施微观和宏观相结合的市场调节战略，正确引导商务旅游的发展，提高市场调节能力，提升经济效益。最后，浙江省及各个县市政府在目的地整体旅游形象的宣传推广上，还需要加强对商务旅游认知的宣传与推广。借用浙江省文化与旅游厅、浙江会展等官方网站，利用现代流行的抖音短视频等交流平台，微信、微博等自媒体公众平台进行宣传推广，提升市场知名度。

（三）实施人才支撑战略，为商务旅游发展提供支持

人才是企业乃至产业发展的必备要素，在浙江省乃至全国旅游发展中，旅游人才稀缺是一个普遍难题。现代商务旅游是现代政治、经济、科技以及教育、旅游业发展之间相互渗透的综合产业，因此在商务旅游发展中对所需相关人才要求更高。人才不仅要具备旅游相关活动的技能，还要有渊博的知识面，需要正确把握最新的社会经济信息，紧跟时代的变化，尤其是科技型人才、策划型人才。目前许多商务活动的举办都趋向信息化，这就需要懂科技的专业人员来服务，提升商务旅游的科技水平；商务活动整体策划水平决定了商务旅游的质量，专业的策划人员不仅能为企业自身节省成本，而且能满足游客多方面的需求，为游客提供定制化服务。因此，实施人才支撑战略至关重要。首先，相关企业作为商务旅游发展的主力军，要做好组织者的身份，提升服务质量，加强对专业人员的培训，做到专业知识"精"、服务质量"优"。其次，教育机构可培育商务旅游的专项人才及复合型管理人才，做到理论与实践并行。

本章小结

本章节以"内涵与创新模式—融合发展的创新案例—问题与对策"为整体逻辑对浙江省商务旅游的发展进行探讨。首先，本文在研究过程中发现，国家政策支持、旅游需求驱动、产业链重合性促使了商务产业与旅游产业的融合发展。将商务旅游的内涵界定为是以事务为主要目的的依附型旅游形式，基于公务或商务目的，以参加会议、展览等为依托，从而引发的消费旅游产品或服务的活动，是建立在商务活动基础上的一种带有工作性质的旅游形式。相较于其他类型的旅游产业与其他产业的融合发展，商务旅游具备消费者旅游质量要求高、旅游时间季节性弱、旅游目的地选择非自主性、旅游市场稳定性等特点；然后，将商务旅游的商业模式创新总结为基于商务目的，将旅游功能进行模块嵌入，促进效益增值的一般商务旅游、会议旅游、展览旅游、奖励旅游和商务考察旅游的发展。并选取杭州国际博览

中心、乌镇为会议旅游商业模式创新的典型案例,选取义乌商贸城、宁波国际旅游展为展览旅游商业模式创新的典型案例,对商务旅游的创新模式进行了详细阐述。最后,在浙江省商务旅游商业模式创新发展的问题与对策方面,提出商旅产品匹配度有待提高、系统化管理水平有待提高、专业化服务水平有待提高等三个问题,并有针对性地提出优化商旅产品结构、加大政府扶持力度、实施人才强产战略三个对策,旨在为其他省市的商务旅游发展提供经验借鉴。

第九章 影视旅游商业模式创新与案例实践

在文化产业逐渐成为国民经济支柱产业的今天,影视文化产业成为各地文化产业蓬勃发展的强有力引擎。2017年浙江省出台的《加快促进影视产业繁荣发展的若干意见》中指出,到2020年要把浙江省打造成全国影视产业的副中心,确保浙江省影视产业发展的规模和质量在全国名列前茅,成为浙江省文化产业可持续发展的重要增长点。[①] 随着影视业与旅游业的快速发展,浙江省影视业与旅游业的融合发展也不可小觑。除却国内影视旅游发展的先行者——横店影视拍摄基地,宁波象山影视基地、湖州影视城等拍摄基地纷纷崛起,影视旅游成为浙江省旅游全域发展中的新形式,为国内影视旅游产业可持续发展提供了成功经验和范本。本章对影视旅游内涵、特点、影视业与旅游业融合必要性、浙江省影视旅游创新商业模式和发展问题进行梳理和总结,并有针对性地提出了一些影视旅游商业模式创新的建议,旨在为我国其他地区影视旅游的发展提供浙江经验。

第一节 影视旅游的内涵与创新模式

一、影视旅游的内涵与特点

(一)影视旅游的内涵

影视旅游发展真正的开端是1963年好莱坞影城的建设,随后影视旅游产业开始逐步成为各国旅游业发展中的重要一环。而对于"影视旅游"内涵的相关研究,国外学者起步较早,将其称为"Movie and TV Induced Tourism"或"Film Induced

---

① 《浙江省出台加快促进影视产业繁荣发展的若干意见》,浙江省广播电视局。详见 http://www.zrt.gov.cn/art/2017/8/31/art_627_21738.html。

Tourism"。国外学者 Roger Riley(1998)认为,电视、电影、唱片、杂志、文学作品等均有提高游客的感知作用,对旅游者有一定的吸引力。其中电影、电视等对游客的吸引作用最强,可以诱导观众到影视作品拍摄地(即影视外景地或取景地)开展旅游活动,这种旅游发展现象被称为影视旅游。[①] 吴必虎(2001)认为,影视旅游活动是电视、电影等作品使旅游取景地或拍摄地出现在影带、银幕上而促使旅游者到这些地方参观游览或开展其他旅游项目的旅游活动。[②]

我国影视旅游产业发展较晚,其新业态的产生从 1987 年中国最早规划建设的影视拍摄基地——无锡影视基地的建成开始。国内对影视旅游内涵的认识至今仍未统一,长期以来,许多学者从不同的研究角度出发,对其做出了不同的解释(详见表 9.1-1):

表 9.1-1　影视旅游内涵界定

序号	研究角度	核心要义	代表性文献
1	影视作为吸引物	受影视作品的影响,对影视拍摄地产生兴趣,促使旅游者造访影视拍摄地的旅游活动	吴必虎(2001) 吴丽云和侯晓丽(2006) 代俐(2006) 吴金梅和宋子千(2011)
2	产业融合	将影视文化与旅游活动结合起来,以与影视拍摄、制作、宣传等有关的一切事物为客体,集观赏性、知识性、参与性于一体的专项旅游活动	孟铁鑫和袁书琪(2006)
3	旅游供需	旅游供给:指旅游经营者开发并利用影视作品的制作地点、环境、过程,以及影视作品中反映出来的能够促进旅游活动的相关内容,经过宣传策划推向旅游市场,以取得消费者旅游需求和经营者利益一致性的旅游活动 旅游需求:指旅游者花费一定的时间、费用和精力,通过对影视拍摄的场地、环境、过程以及由影视中演绎、引申出来的旅游产品的游览,来满足自己求新、求知、求奇等心理需求的旅游经历	刘滨谊和刘琴(2004) 王玉玲和冯学刚(2006)

资料来源:根据文献资料整理。

从表中可知,学术界对影视旅游的内涵界定不一。综上,本文借鉴刘滨谊和刘

① Riley R W, Doren C S V. "Movies as tourism promotion: a 'pull' factor in a 'push' location". *Tourism Management*, 1992(3), pp.267—274.

② 吴必虎:《区域旅游规划原理》,中国旅游出版社 2001 年版,第 261—262 页。

琴（2004）对影视旅游内涵的阐述，①提出影视旅游是以影视制作、拍摄的全过程及与影视相关的事物为吸引物的旅游活动。

（二）影视旅游的特点

影视旅游产业的发展不仅具有传统旅游产业和影视产业发展的特点，还有不同于其他专项旅游的特征。本文从产业融合的角度，将影视旅游与其他专项旅游区分开，认为影视旅游具有内容浓缩化、时空差异化、显著文化性和资源依附性四个特点。

1. 内容浓缩化

影视产业中影视拍摄的活动内容高度浓缩与空间高密度分布，因此影视旅游相关活动或项目也具有内容高度浓缩与空间高密度分布的特点。影视作品是在有限的时间内演绎出"无限"的内容。例如一部两小时的电影产品，可能演绎了主人公一生的人生经历；一部50集的电视剧，可能描述了多个人生轨迹，道尽人生的冷暖情长；影视作品中的每一个人物、每一个事物，都在诉说着一个故事，但呈现出来的可能只有短短的一个影片。影视作品的内容浓缩化，导致影视旅游产品内容的浓缩化发展，如横店影视城内13个拍摄基地的场景建设，从秦汉唐宋到明清民国的跨越时代的建设，从皇宫官府到民居街肆跨越空间的建设，旅游空间和时间的高度浓缩发展，使旅游者可以在极短的时间内游览与体验跨越不同时代的情景与场面。未来影视旅游发展中，可以打破现有禁锢，将有限的时间和空间发挥出"无限"的价值，进行旅游产品的升级优化，深化产品内涵，创新旅游价值链，进行影视旅游产品内涵的"无限"延伸。

2. 时空差异化

影视产业的发展本身是一门时空艺术的呈现。其跨越了时间、空间的界限，因此影视旅游产业发展也具有时空差异性。影视旅游的发展是将影视作品及其相关事物进行旅游化改造的过程，其模糊了古代、现代以及未来的界限；在此基础上，塑造旅游活动及体验场景，使其成为旅游者追求与向往的旅游目的地。而对于旅游者，一旦影视作品中的活动场景能够再现于现实生活中，并且能够亲身体验，置身于"影视作品"中，旅游者会获得更高层次的精神享受。相对于其他旅游来说，影视旅游产品的时空差异化是旅游者产生旅游需求动机的关键因素，企业找到影视旅游者的消费价值，并满足旅游者求异需求，是拓展影视旅游消费市场的主要途径。

---

① 刘滨谊，刘琴：《中国影视旅游发展的现状及趋势》，《旅游学刊》2004年第6期，第77—81页。

3.文化显著性

影视产业和旅游产业的发展本质上都是在传扬多元文化,影视旅游的发展本质上是一种文化旅游的发展,它是旅游与影视文化的交叉产物,其文化属性更加突出。影视作品中涉及的人生观、价值观、生活方式等,都是社会文化的一种场景式表现;影视作品的剧情、明星、拍摄地等都可成为影视旅游发展中的文化符号。《木府风云》通过对云南丽江吐司文化的描绘和刻画,使大众的目光被丽江吸引,该片被称为"丽江的城市宣传片";《泰囧》的成功让大众燃起对东南亚的旅游热情,与故事情节密不可分的异国文化是众多游客前往泰国旅游的重要动机之一;《孔子》宣扬的儒家文化促进了孔庙的旅游发展。影视旅游的发展是基于游客高层次文化需求、是游客对于文化的向往而产生的,具有显著的文化性。

4.资源依附性

旅游者是因影视作品而产生旅游动机,影视旅游对影视资源与作品具有高度的依赖性,影视旅游的发展与影视资源的挖掘密不可分、相辅相成。丰富的自然生态资源和深厚的历史文化资源是影视剧组前来拍摄的前提条件,而影视作品例如电影和电视剧的热播对旅游资源具有宣传和传播作用,能促进影视旅游产业的发展,为影视旅游的可持续发展提供条件和保证。影视作品的质量可以决定影视取景地或故事发生地对旅游者的直接吸引力,影视作品中的各个场景环节能够对影视旅游产品设计产生很大影响,影视作品的宣传与推广力度也间接地影响了影视旅游目的地的知名度。质量好、知名度高的影视作品或综艺节目更具有广泛的传播性,能对观众产生强大的吸引力,从而引起影视旅游的发展;与之相反,质量不高、情节普通、没有亮点的影视作品则很难激起观众的共鸣,更别说吸引旅游者前去参观游览和体验旅游。因此,影视旅游的可持续发展依赖于影视作品的高品质发展。

二、影视产业与旅游产业融合的必要性

影视产业和旅游产业各有其发展规律与运行机制,两者共有的文化属性、资源的关联性促使旅游产业与影视产业的融合发展成为可能。本文在研究过程中发现,对文化的重视是影视旅游发展的前提保证,旅游需求的变化是影视旅游发展的内在需要,互利共赢是影视旅游发展的本质追求。总的来说,影视旅游的发展不仅对两个产业各自的可持续发展都发挥了不可忽视的作用,还促进了新兴业态的发展,满足了游客日益多样性和个性化的需求。

（一）需求变化成为影视产业与旅游产业融合发展的内在需要

随着大众旅游时代的到来和体验经济的兴起，人们的旅游需求逐渐转向追寻一种精神享受和独特体验，认为旅游是感觉、生活方式的体验和旅游心情的分享。在这种情况下，富含文化元素的影视旅游正好迎合大众的消费口味。影视流行文化正慢慢成为刺激旅游者出游的理由，一部电视剧、一部电影作品、一个综艺节目、一首歌曲使一个外景拍摄地成为热门旅游目的地的情况并不鲜见。《乔家大院》的播出，使得当年山西祁县的旅游收入对经济增长贡献率达到最高；《爸爸去哪儿》《向往的生活》等综艺带火了一批又一批旅游目的地；歌曲《成都》使一批又一批的旅游者前往成都去印证"歌中的成都"。王玉玲（2006）等从旅游供给角度认为，影视相关作品带火取景地旅游发展这一现象可以满足旅游者求新、求知、求奇等心理需求。[1] 周晶（1999）阐述了一部好电影的放映能使旅游者对影视拍摄取景地产生强烈的吸引力。[2] 潘丽丽（2005）研究了影视剧的拍摄对外景地旅游目的地发展的影响，认为影视作品的拍摄能够提高取景地的旅游感知印象，从而增加旅游取景地的旅游者数量。[3] 影视旅游的发展提供一种文化与精神的纽带，使旅游的发展更富有文化、更具有精神体验性。在影视作品的传播和推动下，观众会产生从重新认知到态度转变再到出游意愿表现等一系列十分复杂的心理作用和活动，从而做出旅游决策。消费者需求的变化驱动影视产业与旅游产业的融合，促进影视旅游的发展。

（二）互利共赢成为影视产业与旅游产业融合发展的必然要求

影视业与旅游业的融合发展，能使影视资源和旅游资源在更大范围内合理配置，对现有资源重新分类、整合与创新，不仅为其各自的经营活动带来巨大的商机，而且很有可能创造出"1＋1＞2"的影视旅游文化生产力。

对于旅游产业来说，影视旅游的发展拓宽了旅游目的地的营销和宣传渠道，对促进潜在旅游资源、景点的开发和影视作品的拍摄地、故事发生地等地的传播都发挥着重要作用。一方面，影视作品是旅游景点开发的"伯乐"，让一些"默默无闻"的景点广为人知。一些巧夺天工的自然景观、偏僻宁静的古镇村落、历经风霜的历史

---

① 王玉玲,冯学钢,王晓：《论影视旅游及其"资源—产品"转化》,《华东经济管理》2006 年第 7 期,第 23—26 页。

② 周晶：《电影外景地的旅游吸引力》,《陕西师范大学学报》(自然科学版)1999 年第 1 期,第 143—146 页。

③ 潘丽丽：《影视拍摄对外景地旅游发展的影响分析——以浙江新昌、横店为例》,《经济地理》2005 年第 6 期,第 928—932 页。

遗迹,经过摄影技术的艺术加工,能够转变其"不为人知"的尴尬境地,再通过合理的开发利用,可以使其成为人文与自然相融合的旅游新景点。旅游目的地可以利用影视剧的传播,把握流行热点,开发独具特色、极具个性化的旅游商品。影视产业的繁荣发展对丰富旅游业态、完善旅游产品体系有着相当大的推动作用。另一方面,影视旅游的发展能够扩大旅游目的地的宣传与推广效应。影视具有信息量大、表现方式灵活多变的特点,其作品内涵丰富、观赏性强,观众易于产生强烈共鸣,留下深刻印象。影视作品在一定意义上能够对拍摄地或者故事发生地进行艺术形象提升和景观重塑,可充当旅游地与旅游者之间的"中间人",在"中间人"的作用下,旅游地对旅游者具有更大的魅力,能够促进旅游目的地的宣传和营销。

对于影视产业来说,与旅游产业的深度融合发展有助于深化影视产业链的延伸发展,有利于提高影视产品竞争力。首先,影视产业能够借助旅游业扩展影视产业项目,进行"后影视衍生产品"的开发。例如,影视产业可以向服饰、教育、游戏等领域延伸,逐步向跨行业、跨产业、复合型的影视产业链发展。其次,影视旅游的蓬勃发展有利于大幅提高影视作品在市场中的竞争力,提高影视作品的质量。旅游产品的开发有助于挖掘可作为影视拍摄或取景的外景地,在拥有优良生态环境或人文资源的旅游景区内搭建影视拍摄场地,为影视剧的拍摄与制作创造更佳的基础条件。影视产业市场的竞争加剧,导致影视产业的发展开始向深挖民族特色、提升文化品质、打造具有丰富文化内涵的影视作品转变。最后,旅游景点迷人的自然风光及民族风情,可以为影视作品的拍摄与制作提供丰富素材,为高品质的影视作品提供保障;影视旅游产业的发展使得地方旅游开发者在一定程度上重视影视业对旅游业发展的影响,从而为影视剧的拍摄和制作提供诸多的优惠,在有限的资金范围内能提高影视作品的质量。例如,减免拍摄场地租金,提供高素质、高水平的临时群众演员,为影视作品的拍摄提供安全保障等,大大降低了影视拍摄与制作的实际成本和风险。发展的主体是影视城,盈利却来自旅游业,这是影视旅游的发展对影视产业发展作用的直接概括。

（三）对文化的重视成为影视产业与旅游产业融合发展的本质驱动

高度的文化自信铸就了中华民族的伟大复兴,浙江省文化产业的发展一直受到重视。2017年11月,政府发布了《关于加快把文化产业打造成为万亿级产业的意见》,其中指出要重点实施影视演艺产业发展计划、文化新兴业态促进计划等,要倡导和实现演艺精品的创作与生产,提升演艺作品的科技水平,打造一批文化演艺特色品牌,推动演艺娱乐业向高技术、多元化、品牌化发展;同年,出台《关于推进文化浙江建设的意见》,指出通过文化平台的搭建、文化品牌的培育等,将浙江省发展成为全国具有重要影响力的文明高地、文化高地。政府对文化产业的重视使含有文化属性的影视产业和旅游产业开始融合发展，旅游景点丰富的历史文化底蕴一旦与具有丰富文化内涵的影视剧情相结合，就会将影视作品中不断创新的文化元素与原旅游地自然或人文风景融合、完美衔接，共同促进并繁荣发展。影视业与旅游业都具有的文化属性是两个产业融合发展的重要保障与支撑，成为社会文化发展的一种必然，影视旅游发展顺应了文化产业蓬勃发展大趋势。政府对文化产业的重视成为影视旅游产业发展的本质驱动力。

三、浙江省影视旅游发展路径与商业模式创新

影视旅游发展至今，已经衍生出不同的发展类型及商业模式。江波（2011）根据空间和时间形态将影视旅游分为空间形态，包括影视主题公园旅游、影视城旅游；时间形态，包括影视节庆旅游、影视文化旅游。[①] 宋子千和吴金梅（2011）基于产业融合的发展角度，将影视旅游首先划分为影视传播旅游和影视提供旅游内容，其中影视固有的传播功能特性衍生出了影视外景地旅游、影视文化旅游和影视故事发生地旅游；旅游吸引物的无边界特性衍生出影视主题乐园旅游、影视拍摄基地旅游和影视节庆旅游。[②]

总体而言，将影视旅游划分为影视基地旅游、影视外景地旅游、影视节庆旅游、影视主题乐园旅游、影视文化旅游等已成为研究的共识，还有学者在此基础上认为影视旅游商业模式发展中还有影视博物馆旅游。[③] 本文根据浙江省影视旅游的发展，基于产业融合的角度，根据影视元素在旅游产业中的融入程度，将影视旅游的创新商业模式总结为以影视拍摄为基础的综合性影视基地商业模式、以影视 IP 为延伸发展的多轮价值创新的影视主题乐园商业模式创新和单轮价值增值的影视外景地商业模式、以影视演艺为核心的旅游演艺商业模式。（见图 9.1-1）

（一）以影视拍摄为基础的综合性影视基地商业模式

以影视拍摄为基础的综合性影视基地商业模式，是指利用影片拍摄基地的场景、设施等为旅游者提供参与性、体验性的旅游活动与项目，游客能够与影视作品中的场景、文化等近距离接触，能够充分体验影片拍摄的过程，实施动静结合，实现

---

① 江波：《江西省影视旅游开发研究》，南昌大学硕士学位论文，2011 年。

② 吴金梅，宋子千：《产业融合视角下的影视旅游发展研究》，《旅游学刊》2011 年第 6 期，第 29—35 页。

③ 崔永静：《产业融合视角下云南影视旅游发展研究》，《河北旅游职业学院学报》2016 年第 1 期，第 8—15 页。

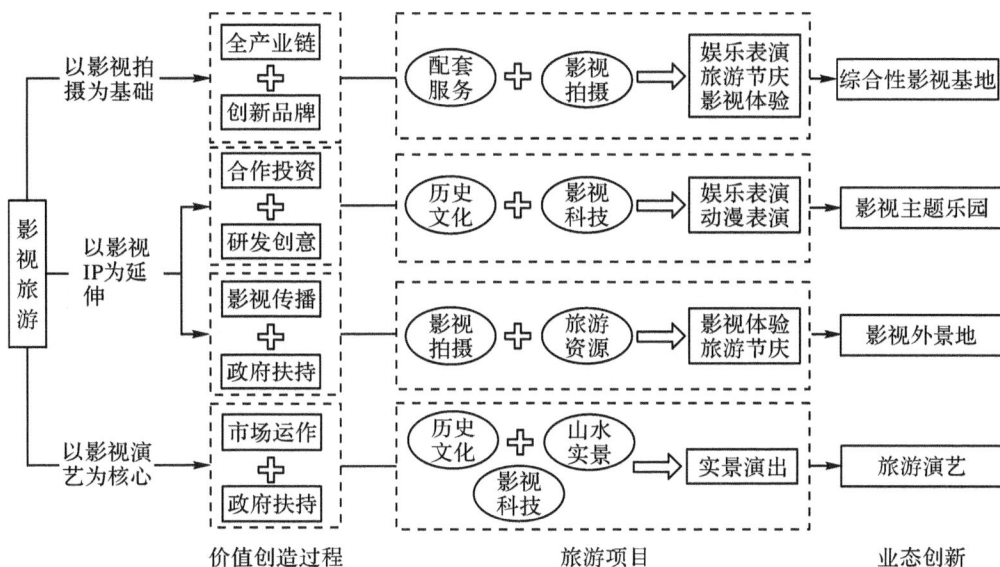

```
                          ┌─────────┐     ┌─────────────────────────────────────┐     ┌──────────────┐
  以影视拍          全产业链          配套     影视        娱乐表演
  摄为基础          ＋               服务  ＋  拍摄        旅游节庆       综合性影视基地
                    创新品牌                              影视体验

                    合作投资          历史     影视        娱乐表演
  以影视            ＋               文化  ＋  科技        动漫表演       影视主题乐园
  IP为延            研发创意
  伸
  影视              影视传播          影视     旅游        影视体验
  旅游              ＋               拍摄  ＋  资源        旅游节庆       影视外景地
                    政府扶持

  以影视演          市场运作          历史     山水
  艺为核心          ＋               文化  ＋  实景        实景演出       旅游演艺
                    政府扶持                  影视
                                             科技

                    价值创造过程           旅游项目              业态创新
```

图 9.1-1　影视旅游融合发展路径及商业模式创新

了旅游沉浸式体验的综合性影视基地旅游的发展。综合性影视基地商业模式做到了体验、演艺与节庆融合的极致发展,其综合性主要体现在影视产业与旅游产业融合发展产生的旅游创新项目的多样性和综合性。综合性影视基地是从影视拍摄基地发展而来的将影视制作和旅游娱乐相结合的旅游活动场所,而这种场所最初仅仅是为影片拍摄提供场所和服务的,后来不断发展壮大,其旅游功能不断被人们发掘,逐渐形成以影视产品的拍摄为主,增加明星互动、影视作品的再现演绎等环节,延长影视产业与旅游产业融合发展的产业链,扩大收益。浙江省影视拍摄基地旅游发展前景良好,中国十大影视城中浙江占据其二,分别为横店影视城和象山影视城。利用综合性影视拍摄基地开展旅游活动是浙江省影视产业与旅游产业融合发展的重要创新商业模式。被誉为"中国好莱坞"的横店,是国内目前为止最大的影视制作基地;而另一个影视拍摄基地——浙江宁波象山影视城曾被誉为"中国最具发展潜力影视拍摄基地",其以建造中国电影加工场、建设东方好莱坞为目标,以旅游互动性、游客体验性为出发点,成功造就了中国首个实景电影主题乐园。自开始营业以来,相继拍摄了《神雕侠侣》《琅琊榜》《三生三世十里桃花》等 800 多部影视作品,游客在象山影视城中可以亲身体验皮影戏、木偶戏等传统民俗文化,还能置身于影视梦工厂中进行影视剧目的体验活动等。

（二）以影视 IP 为延伸发展的创新商业模式

影视 IP 商业模式是指以影视 IP 为核心,进行 IP 延伸式发展,将影视 IP 文化融入旅游发展中，促进宣传效应，扩大影视IP的经济及社会效应。根据价值链创新的程度将影视IP商业模式划分为多轮价值增值的影视主题乐园商业模式和单轮价值增值的影视外景地商业模式。

1. 多轮价值创新的影视主题乐园商业模式

影视主题乐园是以影视IP文化为旅游创新资源，以现代科技手段为表现方式，以满足旅游者多层次、多样化、个性化的需求，集观赏性、体验性、娱乐性于一体的旅游目的地，实现了旅游产业与影视产业融合发展的多轮价值增值。影视主题乐园将科技与艺术完美结合，将文化产业变虚拟为现实，借助主题公园这一地域空间将银幕上的卡通形象及故事情节予以立体化再现，打破原本单一的以静态资源展示获取门票的经营模式，将旅游活动的内容向品质化、动态化的方向发展，极大地调动游客的感官体验，增强游客的参与性。另外，还配备了旅游产业发展中"吃、住、行、游、购、娱"六大要素相关设施，扩大了旅游产业的价值覆盖对象。影视主题乐园的发展实现了多轮价值增值，例如华强方特从特种电影、数字动漫、影视出品、主题演艺、文化衍生品五个方面着手，先后投资了方特欢乐世界、方特梦幻王国、方特东方神话、方特水上乐园四大主题乐园的品牌建设，其发展遍布全国各地，浙江的方特主题乐园就坐落在宁波。华强动画电影《熊出没》在2014年、2015年相继创造当时国产动漫电影的最高票房纪录，熊大、熊二及光头强等角色深入人心，也为其引入大量的客流。华强方特各个乐园的建设，将电影观看与游乐项目结合，例如推出跟踪式立体电影项目《恐龙危机》、环境4D电影项目《海螺湾》、幻影成像电影项目《聊斋》等，致力于增强游客体验感、促进游客的沉浸式体验。

2. 单轮价值增值的影视外景地商业模式

影视外景地旅游是指某地因影视的拍摄而成为热门旅游目的地。影视相比于其他传播媒介更具有表现力和感染力，利用影视传播的固有功能，促进影视外景地旅游的发展，扩大了影视传播的单轮价值增值效应。国内外对旅游动机的众多研究表明，印证、寻梦是到访拍摄地旅游最重要的意图之一。[1] 影视外景地的发展形势分为主动式发展和被动式发展两种。被动式发展是指一些还未开发或者暂不为人知的景点通过影视作品故事情节的渲染，充分利用影视作品，如电视剧或综艺节目的扩散与传播作用，从"识者寥寥"的旅游景点或目的地摇身一变而成为大受欢迎的旅游目的地。例如《非诚勿扰》通过极富艺术魅力的电影人物故事的渲染，将

---

① 吴普，葛全胜，席建超：《影视旅游形成、发展机制研究——以山西乔家大院为例》，《旅游学刊》2007年第7期，第52—67页。

西溪湿地独特的自然风光和人文建筑展现在全国观众面前,影片一经播出,浙江西溪湿地知名度大增;说到安吉,漂流的惊险刺激令人流连忘返,2000 年被授予华语电影史上首部奥斯卡金像奖的最佳外语片《卧虎藏龙》让安吉竹海广为人知;仙侠大剧《花千骨》的热播使仙都再次成为观众焦点。不仅是影视剧的播出,综艺作品的播出也带火了一批旅游目的地,作为国内慢节奏生活类综艺节目的代表,《向往的生活》让"中国最美县城"浙江桐庐的旅游火爆发展;倡导"共享生活"价值观的《三个院子》使浙江温岭的美被人熟知。主动式发展是指旅游目的地通过吸引影视剧组前来拍摄,通过剧组的宣传和对其文化的"解读",让原本广为人知的旅游目的地更添风采。随着综艺节目《奔跑吧兄弟》的播出,杭州、乌镇、绍兴等地的美景、美食、美物一一展现在观众眼前。

（三）以影视演艺为核心的旅游演艺商业模式

以影视演艺为核心的创新商业模式,是指将影视元素与旅游场景结合,利用影视科技手段演艺的一种旅游演艺项目,具体为将一些影视作品中的故事情节或场景通过知名的导演、编剧等艺术家的精心策划,以秀美的山水自然风光或深厚的历史底蕴为背景,利用声光电等影视制作手段通过实景演绎,充分展现人与大自然合二为一的震撼景观,打造出的大型实景演出项目。旅游演艺产品具有很强的感染力,这种集艺术性、地域性、唯一性等特色于一体的演艺节目,能够让游客获得听觉上的震撼、视觉上的冲击和精神上的满足,成为游客陶怡性情、娱乐身心的良好休闲方式。近年来,以中国传统文化、自然生态山水相结合的实景演出逐渐成为目前我国旅游演艺市场的新主人公,极大地促进了当地经济发展;而浙江省旅游演艺的发展已经成功创造了浙江模式,其将演出与景区联合运营。例如依托于西湖景区的《印象西湖》、依托于宋城景区的《宋城千古情》等均是成功案例。2016 年,中国首次在户外的水上舞台举办大型交响音乐会《最忆是杭州》,在 G20 杭州峰会上将杭州之美展现给中国乃至世界各国人民;《宋城千古情》旅游演艺作品在运营发展中,始终坚持"每天一小改、每年一大改"的原则,曾获得中宣部颁发的"五个一工程奖"以及"荷花奖",成为与拉斯维加斯的"O"秀、巴黎的"红磨坊"比肩的"世界三大名秀"之一。

第二节　融合视角下影视旅游商业模式创新的浙江实践

一、综合性影视基地商业模式——横店影视城

位于浙江金华的横店影视城是综合性影视基地旅游发展的典型案例。横店影

视城以独特的历史场景和厚重的文化底蕴成为国内影视外景地拍摄基地中的唯一一个国家 5A 级旅游景区,是集影视拍摄、旅游度假、休闲观光于一体的综合性影视旅游目的地。1996 年为拍摄《鸦片战争》,横店影视城建造了广州街外景基地,从此开始了影视产业发展的步伐。2004 年,横店影视城被批准成为中国第一个国家级影视产业发展基地,随后逐渐拓展成为全球影视拍摄规模最大、中国拍摄影视剧最多的影视拍摄基地;横店影视产业的蓬勃发展推动并促成了其旅游产业的迅猛发展。2010 年,横店年旅游接待量成为当时浙江省旅游景区接待第一名,也成为中国旅游行业第一份"中国旅游百强景区"排行榜中的第四位。2013 年横店荣膺"全国旅游标准化示范单位"。截至 2017 年年底,已累计 2100 多部中外影视作品在横店产出,相当于平均每年有 100 部影视作品在横店影视城诞生。多年来,横店影视城始终坚定不移地走旅游业与影视业融合发展道路,成为浙江省影视旅游发展的先行者、国内影视旅游产业发展的标杆地。

1.精准营销,发展影视旅游营销渠道

横店影视城的成功,少不了其强有力的营销手段。首先,横店影视城整合上游的影视制造业、以及下游的影视旅游延伸产业相关资源,同时兼顾代理商、公司以及旅游者三方利益,以情感的双向沟通为主要营销宣传技巧,在牢牢抓住现有游客的基础上,培育潜在客户;其次,横店影视城在影视旅游发展过程中,制定"一城一策"战略,对市场进行细分,针对细分客源市场的专业化、特色化、个性化需求推出有针对性的旅游产品和价格政策。2004 年,横店组建了全国首家专业化的旅游营销公司,其按照"统分结合,以统为主"的原则和理念逐步完善企业内部市场营销机制,在以江苏、浙江、上海为中心的华东地区建立了行之有效的营销宣传网络,能够根据市场的变化及时调整营销策略。最后,横店影视城充分挖掘可以利用的新闻媒体资源,采用线上线下结合的方式,使横店影视城的旅游宣传达到了"无孔不入"的地步;充分利用影视作品的强大优势,将横店影视城与明星、影视作品联系在一起,实现捆绑式营销。因此,横店影视城的营销手段及方法推动了横店影视旅游的发展。

2.流程优化,升级影视旅游产业结构

影视旅游文化集聚区发展获得成功后,不仅仅提供影视拍摄与制作等相关服务,还应该借助这些资源将其打造成为一个举世闻名的旅游目的地。影视剧中的布景、拍摄过程、歌舞等形式的文化演绎等,都能够成为旅游者前来旅游并流连忘返的原因,同时带动周边商贸、餐饮、住宿、演艺、娱乐等第三产业的全面发展,盘活整个区域。在当前激烈的行业竞争中,横店影视城胜出的核心竞争力是实现了完整的全产业链以及配套服务的发展,其以一站式服务于全国乃至全世界的影视拍摄与制作为开端,展开"上游的影视制作产业＋下游的演艺旅游事业"的延伸,横店将配套服务做到了极致,仅星级宾馆就有 10 余家,游乐园、演艺中心、健身中心等休闲娱乐设施配套齐全。书店、酒吧、茶馆更是比比皆是,餐饮业的发展包括小吃、饭馆,南北风味俱全。横店影视城这一条产业要素最集聚、成本最低、规模最大的产业链难以复制。

横店影视城将产业链和盈利点从服务领域向内容领域扩展。横店免费提供拍摄场地与搭建场景的措施吸引大量剧组前来取景与拍摄,而其拍摄一部影视作品所需要的配套服务,如摄影棚、场景搭建与制作、服装道具以及临时群众演员等一站式提供,餐饮、住宿等问题更是迎刃而解。产业发展中集聚的服务企业或公司越是多样,提供的服务越是齐备与高效,园区内企业集聚的"聚宝盆效应"越是明显。横店影视文化产业实验区经十四年的发展,"拿着剧本来、带着片子走"的速度越来越快。横店影视城为解决融资难的问题,一方面设立多种与影视产业相关的专项基金,例如对进入横店影视产业集聚区的优质企业进行补贴和奖励等;另一方面,园区通过鼓励商业银行、保险公司等金融机构推出信贷支持等举措,引导影视旅游发展的相关企业或公司上市。为解决影视剧本审批难的问题,横店设立了相关办理中心,简化流程,推动企业办事尽量网上办,"最多跑一次"改革在横店影视城持续推进。最后,全国第一个地方性电影电视剧审查中心在横店落地,大幅度提高了影视作品的审片效率。2017 年,横店制定的《影视拍摄基地服务规范》被列为新一项国家标准,正式在全国地区发布并推广。横店影视城全产业链发展为横店的影视旅游发展提供了制胜法宝。

3. 产品创新,做足影视旅游品牌效应

横店影视城在推进影视产业健康发展的同时,积极促进影视业与旅游业的融合发展,在发展模式、内容、项目、方式等方面的创新,让其在全国影视基地独树一帜。影视文化内容是横店影视城商业模式创新的灵魂,横店拥有的影视 IP 资源持续不断地为横店影视城旅游产业发展提供新鲜的文化元素,其一直坚持"影视为表、旅游为里、文化为魂"的运营理念,充分利用横店影视城拍摄影视大片之势,结合中国传统优秀文化,打造以原创、高科技为特色的影视旅游产品,实现了横店影视城影视业与旅游业的完美融合。随着横店影视城影视旅游文化资源的不断挖掘与整合,影视旅游文化产品的不断创新与开发,横店影视城已经成为闻名遐迩的综合性影视旅游目的地,来横店深度体验影视作品的拍摄、与喜欢的明星见面、享受穿越古代的度假休闲乐趣成为旅游者前来横店影视城的目的。目前横店影视城除

了秦王宫、梦幻谷、广州街香港街、明清宫苑、清明上河图等主题公园的发展与运营，还新扩建了包括横店集团展览馆在内的文化教育馆、度假村等娱乐休闲场所，给来横店旅游的游客增加了在横店驻足的理由。横店影视城在影视旅游可持续发展过程中注重游客的强参与性、娱乐文化性和深度体验性，以高科技手段和新颖的艺术表现方式，再现屏幕故事中的场景和角色，创造了新奇、富有吸引力的感官效果。例如，因为《英雄》影视作品，开发了棋馆比剑的表演；《梦幻太极》通过大型歌舞的表现方式将中国优秀传统文化加以诠释与展现，给予了游客一场震撼心灵的视觉盛宴。

横店影视城具备很强的旅游产品开发与创新能力，利用影视作品挖掘内涵，促使影视旅游相关产品不断升级；善于利用影视旅游的宣传特性，积极组织和策划大型活动，进一步提高自身的创造力，积极塑造横店影视城影视旅游品牌形象。2006年，横店影视城与中国电影家协会、浙江省旅游局等单位共同举办了"中国影视旅游高峰论坛暨浙江省国际旅游文化节闭幕式"；横店影视城通过举办各类大型活动，在获取了丰富的组织经验的同时，还提升了影视旅游品牌形象，积累了文化旅游的战略性资源。

二、影视 IP 商业模式创新的典型案例

（一）以影视主题乐园为商业模式的创新案例：宁波方特东方神话

宁波方特东方神话主题乐园是由华强方特集团于 2016 年打造的大型主题乐园，其以中华五千年传统文化精髓为核心，借助最先进的 AR 等高科技手段，采用微缩实景、激光多媒体等表现形式，铺开了一幅华夏五千年历史文明精粹的灿烂画卷。2019 年 5 月，美国 AECOM 集团与美国主题娱乐协会（TEA）联合发布 2018年度全球主题乐园调查报告。调查报告显示，在亚太地区的主题乐园排名中，宁波方特东方神话以 374 万游客接待量位列第 18 名，持续性地获得了广大旅游者的认可与赞赏。[①] 华强方特集团连续七年被评为"中国文化企业 30 强"，并于 2018 年被纳入中央电视台国家品牌计划。华强方特以文化为创新，以科技为依托，实施"文化与科技融合"的发展战略，打造集"创、研、产、销"为一体的文化科技产业链，以实际行动展现中国文化自信。

1. 打造一体化产业链

华强方特是我国国内唯一具备文化科技主题乐园全产业链运作的企业。自公

---

① 《全球主题乐园报告发布华强方特连续三年蝉联全球五强》，华强方特热讯。详见 http://www.fantawild.com/newslist/show/7648.htm。

司成立以来,其先后在全国各地投入运营方特欢乐世界、方特水上乐园、方特东方神话等四大品牌20余个主题乐园的建设,已呈现出以科研开发、创意设计、内容创作三足鼎立且环环相扣互相依赖的产业方向,它以特种电影的研发与创作、动画产品落地、主题演艺产品开发、影视出品、动画衍生品制作、主题乐园的运营与建设为主要内容和支撑,推动华强产业快速发展。华强集团内部每年至少进行一次组织架构调整,创新企业业务系统,以文化为核心,针对主题乐园本土区域文化运营的基调,重新对资源进行整合及创新,保证主题乐园游乐项目的创新性、前瞻性,保证其产品质量能跟上时代对主题乐园建设的要求。其多年打造的优质动漫IP品牌,以及上下游延伸的动漫产业链形成了华强方特独有的竞争优势,带动主题乐园的发展。宁波方特主题乐园是在一体化产业链发展下,利用其轻资产运作发展模式,通过与其他企业的合作注资方式,设立由合作方控股的项目建设公司,并由此公司负责当地主题公园土地、建筑等筹建,而方特只需通过营运项目建设公司的利润分红等方式得到收益,扩大资金来源。

2. 推动文化与科技融合

宁波东方神话主题乐园是华强方特旗下利用科技水平,将中国传统文化融入的主题乐园,开创了中国主题乐园讲故事的先例,推动科技与文化融合,用心讲好中国故事。作为传承中国历史文化的主题乐园——宁波方特东方神话在创意初期将整个园区划分为民间戏曲、民间传说、神秘文化、经典爱情传奇等8个类别并展开地区划分,运用了四面幻影成像、暗黑骑乘、实景特技机器人等全球性顶级的电子设备技术,设计出了《千古蝶恋》《女娲补天》《惊魂之旅》等20多个优秀的主题项目。《千古蝶恋》有世界最大的全息剧场,《决战金山寺》利用科技模拟水漫金山场景,利用水幕电影、天幕电影等中国国际顶尖的高科技表现形式,给予观众全新的沉浸式体验,真实再现《白蛇传》里那段流传千年的壮美爱情故事,将中国传统民间故事演绎得淋漓尽致。乐园将高科技和东方神话故事结合起来,尽显科技之能,打造的特色项目表现了中国人耳熟能详的经典故事,产生了新的成长机会。乐园将目标客户群体重新定位,拓展到幼儿、青少年甚至是中老年客群,让其在上海迪士尼的区位竞争下占据一席之地。

(二)以影视外景地为商业模式的创新:仙都旅游风景区

仙都坐落于缙云县城东7千米处的地方,自隋朝起闻名于世,旅游区由姑妇岩、小赤壁、倪翁洞、鼎湖峰、芙蓉峡等主要小景点构成,共计72奇峰、18处名胜古迹,2000年被评为国家首批4A级旅游区。仙都因其天然的自然风景和悠久的历史文化,其山与水、奇峰与石洞的完美结合使其成为天然的外景拍摄地,在此地拍摄的影视作品更富神奇色彩。2015年,热映电影《道士下山》将仙都飘逸的山水风光和深厚的文化底蕴呈现给世人,很多观众对影片中仙境般的风景赞不绝口;仙侠大剧《花千骨》的热播使仙都再次成为观众的焦点,大批来自上海、杭州、温州等地的影迷慕名前来,为仙都影视旅游的发展聚集了更多的人气。2016年,仙都景区获"浙江省第三家全国影视指定拍摄地"的殊荣;2017年11月,仙都风景区被评为"2017年度中国十大品质休闲基地"。

1. 政策扶持,创造影视旅游发展环境

如果仙都天然的自然与人文优势,及其在长三角的地理优势使其成为绝佳的外景拍摄地,为影视旅游发展提供了良好的开端,那么仙都政府对影视产业的扶持,对影视旅游发展的支持则促使仙都影视旅游发展"更上一层楼"。2014年,陈凯歌导演专门出席"仙都—中国天然影视城暨仙都影视产业园区"启动仪式,与原县委书记共同揭牌,并欣然题词"中国天然影视城"。仙都充分利用自然旅游资源,打造影视拍摄和文化旅游相结合的综合型影视文化产业基地。随后,仙都正式启动"影视旅游小镇"项目建设,将影视作为旅游传播的媒介,以"黄帝飞升地,天然影视城"为主题,不断塑造仙都影视拍摄地的文化内涵和提升仙都影视拍摄地的功能品质,致力于打造国内一流的天然影视基地,促进仙都景区影视旅游的发展。2016年11月,缙云县政府正式出台并开始实施影视企业扶持奖励政策,正式启动影视企业招商工作,促进影视产业的发展。政府的支持是地区发展的基本保障,缙云县政府对仙都旅游风景区的政策扶植,为仙都影视旅游产业化发展提供了"肥沃"的土壤,成为仙都景区影视旅游的"指南针"。

2. 影视关联,搭建影视旅游发展平台

影视产业的加盟,在一定程度上对缙云旅游资源进行了形象重构,极大地丰富了仙都的旅游内容。缙云县在天然生态旅游目的地的发展基础上,巧妙地抓住影视产业繁荣发展机遇,与影视产业"联盟",顺应市场发展,做大影视产业,做深影视文化建设,不断推进影视基地建设,做强仙都影视旅游的发展。

1957年,凭借着影视作品《凤凰之歌》,仙都第一次登上了中国电影的荧屏;至今,已经有包括《仙剑奇侠传》《古剑奇谭》《天龙八部》等在内的400多部影视剧目将仙都作为影视作品取景地,或在仙都进行拍摄,尤其《道士山下》《花千骨》等作品的热播让仙都声名远扬。2004年,仙都铁城景区新建了一处景点,在仙都景区拍摄过的所有影视剧剧照、出现过的演员名单等都被刻在石碑上形成碑林石刻,使游客能够充分了解仙都影视拍摄基地的形成过程与影视文化信息;2018年,为弘扬仙都影视深厚的历史文化,仙都举办了集学术研讨、旅游活动体验、影视作品展览于一体的仙都影视文化节,其中包括仙都影视博览会、影视大回放、影视星空揭碑仪式等活动。2010年,丽水市首家影视博物馆在仙都建立,为游客直观了解仙都影视文化基地的发展提供了一个窗口,促进了仙都影视旅游的发展。2018年8月,仙都结合影视作品举办了"皇帝见证－仙侠奇缘"活动,参与的条件之一是必须以曾经在仙都拍摄的影视作品中的人物古装造型,再现剧中原型人物的美,表演剧中景点桥段,形成游客的深度体验;在仙都风景区推荐线路中,仙都影视拍摄外景地"穿点成线",针对游客推出"笑傲江湖－影视穿越之旅",满足游客的好奇。仙都影视旅游的发展,将影视作为传播媒介,与影视关联,拓宽旅游产业增值的价值创造点,拓展影视产业发展的价值,形成产业联动发展,尽显仙都风采。

三、影视演艺旅游商业模式——印象西湖

2016年,因G20国际峰会的开展,在西湖岳湖上呈现的大型实景演出《最忆是杭州》震撼了全世界,其以最美妙的国际化语言,展现出了最深的中国传统文化。《最忆是杭州》在《印象·西湖》的基础上进行创新,秉承着"创新、活力、联动、包容"的G20峰会理念,同时体现出了"杭州特色、江南韵味、西湖元素、中国气派和世界大同"的G20峰会要求,使用全息投影技术,以音乐、舞蹈等多重艺术表演形式,实现了科技信息技术和自然生态环境的巧妙融合。其前身《印象·西湖》是"铁三角"(张艺谋、王潮歌、樊跃)创作的又一部"印象"系列实景演出,在2007年3月30日进行了第一次公演。其以雨为媒,描绘了许仙和白娘子、梁山伯与祝英台凄婉悲绝的爱情传说,也是国内第一部都市山水实景演出。如今,由《印象·西湖》演化而来的《最忆是杭州》已成为杭州市旅游演艺文化的品牌,成为大型实景山水演出的中国名片。

1. 以文化为魂,突出核心价值

《印象·西湖》可以称得上"名湖、名家、名作",是由"铁三角"导演团队合力创作的。"铁三角"团队在打造"印象"系列产品时,一直坚持"创意第一"的想法和理念,以中国传统文化为魂,坚定不移地把地域具有民族特色的文化作为创作的精髓和灵魂,《印象·西湖》的创意就是将"雨"贯穿全篇,打造了雨中的西湖和西湖之雨,在"雨中"展现杭州的历史文化和古老民间传说,将杭州极具特色的历史文化奇妙地与西湖山水融为一体,体现出"天人合一"的文化理念。可以说是文化创意与自然资源的整合成就了《印象·西湖》之美,实现了旅游实景演出的价值创造。以《印象·西湖》为基础打造的《最忆是杭州》演出历经一年的创新改变,最后仅保留了《印象·西湖》的一个撩水动作和一个机械装置,由5幕表演变为9个部分的演

出，以西湖为舞台、用夜空做背景，将实景山水揉进表演之中，同时运用全息投影技术、定向音响设备和系统等高科技，成功塑造出如梦似幻的视听盛宴。

2.以政策为石，创造发展环境

浙江省在发展过程中，坚持把文化繁荣可持续发展作为经济与社会发展的重要方面，先后提出了建设文化大省、文化强省的发展战略。在影视演艺旅游的发展过程中，浙江省在《宋城千古情》《印象·西湖》《印象·普陀》等大型旅游演艺项目的策划、选址、资金投入以及营销推广等方面，都给予了大力支持，并积极倡议社会力量的投入，营造了较好的政策环境，为浙江省旅游演艺的发展提供了坚实的后盾。而《印象·西湖》就是由杭州市政府亲自挂帅，浙江广电集团、浙江省凯恩集团共同集资打造的一个山水实景演出。浙江省政府、杭州市政府在《印象·西湖》的制作中起到了至关重要的作用。

3.以管理为基，增值经济效益

《印象·西湖》的繁荣发展是市场导向的公司化运转的结果，其在投入形态、资金来源、投资主体和运行模式上都采用了市场导向的运作与管理模式。成熟的市场化、商业化运作，中国传统文化、科技艺术、市场经济的有机结合，对《印象·西湖》旅游演艺的成功起到了相当大的作用。《印象·西湖》的管理团队建立了一套先进的人力资源管理机制，在发展过程中，根据建设项目需求设立相关岗位、以岗位选择工作人员，以需求岗位决定薪酬，推行合约制管理，以有效的专业人才投资和激励机制、包容性的文化环境，汇聚演艺创作和管理运营的骨干，从而形成了精英演出团队；在建设发展中注重与旅游企业的联动对接，建立合作风险共担、利益共享的团队发展机制。例如，2012年与《杭州日报》合作拍摄的第一部有关杭州文化和《印象·西湖》的微电影《说不出再见》在网络上首映，延续了《印象·西湖》的活力。

第三节　融合视角下浙江省影视旅游商业模式创新的问题与对策

一、融合视角下浙江省影视旅游商业模式创新的问题

浙江省影视旅游虽然已形成一定规模，但是浙江省影视旅游的发展中还存在影视旅游产品开发中的供给与需求不匹配、影视旅游的产业投入与产出不平衡、影视旅游内容的时效性与可持续性不平衡、影视旅游资源的开发与保护不平衡等

问题。

（一）影视旅游产品的供给与需求不匹配

影视旅游的供给与需求不匹配体现在两个方面。首先，传统影视旅游的发展是根据影视作品的发展被动开发与影视相关的旅游活动。例如影视拍摄外景地最初是为了提供剧组服务，虽然最终演变为影视旅游目的地，但当初并没有从旅游者的需求角度来规划，其发展旅游缺少对经典场景的持久开发意识，造成影视旅游的供给与需求不对等问题。其次，众多影视外景地根据影视作品带来的宣传效应进行旅游产品的开发多以简单的观光产品为主，忽略了对旅游产品的文化性、历史性、科普性等文化内涵的挖掘，导致产品类型单一，欠缺具有强参与性和高体验性旅游产品的开发。对于旅游者而言，被影视作品中的故事剧情和所蕴含的文化所吸引前去探索的需求得不到实现与满足，直接影响到游客的消费心理。浙江省旅游资源丰富，众多影视剧组和综艺节目均来浙江省拍摄，例如《向往的生活》《奔跑吧兄弟》《卧虎藏龙》等。《向往的生活》拍摄之后，桐庐一度成为"网红"打卡地，但是想留住顾客，必须进行与《向往的生活》相关的旅游产品开发，让顾客真正体验到"向往的生活"。

（二）影视旅游产业的投入与产出不平衡

浙江省影视旅游的发展主要依托于以象山影视城、横店影视城为主的影视基地，宁波方特主题乐园为主的影视主题乐园，以《最忆是杭州》《宋城千古情》为主的演艺旅游的发展。而无论是影视基地旅游还是影视主题乐园旅游的发展，前期资金和时间的大量投入是项目和业态开发的基础，但影视旅游的发展盈利周期长，其产出与投入在短期内难以实现均衡发展。另外，在影视基地旅游发展过程中，过多看重游览形式的开发，却忽视了影视旅游发展中的文化内涵建设，将游客的吸引力着重放在了宏伟的建筑上，导致最后影视旅游的发展投入与产出不对等。例如横店电影城与《最忆是杭州》演艺节目是浙江省影视旅游的成功案例，但就横店影视城来说，旅游收入约占总收入的70%，其中门票收入占旅游收入的50%左右，可见影视旅游发展中单门票收入的发展不足以维持其产业发展。但目前一些地方仅看到影视旅游未来发展潜力巨大，就盲目投资，缺少对未来的规划，以致失败。在影视旅游发展过程中，政府与企业在其中应担任怎样的职责，影视旅游产业的发展应怎样挖掘其潜力，形成产业链发展，逐步形成规模经济是未来浙江省在影视旅游商业模式创新发展中需要去探索和追寻的。

（三）影视旅游内容的时效性与可持续性不平衡

无论是电影、电视剧还是综艺等影视作品都具有一定的流行期和时效性，除了少量的经典影视作品外，大部分的影视作品在上映后很少让人重新记起，更不用说其中所涉及的旅游景点或旅游历史文化。而影视旅游的发展是基于影视作品的传播而引起的，影视作品例如电视剧、综艺节目的时效性导致影视旅游的发展也具有"流行期"，这不利于影视旅游目的地的可持续发展。很多旅游所在地在影视作品播出后大受欢迎，但随着影视作品的下线，后期没有对旅游地进行大力的宣传和营销，一时的"旅游热"后便无人问津。浙江省影视旅游的发展具有影视旅游内容的时效性和发展可持续性不平衡的问题，例如仙都旅游景区在影视作品播出后，无法有效利用其传播周期，导致仙都影视旅游的发展"时冷时热"。

（四）影视旅游资源的开发与保护不平衡

影视作品的产出是基于一定的旅游资源的基础上，对拍摄地资源会有不同程度的破坏。首先，在影视作品拍摄时，剧组对当地资源的破坏。影视剧组选择拍摄的影视外景地往往是自然风光秀美或人文历史底蕴深厚的地方，其中可能是开发未成熟地区或者世界自然文化遗产所在地，而这类景区的生态系统相对较弱，在拍摄过程中可能造成对原始风貌的改变等，会对环境造成不同程度的破坏。其次，影视作品带来大量游客的同时，"井喷"现象的发生会对景区环境承载力带来很大的挑战，从而对当地的旅游业可持续发展和旅游地居民满意度产生较大的影响。

二、融合视角下浙江省影视旅游商业模式创新的对策

（一）挖掘内涵，创新产品

横店影视城等成功案例均表明，带有文化内涵的旅游产品才能满足需求升级的消费者的需要。文化是影视旅游发展繁荣的重要原因之一，是影视旅游产品的核心要素，是影视旅游产业发展的核心生命力来源，是影视旅游商业模式创新的核心价值主张。因此，在影视旅游的发展中，必须进一步提高文化内涵建设。首先，浙江省影视作品的推出要形成可持续化发展。浙江省影视作品的制作和拍摄中都要推出有质量的影视作品，保证基于影视作品的影视旅游的发展具有"生命力"。其次，要将影视作品中可作用于旅游的因子与旅游嫁接，深入挖掘文化内涵，推出有"生命力"的旅游产品。一方面，通过影视作品的感染，努力塑造具有浓厚人文气息和纪念意义的文化氛围，满足游客享受、求知以及审美等多种需要；另一方面，要着力开发以体验为卖点的新产品和新活动，丰富影视旅游产品类型，满足游客想做影视剧"主角"的需求。最后，影视旅游产品需及时更新，尤其是影视作品更新快的影视基地旅游。例如横店影视城影视旅游要根据在横店影视城的拍摄作品周期来创新产品，根据正在热播的影视剧，创新或筹划安排相应旅游娱乐或体验活动。

（二）强化合作，全面发展

浙江省影视旅游应多模式共同发展，提高影视旅游的产出效率。就浙江省来说，影视节庆旅游和影视博物馆旅游的发展相对较为薄弱，浙江省影视旅游的发展一方面可在现有影视基地的基础上，通过政策引导，争取知名影视节庆的举办权，大力推动具有影响力的影视节庆旅游的发展，例如中国电影金鸡奖、中国华语传媒电影大奖等；另一方面，需结合综合性影视基地和影视外景地旅游的发展，横向拓宽影视旅游发展层次，策划举办一些节庆活动，并做大做强、全面发展。就影视博物馆旅游来说，可以利用现有综合性影视基地的发展促进影视博物馆旅游的发展，在横店影视城内，建立一个横店影视博物馆，将曾经在横店拍摄的电视剧或影片通过博物馆再现，一方面可以作为一个旅游项目吸引人流量，另一方面作为影视作品的再一次传播，可以扩大影视基地和影视外景地的知名度。

（三）抓住机遇，强化营销

影视旅游的营销手段需从三个方面入手。首先，利用影视作品的时效性，根据影视作品拍摄及上映周期，采取有针对性的营销方式，让营销发挥其最大的价值。在拍摄准备期"借景造势"，吸引客流量，加大目的地的旅游宣传，借此打开知名度；在拍摄期间，可以根据正在拍摄的剧情设计相关旅游观光或体验路线，并邀请各大知名网络媒体或影迷进行免费体验，利用媒体传播促进宣传；上映期是影视旅游产品促销和发展的"黄金时段"，可以第一时间利用影片的吸引力促销产品。拍摄期间和上映期间，利用影视作品的热点挖掘内涵，将影视作品的内容融入旅游建设中，使其成为其中重要一环，创新旅游产品，建立品牌效应，将其建设成独具特色的旅游项目，使之在影视作品的热度褪去之后，仍然可以吸引大量游客前来参观。其主要商业价值是旅游体验项目本身的吸引力，将旅游者因影视的需求转变为对旅游项目本身的需求，最终促进影视旅游可持续发展。其次，利用微博、抖音、微视频等新型手段，抓住"微"市场，进行"微"传播。"微"用户需求是一个广阔的市场，而"微"传播的特点是影响大、速度快、范围广，是影视旅游传播媒介的不二选择。例如，如今火爆的抖音短视频、微博、小红书等均是对影视旅游传播的重要渠道。最后，影视旅游发展过程中应举办一系列的文化节庆活动，在此基础上加大各媒体的宣传力度，提高影视拍摄地或取景地的文化底蕴，丰富游客的文化生活。

（四）保护为先，开发并举

任何旅游产业的开发均需以保护为主，在不破坏其可持续发展、不破坏生态平衡的基础上，进行合理性的开发。要在确保目的地的自然生态环境和人文环境不被破坏的前提下，兼顾经济效益和社会效应。一方面，要保证影视作品在拍摄过程中不对当地环境造成破坏。政府可以制定一系列影视剧组拍摄条约，从制度上限制影视剧组的乱搭乱建、破坏植被等行为；影视剧组应有不留下一点垃圾的自觉，减少剧组拍摄过程中日常生活垃圾的不正当处理对当地自然与人文资源环境破坏的影响。例如《印象·西湖》在创作过程中注重艺术和环保的完美结合，专门设计升降舞台和可升降、可收缩、可移动的梯形观看台，能够兼顾晚上演出观看与白天行船泛舟的双重需求；为了防止噪声的污染，每个观众都必须配戴独立和专业的耳机，真正实践了人与自然的和谐发展。另一方面，在影视旅游发展过程中，要在研究其环境承载力的基础上，限制人流量；也要引导游客在观光游览中的绿色出行，降低旅游活动对旅游目的地的损害。

浙江省影视旅游的发展相对于其他省市来说，在某些方面具有一定的优势，但还是存在影视旅游的供给与需求不匹配、影视旅游的投入与产品不平衡、影视旅游内容的时效性与可持续性发展不平衡、影视旅游资源的开发和保护不平衡等问题。本文针对浙江省影视旅游商业模式创新发展的问题，总结出对策，即浙江省影视旅游的开发中需挖掘内涵，创新产品；需利用影视元素的传播效应，强化营销；强化合作，全面发展；保护为先，开发并举。

本章小结

本章节以"影视旅游的内涵与创新模式—融合视角下影视旅游商业模式创新的浙江实践—融合视角下浙江省影视旅游商业模式创新的问题与对策"为整体逻辑对浙江省影视旅游的发展进行探讨。将影视旅游的内涵界定为是以影视作品制作、拍摄的全过程及与影视作品相关的事物为吸引物的旅游活动，认为影视旅游的发展中具有活动内容高度浓缩化、时空差异化、显著文化性和影视资源的依附性四个特点。旅游需求的变化、影视产业与旅游产业融合发展的互利共赢、对文化的重视是影视旅游发展的必要因素，将影视旅游的创新商业模式总结为以影视拍摄主导的综合性影视基地商业模式、影视IP文化为核心延伸发展的影视主题乐园与影视外景地商业模式、影视演艺为核心发展的旅游演艺商业模式三类商业模式创新，并分别说明这三类影视旅游创新商业模式的发展。其次，融合视角下影视旅游商业模式创新的浙江实践中的综合性影视基地创新商业模式选取横店影视城，影视IP为延伸发展的创新商业模式选取仙都旅游风景区、宁波方特主题乐园为典型案例，影视演艺为核心的创新商业模式选取《印象·西湖》为典型案例，详述了浙江省影视旅游商业模式创新发展过程。最后，在融合视角下浙江省影视旅游商业模式创新的问题与对策方面，针对浙江省影视旅游供给与需求不匹配、产业投入与产出不平衡、时效性与可持续性发展不平衡、资源保护与开发不平衡四个问题,针对性提出"挖掘内涵,创新产品""强化合作,全面发展""抓住机遇,强化营销""保护为先,开发并举"四个建议。本章节对浙江省影视旅游商业模式创新案例的研究,旨在为其他影视产业与旅游产业融合发展提供经验借鉴。

第十章　研学旅游商业模式创新与案例实践

　　随着国民生活水平的提高,素质教育模式创新的需要迫切,以及海外游学、国际夏令营等出境游学旅游市场的扩大,国内培训教育业积极探索新一轮产业转型升级。2013 年 2 月,国务院办公厅印发《国民旅游休闲纲要》,首次提出"研学旅行"一词和"逐步推行中小学生研学旅行"的设想。此后,全国各地再次兴起研学风。2016 年,教育部等 11 部门《关于推进中小学生研学旅行的意见》重磅发布,真正迎来研学旅游市场的春天,掀起教育行业和旅游行业热潮。2018 年 7 月,浙江省教育厅等 10 部门联合出台《关于推进中小学生研学旅行的实施意见》,大力引导促进浙江省研学旅行发展。截至 2019 年 5 月,浙江省共有 19 个国家级中小学生研学实践教育基地和 2 个国家级中小学生研学实践教育营地。① 本章将基于我国国情,研究和界定研学旅游的内涵与特点,并以浙江省为例,深入分析浙江省教育培训业与旅游业的融合发展路径、创新模式和经典案例,最后针对浙江省研学旅游融合发展存在的问题提出几点对策,以期对其他地区或企业发展研学旅游提供借鉴和参考。

第一节　研学旅游的内涵与创新模式

　　事实上,研学旅游的发展由来已久。在古代中国,游学之风盛行于文人墨客间,他们倡导读万卷书又行万里路,以求达到知行合一的最高境界。先秦时的孔子便是中国游学历史上的标志性人物,他携众弟子周游列国,考察各地风土人情;汉魏时期司马迁历时数年游遍大半个中国;"唐宋八大家"无不离家远行,以文会友,

---

① 《教育部办公厅关于公布第一批全国中小学生研学实践教育基地、营地名单的通知》(教基厅函〔2017〕50 号)和《教育部办公厅关于公布 2018 年全国中小学生研学实践教育基地、营地名单的通知》(教基厅函〔2018〕84 号)。

拜师求学，考取功名。而在西方历史上，以研学为目的的旅行也早已有之，17—19世纪的"大旅游"(the Grand Tour)即可称作风靡欧洲的研学旅游风尚，当时的青年学子，尤其是贵族子弟均以到海外进行研学旅游为荣。培根的《论旅行》通篇都在谈旅行与学习的关系，并且开篇第一句话就是"旅行是青年人教育的一部分"，可以看出古时人们对研学旅游的重视。

一、研学旅游的内涵与特点

通过分析关于研学旅游（或称研学旅行、修学旅行、修学旅游）的相关研究，我们发现学术界对研学旅游的概念还没有统一的界定。从研究演进来看，欧美学者最早对教育旅游或修学旅游开展大量研究，且比较成熟，日本的学者则从明治时期起大多使用"修学旅行"一词，而国内学者最早从 1996 年吕可风发表第一篇关于"修学旅游"的论文开始，进行了长达 20 多年关于研学旅游的研究，直至 2013 年，研学旅游相关研究愈加成为热点。总体来看，"研学旅游"和"研学旅行"存在包含和被包含关系，研学旅游是一种广义的概念，而研学旅行则是研学旅游中的狭义界定，其区别主要在于是否对旅行主体，即对旅游者进行了限定。

（一）研学旅游的内涵

从广义的角度讲，研学旅游是指旅游者出于满足自己求知的需求，而选择离开常住地，以独立出游、结伴或团队等各种形式到异地开展的文化考察活动，是一种带有较强文化性质的专项旅游活动。旅游界学者一般采用这个广义的界定，例如吕可风(1996)[①]、苗小倩(2007)[②]、陈非(2009)[③]、沈晓春(2011)[④]等。由于文化求知的主体可以是所有人，以及在个人人生的任何阶段都可以学习，所谓"活到老学到老"。因此，研学旅游的主体也可以是为了满足求知需求和学习目的而外出旅行的全年龄段，外出的方式、时间长短和距离范围等均不受限制。

狭义的研学旅游或称研学旅行，是特指由教育部门和学校有计划地组织，由学生参与的，以学习知识、了解社会、培养人格为主要目的，通过集体旅行、集中食宿方式开展的研究性学习和旅行体验相结合的校外教育活动，是学校教育和校外教

---

① 吕可风：《话题讨论式教学——来华修学旅游学生教学方式探讨》，《旅游论坛》1996 年第 1 期，第 60—61 页。

② 苗小倩：《浅析修学旅游项目开发与管理》，《东方企业文化》2007 年第 9 期，第 40—41 页。

③ 陈非：《修学旅游初论》，《大连海事大学学报》(社会科学版)2009 年第 4 期，第 88—91 页。

④ 沈晓春：《广东修学旅游产品开发研究》，《邵阳学院学报》2011 年第 2 期，第 65—68 页。

育衔接的创新形式，是教育教学的重要内容，是综合实践育人的有效途径。[①] 自2013年起，国内学者往往采用这个狭义的定义，如杨艳利（2014）[②]、陶友华（2015）[③]、白长虹和王红玉（2017）[④]等。随着我国旅游业的发展，研学旅行逐渐成为教育旅游市场的热点。为了规范研学旅行服务流程，提升服务质量，引导和推动研学旅行健康发展，原国家旅游局发布的《研学旅行服务规范》（LB/T 054－2016）规定了研学旅行（Study travel）是以中小学生为主体对象，以集体旅行生活为载体，以提升学生素质为教学目的，依托旅游吸引物等社会资源，进行体验式教育和研究性学习的一种教育旅游活动。[⑤]

根据我国国内市场的发展现状和趋势来看，狭义的研学旅游，即研学旅行，是一个非常值得研究的课题。本章将从狭义的研学旅行角度研究研学基地、研学营地、研学旅游目的地等旅游接待主体如何利用旅游教育资源创新性地构建旅游商业模式，做好研学旅游融合发展的子课题。

（二）研学旅游的特点

广义的研学旅游，是指任何人可以在任何时间段到任何旅游目的地开展旅游活动，其区别于其他旅游活动的最大特征是文化感受和文化学习功能。而本文定义的研学旅游，即狭义的研学旅行，最大的特点表现在它的主体性上，其主体是中小学生；从出游目的来看，是带有研究性学习和探究性学习目的的活动；其次，较一般的研学旅游其更加重视旅游活动中研学内容的教育性。此外，研学旅行的特点还体现在范围限定性和安全性上，具体表现详见下表10.1-1。

---

① 《教育部等11部门关于推进中小学生研学旅行的意见》（教基一〔2016〕8号）2016年11月30日。

② 杨艳利：《研学旅行：撬动素质教育的杠杆——访上海师范大学旅游学系主任朱立新教授》，《中国德育》2014年第17期，第19—24页。

③ 陶友华：《基于文化旅游资源的研学旅行》，《品牌》（下半月）2015年第10期，第263—264页。

④ 白长虹，王红玉：《以优势行动价值看待研学旅游》，《南开学报》2017年第1期，第151—159页。

⑤ 《国家旅游局公告（2016年37号）》，原国家旅游局。详见 https://www.baidu.com/link? url＝4wP－d－R－Evoqy7znj4ORntzVMd5apVpVWqxFaJuS6God3eKtfkI4pVL8jl7irhcl&wd＝&eqid＝e6220efe0007960a000000035dc518c5。

表 10.1-1　广义和狭义研学旅游的异同

		广义的研学旅游	狭义的研学旅游（研学旅行）
相同之处		都具有旅游功能、学习功能，寓学于游	
不同之处	目的性	文化感受和文化求知	研究性学习或探究性学习
	侧重性	抱有学习态度的旅游，更侧重于旅游	是开放式体验式教育，旅游成为教育的载体形式，成为课堂教育外的一种素质教育补充，更强调教育和学习
	主体性	任何人	以中小学生为主体的全体学生
	时间性	无限制，即人生任何阶段。无特定时间节点，无时间长短限制	短暂性，在校期间出游，是教育计划内的行为，一般安排在小学四到六年级、初中一到二年级、高中一到二年级，尽量错开旅游高峰期
	范围限定性	无限制	小学一至三年级以乡土乡情研学为主；小学四至六年级以县情市情研学为主；初中年级以县情市情省情研学为主；高中年级以省情国情为主①
	安全性	无强制要求	规定要求每 20 个学生宜配置 1 名带队老师，每个研学旅行团队至少配置 1 名项目组长、1 名安全员、1 名研学导师及 1 名导游员
	融合产业	旅游＋文化	旅游＋文化＋教育

二、教育培训业与旅游产业融合的必要性

产业融合对于产业的发展和升级具有强大的内在推动力和外在诱惑力。研学旅游正是旅游业与教育培训业交叉融合发展的产物，是以文化参观、文化感受、文化体验等教育相关因素为旅游吸引物的体验活动，这种活动可以满足游客求知求趣的体验诉求，在实现教育业与旅游业双赢、优化产业结构、促进区域经济一体化等方面都有着积极作用。虽然国内外的游学发展由来已久，但是近几年研学旅游才在国内真正地迅猛发展，其主要原因有四点，也可称作研学旅游的四大发展动力：主动力——旅游市场消费需要的升级、产业融合经济效益的驱使；原动力——文化素质教育模式的补充；次动力——政府对研学旅游市场的高度重视。

---

① 《研学旅行服务规范》(LB/T 054－2016)。详见 http://www.csres.com/detail/294771.html。

（一）旅游市场消费需求的升级

旅游的本质正是消费升级的重要表现之一。随着收入水平的上升和物质生活的丰富，人们对精神和文化层面的消费需求显著增长，对旅游消费的要求也越来越高。消费品类的丰富性和易得性不断提高，居民出游的普遍化、常态化成为旅游业最大的特色，人均出游能力也逐年增强。体验式旅游时代的来临，旅游消费多元化和优质化需求给相关产品和服务行业带来前所未有的发展机遇，包括教育在内的服务业顺应了现代消费需求和消费方式的发展趋势，不断开辟新的教育消费领域，提供新的产品和服务。从旅游角度看，研学旅游更加关注目的地的文化旅游资源，是一种高层次的文化旅游。据中国旅游研究院调查，文化展览、博物馆等文化游产品逐渐成为假日旅游消费热点，研学旅游消费需求显著，80％左右的人表示对研学旅游很感兴趣，60％左右的受访者已参加过研学旅游；从参加研学旅游的意愿看，绝大部分人期望旅行时长是 1—6 天，人均花费 100—300 元在大部分人可接受范围内。在北京、上海、成都、西安等热门旅游城市的受访者中，愿意参与研学旅行的达七成以上。① 推行研学旅游既符合教育的发展趋势，也符合旅游的发展趋势，顺应了国民休闲旅游发展的需要。研学旅游的快速发展实现了旅游和教育的有机结合。

（二）文化素质教育模式的补充

过去 20 年受终身学习理念普及、知识社会成型、全球化等多种因素的影响，旅游与教育融合快速发展：教育促进了流动性，学习成为重要的旅游体验。家长们消费理念和教育观念的升级促使素质教育的呼声高涨，刺激了市场需求。一方面，旅游本身具有的教育属性，使其成为备受社会肯定的人才培养方式；另一方面，受益于社会经济条件的改善和现代旅游业的发展，研学旅游从原来有限的富人活动转变为一种广泛普及的与经济、社会生活联系的大众活动。作为适应全域旅游发展而生的新型旅游产品和业态，研学旅游成为学校文化素质教育系统的创新补充，对教育单位而言，是延续传统、接轨国际、顺应教学方式改革的需要，也是弘扬和继承优秀的教育理念和教育方式，实现从应试教育向素质教育转化的需要；是顺应开放式办学的趋势，以研学旅游为纽带，与校外教育衔接，联结全社会的力量，集聚全社会的资源，邀请全社会共同参与到青少年培育的行列中来。更重要的是，于学生而言，研学旅游为其提供了走出校门、感受自然、体验生活、融入社会的机会，帮助其

① 《中国研学旅行发展报告》，中国旅游研究院官网。http://www.ctaweb.org/html/2017-10/2017-10-21-12-21-49581.html。

丰富学习方法和思维方式。具体来说,研学旅游采用生活教育法[①],让广大学生在旅游过程中用心灵感受祖国大好河山,体会博大精深的华夏文明,感受革命光荣历史,感受改革开放伟大成就,有利于促进学生培育和践行社会主义核心价值观,增强对坚定"四个自信"的理解与认同,激发学生对党、对国家、对人民的热爱之情;有利于引导学生主动适应社会,学会动手动脑,学会生存生活,学会做人做事,促进书本知识和生活经验的深度融合;有利于满足学生日益增长的旅游需求,从小培养学生文明旅游意识,养成文明旅游行为习惯。

(三)研学旅游政策环境的利好

自 2013 年以来,关于研学旅游的政策一直利好不断,多部国家政策文件相继出台,均提出要"支持研学旅行发展",并逐步规范和引导研学旅游市场发展。国务院在相关文件中对研学旅游给予了肯定,认为其配合了素质教育改革的发展目标,并支持研学旅游的发展。国家旅游部门深入贯彻国务院精神,充分发挥研学旅游的积极作用,同时推动旅游在新常态环境下实现转型升级,对研学旅游的发展予以大力支持。据不完全统计,2013 年 2 月至 2018 年 3 月,国务院以及教育部、原国家旅游局等部委印发的关于研学旅行的文件达 11 个(详见表 10.1-2)。各省市地区也纷纷印发政策文件,呼吁各中小学积极贯彻落实政策,提升学生的综合实践能力,发展综合素质。各研学旅行论坛、研学旅游机构、研学实践教育基地、研学营地、研学教育组织等纷纷成立,加快中国研学旅行产业朝着专业化、优质化的方向发展。

表 10.1-2　中国研学旅行行业主要政策文件汇总表

时 间	机 构	文件名称	主 要 内 容
2013 年 2 月	国务院办公厅	《国民旅游休闲纲要(2013—2020 年)》	首次提出"研学旅行"一词,明确提出要"逐步推行中小学生研学旅行,鼓励学校组织学生进行寓教于游的课外实践活动,健全学校旅游责任保险制度"
2014 年 7 月	教育部	《中小学生赴境外研学旅行活动指南(试行)》	对举办者安排活动的教学主题、内容安排、合作机构选择等内容提出了指导意见,为整个行业活动划定了基本标准和规则

---

① 生活教育法:由教育家陶行知先生创立,包括修学旅行法,即躬行体验,获取实际经验。

旅游商业模式创新与转型发展：融合视角与浙江实践

时间	机构	文件名称	主要内容
2014 年 8 月	国务院	《关于促进旅游业改革发展的若干意见》（国发〔2014〕31 号）	提出要"积极开展研学旅行"，并明确"加强对研学旅行的管理"
2015 年 8 月	国务院办公厅	《关于进一步促进旅游投资和消费的若干意见》（国办发〔2015〕62 号）	再次提出要"支持研学旅行发展"
2016 年 1 月	原国家旅游局	《关于公布首批"中国研学旅游目的地"和"全国研学旅游示范基地"的通知》（旅发〔2016〕8 号）	指出要"充分发挥研学旅游在满足人民群众尤其是青少年群体了解基本国情（省情、市情、县情等）、增长见识、陶冶情操等方面的作用"
2016 年 11 月	教育部等11 部门	《关于推进中小学生研学旅行的意见》（教基一〔2016〕8 号）	将研学旅行正式纳入日常教学计划，确定了研学旅行的重要性
2016 年 12 月	原国家旅游局	《研学旅行服务规范》（LB/ 054—2016）	规定了研学旅行服务的术语和定义、总则、服务提供方基本要求、人员配置、研学旅行产品、研学旅行服务项目、安全管理、服务改进和投诉处理。将进一步规范研学旅行服务流程，提升服务质量，引导和推动研学旅行健康发展
2017 年 9 月	教育部	《中小学综合实践活动课程指导纲要》（教材〔2017〕4 号）	明确指出研学旅行在内的综合实践活动是国家义务教育和普通高中课程方案规定的必修课程，与学科课程并列设置，是基础教育课程体系的重要组成部分
2017 年 10 月	教育部	《中小学的德育工作指南》	要求组织研学旅行，并将研学旅行纳入学校教育教学计划
2017 年 11 月	教育部	《第一批"全国中小学生研学实践教育基地或营地"公示名单》	正式公示了研学旅行示范基地，文件大致明确了中小学研学实践基地和营地应具备的基本条件，对研学旅行及营地教育从业者有一定的参考意义和引导作用
2018 年 3 月	教育部	《教育部 2018 年工作要点》	明确推进中小学生研学旅行的意见

（四）产业融合经济效益的驱使

产业间的关联和追求效益最大化是产业融合发展的本质和内在动力。从产业本身来看,旅游产业和教育产业有着较高的关联性,两者是共生关系。旅游业中,文化是旅游的灵魂,旅游是文化的重要载体;而在教育业中,文化是教育的内容,教育是文化的形式和载体。因此,旅游业和教育业在发展过程中越来越密切相关。更重要的是,二者在市场服务对象和消费需求上存在越来越大的交集,研学旅游既丰富了旅游产品类型和教育方式方法,更为旅游业和教育培训业带来更多的就业机会和经济效益。产业融合后产生的巨大经济效益驱使更多旅游企业和教育企业主动创新谋发展。

学生群体研学旅游有很大的市场潜力,家长在旅游和孩子教育方面的支出比重不断加大。对于旅游服务企业而言,学生群体的研学旅游是一个净化和提升的机会,为旅游服务收入做出贡献。2017年末,我国中小学生人数超过2亿人,其中普通小学、初中、高中在校学生人数近1.7亿人(详见图10.1-1)。[①] 如果以6000万中小学生参加研学旅游,按照人均单次消费1000元计,即有600亿元的大市场。根据前瞻产业研究院调研数据,2018年度国内研学旅游人数达到了400万人次(详见图10.1-2),人均消费约3117元/次,市场规模近125亿元。[②]

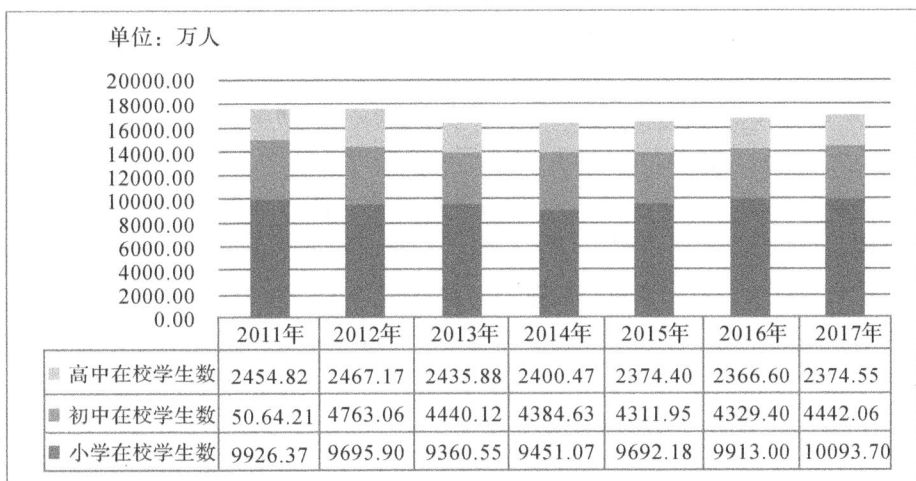

单位：万人	2011年	2012年	2013年	2014年	2015年	2016年	2017年
高中在校学生数	2454.82	2467.17	2435.88	2400.47	2374.40	2366.60	2374.55
初中在校学生数	50.64.21	4763.06	4440.12	4384.63	4311.95	4329.40	4442.06
小学在校学生数	9926.37	9695.90	9360.55	9451.07	9692.18	9913.00	10093.70

图 10.1-1 2011—2017 年全国普通小学、初中、高中在校学生人数统计

---

① 《国家教育部2011—2017年全国教育事业发展统计公报》。http://www.moe.gov.cn/jyb_sjzl/sjzl_fztjgb/。

② 《研学旅行大数据》,研学浙江。https://mp.weixin.qq.com/s? biz＝MzU2NDcwNTY1Mw＝＝＆mid＝2247483832＆idx＝1＆sn＝b60feee43dbe1a21a4b742c01c3effbf＆chksm＝fc47a1a2cb3028b4d290ad1934a5904ea591c7b3aca830fb634f726c64cf85e0c57b691a62c9＆mpshare＝1＆scene＝1＆srcid＝0516sRtR6Be2AZ1frhq9ui0V♯rd。

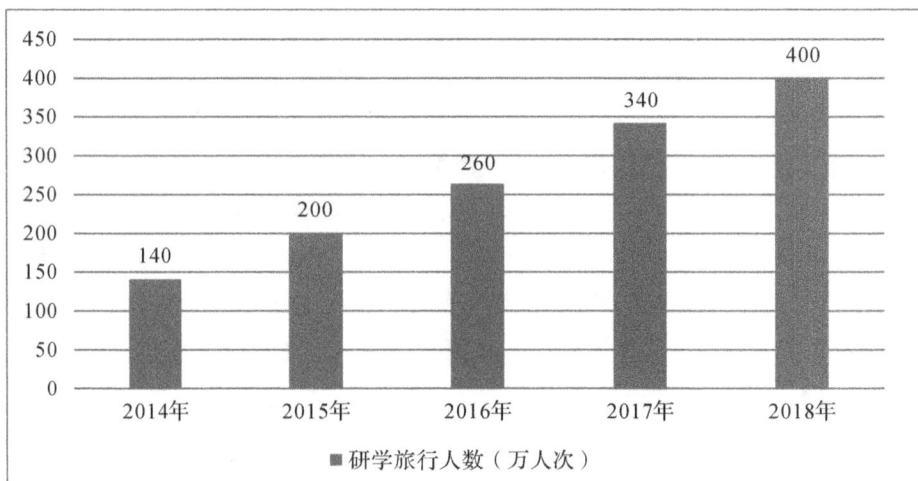

图 10.1-2　2014—2018 年中国研学旅行人数走势

三、浙江省研学旅游融合发展路径及商业模式创新

浙江省鼓励有条件的地方开展多种形式的研学旅游，积极推进研学旅游与国民教育相结合，建立适合不同阶段、不同类型、不同层次的研学旅游产品体系，把研学旅游作为全省中小学生素质教育的一个环节。各地市依托自然和文化遗产、古村落、大型公共设施、知名院校、工矿企业、产业园区、科研机构等资源，打造了一批主题突出、内容丰富、配套完善、服务规范、安全有序的研学旅游实践教育基地和营地。纵观浙江省研学旅游发展历程和研学旅游产业链表现特征，笔者从产业融合视角出发，认为浙江省研学旅游作为旅游业与教育业跨界融合的产物，其商业模式创新属于资源主导业务开拓型，表现为以旅游资源主导和以教育资源主导两大路径，将现有难以模仿的独特资源进行优化整合，提高资源开发利用率和管理效率，以现有产品开发升级来开发研学旅游业务，开拓研学旅游新市场，从而提升资源的经济价值和文化价值。（详见图 10.1-3）

（一）以旅游资源主导的商业模式创新

旅游资源主导的商业模式创新是旅游产业以其本身独特的自然和人文旅游资源为核心竞争力，做深研学教育内容，完善研学所需设施设备，做强研学教育功能，扩大学生群体游客市场，实现原有产品的价值增长，提升单产品甚至全景区、全行业利润空间的过程。浙江省依托丰富的优质自然和文化资源，深入挖掘旅游产品的研学教育功能，形成差异化的核心竞争力，拓宽旅游产业的发展渠道。因此，按照原有旅游资源的属性划分，浙江省的研学旅游商业模式创新还可以分为以生态

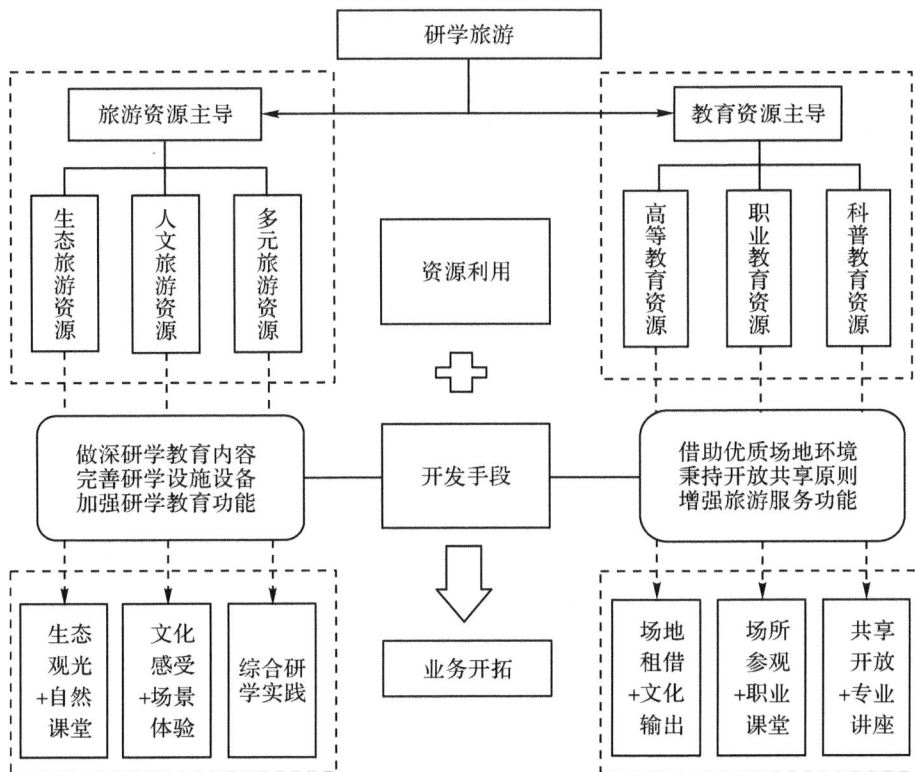

图 10.1-3　浙江省研学旅游发展路径及商业模式创新

旅游资源主导的"生态观光＋自然课堂"型、以人文旅游资源主导的"文化感受＋场
景体验"型和基于生态与人文资源多元复合的综合实践型。

1. 生态旅游资源主导的"生态观光＋自然课堂"型

生态旅游资源主要包括高山、河湖、江海、草原、森林、湿地等资源,生态旅游资
源主导型的旅游产品则是指以独特生态旅游资源为核心竞争力的国家公园、自然
保护区、A级风景区、美丽乡村、特色乡镇等。创新"生态观光＋自然课堂"的商业
模式,要依托原有的独特自然资源并将其整合利用,邀请相关专家或教师在优美的
生态环境中开设生动的自然讲堂,以实地环境为教室,以所见动植物、土地山体为
教具,既丰富了产品内容、又提高了服务层次,既优化了成本结构、又扩大了游客市
场,打破传统生态观光型旅游景区对门票收入的依赖,减缓旅游季节性的问题,提
升景区文化价值和教育功能。

例如,杭州西溪湿地国家公园就是湿地文化研学旅游的典型,它依托于园内独
特的湿地景致和丰富的自然资源,积极开发一系列湿地自然教育课程,与省市环
保、林业部门合作,发挥其极高的生态价值和文化传播价值,开展多样化的科普教

育推广活动,长期为中小学生提供研学实践场所和设计安排相关课程,2017年全年接待60批约2万名中小学生来园春秋游,并在2017年12月成功入选首批全国中小学生研学实践教育基地。而绍兴兰亭景区研学基地作为首批省级中学生研学实践教育基地之一,紧紧围绕森林文化书法主题,在自然观光、休闲度假的基础上重点开发研学旅游产品,安排丰富的研学体验活动,吸引了大量游客前来。2018年,兰亭景区共计接待国内外研学游团队近16万人次,活动收入同比增长112.84%。[①]

2. 人文旅游资源主导的"文化感受＋场景体验"型

人文旅游资源主要包括文化遗产、非遗传承、红色资源、名人古迹、地域风情等资源,人文旅游资源主导型的旅游产品则是指以人文旅游资源为核心竞争力的旅游景区、主题公园等。创新"文化感受＋场景体验"的商业模式,是依托独特人文基因,系统梳理历史文脉,深入挖掘文化底蕴,打造独一无二的文旅IP,实现场景还原再现,为游客提供身临其境的美妙体验,引起游客的情感共鸣,有利于提高文化产品的体验性和趣味性;有益于增强游客的文化感受和文化传播功能;有利于提高品牌知名度和影响力,实现旅游企业经营效益新的增长点。

例如,在文化遗产研学旅游方面,诸葛八卦村景区依托古建筑群、典故传说、传统民俗等资源,开展国学体验、非遗学堂、农耕戏水等一系列传统文化体验活动,利用其巧妙的八卦建筑布局,独特的建筑功能设施,深厚的诸葛文化底蕴,打造全国中小学研学实践教育基地,成为推动诸葛八卦村旅游发展的一个新切入点。它以诸葛文化为核心,开展探访丞相祠堂、诸葛亮生平史迹及后裔事迹陈列馆的活动;穿上汉服当一天小诸葛,读、写、唱、印《诫子书》,做中药包,走华容道,拆孔明锁等,让游客深度体验诸葛孔明的智慧,亲身感受诸葛亮的家训文化、医药文化、古建筑文化、农耕文化等优秀传统文化。

3. 基于生态与人文资源多元复合的综合型研学旅游

除生态型景区和文化型景区以外,还有部分生态旅游资源和人文旅游资源共存,或者依托非传统旅游资源通过产业融合衍生出的多元化综合型景区。例如,三产融合下的产业类特色小镇、从无到有的素质拓展营地。我国教育素来重视学生的"德、智、体、美、劳"全面发展,综合性实践基地不仅贯彻了少先队的核心精神,还便于锻炼青少年的"五自"能力(即自学、自理、自护、自律、自强),让他们不仅仅停

---

① 金汉青:《绍兴这3家景区入围首批省中小学生研学实践教育基地》,浙江新闻网。详见https://zj.zjol.com.cn/news.html?id=1126289。

留在看和学层面,还能自己动手体验。浙江省各级政府部门和相关企业积极整合三产资源,加大投入力度,打造大型农庄、特色小镇、拓展营地等校外教育的第一品牌、全面发展的第二课堂、快乐生活的第三空间。

例如杭州龙坞茶镇,作为浙江省首批茶产业特色小镇,是茶产业与旅游产业融合发展的典型,还是集乡村旅游与民俗体验、文创产业及文化商业、运动休闲产业、养生健身产业于一体的国家4A级景区。龙坞茶镇依托"万担茶乡"的良好生态环境和深厚的龙井茶文化底蕴,设计龙坞茶园亲自采茶活动感悟采茶的辛劳,组织非遗传承古法炒茶活动致敬匠心制造,带领参观国家标准生产车间体验茶叶包装的严格,讲解茶圣陆羽和茶经的故事学习龙井知识,引导品鉴西湖龙井和茶餐饮等,做深龙井茶衍生品的文章,开展真正的茶文化深度体验研学旅游,小镇成功创新"茶园观光＋制茶体验＋茶点品尝＋茶文化研学"的综合型旅游商业模式。而杭州(国际)青少年洞桥营地则是顺应青少年校外教育趋势而人工建设的主题型素质拓展营地,规划建设让人眼前一亮的航母风格建筑群,配备大小营房、飞碟型训练馆和海难逃生、车辆坠水逃生等70余个活动设施,精准定位青少年研学、家庭亲子游、企事业单位团建等市场,创新形成"研学教育＋团队建设＋亲子旅游＋活动承办"的商业模式。

(二)以教育资源主导的商业模式创新

虽然研学旅游的空间载体大多是景区,但研学旅游不仅是旅游业的一大发展机遇,同样给教育业以及其他相关单位带来新的发展空间。教育资源主导的商业模式创新是指由教育培训服务业及其他文化相关单位,包括知名院校高校、教育机构、研学组织等教育产业单位,抓住产业融合发展的机遇,依托旅游这一发展平台,以其专业设施设备和文化资源为核心竞争力,借助其良好的场地环境,秉持开放共享原则,通过开设课外讲堂、讲座论坛等研学活动将闲置场所作为研学场地利用起来的方式,能增强研学旅游服务功能,最终形成新产品、新业务、新业态。这种模式的意义在于实现存量资源的高效活化和价值变现,优化原有成本结构和盈利模式,实现教育培训机构等单位与传统旅行社的深度合作与共赢发展。

1. 高等教育类资源主导的"场地租借＋文化输出"型

该模式是指部分高校在一些研学旅游开展过程中,充当了场地提供者和文化输出者的角色。由于学校有三个月左右的寒暑假,许多高校存在"在正常教学计划外部分场所资源处于闲置状态"的现象,如体育场馆关闭,学生宿舍空置,会议室、剧院、实验室闲置,校园景观优美而无人欣赏等,这导致大量资源无法得到有效利用。浙江师范大学的做法给我们提供了很好的思路,其青少年户外拓展及科普文教基地在每年寒暑假期间出租部分闲置场地如操场、教室、宿舍等，作为短期中小学生暑期夏令营活动场地，实现了校园资源的充分利用和高效转化，降低了校园的运营维护成本。

又例如，浙江大学面向广大学子开展"寻梦浙大校园，感受精神底色"的研学旅游活动。浙江大学，坐落于西子湖畔，在长期的办学过程中，以严谨的"求是精神"和优良学风培养了大批优秀人才，以执着的科学创新精神创造出了丰硕成果。浙大蜚声海内外，曾被英国著名科学史家李约瑟誉为"东方剑桥"。浙江大学的校史馆、科技馆、图书馆、人体博物馆、机器人基地等部分国家重点实验中心定期对外开放，成为国内外中小学生研学旅游目的地之一，让中小学生从小感受高等学府的魅力，点燃其心中向往知识殿堂的梦想，激励学生今后更加努力学习，实现进步和自我超越。

2. 职业教育体验类资源主导的"场所参观＋职业课堂"型

产业融合下，具有行业代表性和旅游接待能力的企业，包括商品生产、文化传媒、技术研发型的项目或企业，以自身的行业优势、职业特性为核心竞争力，利用平常工作、生产技术、生产设备、企业文化方面等人力、物力，用真实的工作、生产场所以及设施设备作为课外素质教育的教育内容和教育场所，开设职业岗位讲解小课堂和职业体验，补充学校课程教育的不足，发展特色职业体验研学旅游，从传统行业向研学教育跨界融合，寻求新的经营业务和发展方向。例如，浙江国际影视中心、农夫山泉建德工业旅游区、浙江省特种设备检验研究院、云栖小镇、衢州火神瓷业研学基地等。

浙江广播电视集团旗下的浙江国际影视中心，作为浙江省最大、最专业的主流影视作品生产基地，这里有先进的广播电视技术、一流的演播拍摄设备、优越的影视制作环境和专业领域的媒体人。作为省级中小学生研学实践教育基地，浙江国际影视中心聘请专业老师提供丰富生动的参观讲解服务，举办"小小电视人""小小主持人""小小制片人""小小记者""小小摄像师"等少儿职业体验研学活动，带领体验热门综艺节目中的经典游戏，并利用集团食堂承接研学团体用餐，形成一场精妙绝伦的影视传媒研学之旅。新型研学旅游市场的开辟，为浙江国际影视中心在影视制作、文化企业孵化、会展旅游的基础上增加了新功能、新服务、新业务，提高了集团资源的有效利用率和投资回报率。

3. 科普教育类资源主导的"共享开放＋专业讲座"型

浙江省各种类型的博物馆、科技馆、主题展览、科研场所等，涵盖了前沿科学、生命世界、防灾减灾、健康讲堂、人文地理、农村科普、宇宙漫游等各个方面，研学旅行能充分发挥其教育功能,达到科普、丰富中小学生课外知识的研学目的。

博物馆作为重要的社会公益资源,承担着文化传承推广和社会教育的使命,既是开发研学旅游产品的重要资源,也是开展研学活动的重要载体。例如中国丝绸博物馆,这是一座位于杭州西子湖畔玉皇山下的国家一级博物馆,是中国最大的纺织服装类专业博物馆,也是全世界最大的丝绸专业博物馆,承担着丝绸文化宣传、教育及文化项目的开发与服务等多项功能。目前,中国丝绸博物馆已成为中国美术学院、浙江财经大学、浙江工商大学、杭二中、杭六中等十几所大中院校的社会实践基地和教学实践基地。这里不仅举办丰富多彩的讲座、学术会议、系列课堂等社会教育活动,还为广大青少年提供社会实践机会,有图书资料整理、讲解接待、手工辅导、观众调查等丰富多样的实践岗位可供选择。

第二节　融合视角下研学旅游商业模式创新的浙江实践

在研学旅游的发展中,研学是目的,旅游是方式,基地是平台。研学旅游基地的打造与商业模式创新是旅游业与教育业深入融合的体现,能促进研学旅游优质发展。在浙江省委省政府的支持和引导下,浙江省各地结合自身优势资源和条件,积极推动健康旅游融合发展,走出了一条富有浙江特色的研学旅游发展之路。以下将从以旅游资源主导和以教育资源主导的研学旅游模式中分别选取浙江省典型创新成功案例进行具体分析,以期能够分享研学旅游商业模式创新的浙江经验。其中,绍兴三味书屋—鲁迅故里景区和长兴太湖龙之梦乐园作为以旅游资源主导的研学旅游创新案例,均被评选为国家级中小学生研学实践教育基地,浙江旅游职业学院和中国水利博物馆则很好地诠释了以教育资源主导成功创新研学旅游模式。

一、以旅游资源主导创新商业模式的典型案例

(一)从书本里走出来的名人故里——绍兴鲁迅故里景区

绍兴三味书屋—鲁迅故居是浙江省研学旅游发展最早,也是发展最好的典型研学旅游目的地。2016年1月,原国家旅游局正式公布的首批20家"全国研学旅游示范基地"名单中,三味书屋—鲁迅故里景区成为浙江省唯一一家上榜单位。研学旅游已成为绍兴旅游的一张"金名片"。景区在"跟着课本游绍兴"的基础上,不断提升研学旅游活动内涵,增设研学活动环节,创新体验方式,推出多样化研学旅

游产品,得到市场的一致肯定。2017 年,鲁迅故里景区共推出研学旅游活动 450 多场,同比增长 56.1%,最多时一天可达 9 场,参与人数达 1.7 万人次。① 景区主要从以下四方面不断推动研学旅游发展,打造"全国研学旅游示范基地"品牌。

1. 以古城文化为景区研学旅游发展的核心优势

绍兴是以"没有围墙的博物馆"著称的历史文化名城,鲁迅故里景区作为世界文豪鲁迅先生诞生和青少年时期成长生活的故土,是集水乡文化、红色文化、名人文化、古宅文化等独特人文底蕴于一身,是最能品味先生笔下生活、体验爱国主义情怀、感受江南水乡风情的研学旅游目的地。鲁迅故里景区充分挖掘丰富精妙的文化内涵和源远流长的历史风貌,为研学旅游注入生命力。在绍兴市"跟着课本游绍兴"大品牌下,推出"到三味书屋读书去"的系列活动,做好文旅融合、学游结合的文章,塑造了绍兴研学旅游的一张"金名片",抢占了研学旅游发展先机,形成了独特的竞争优势。同时,景区积极引导讲解员向文化传播者转型,将绍兴悠久的历史文化用活动游戏的方式传递给每一个旅游者,让古城文化成为景区研学旅游的核心优势。

2. 以多样活动为景区研学旅游发展的价值主张

为提升研学旅游品质,景区抓住了学生的特点,不断开发创新形式多样化、内容丰富化、活动趣味化的研学旅游产品,打造景区研学旅游创新点。鲁迅故里景区的研学旅游体验活动有"进百草课堂""看风情社戏""赏祝福大典"以及"听三味早读"四个部分。学生们不仅可以在景区指导老师的带领下参观鲁迅童年乐园百草园,看笔下社戏、赏绍兴年俗祝福,还可以在新开辟的仿真"三味书屋"中穿上长衫、戴上瓜皮帽,体验一堂别具一格的"三味早读"课。学生和私塾老先生一起互动,参与读一读、习大字、对对子、描绣像、听故事、猜风物等活动,亲身感受鲁迅少年读书的私塾氛围,学习鲁迅坚韧自律品格,激发学习兴趣。此外,鲁迅故里景区还实行定制化旅游,可以根据合作要求将绍兴古城的研学旅游活动编排到夏令营、亲子游产品线路中,让研学旅游体验更加具有功能价值。通过研学旅游活动,鲁迅故里景区将绍兴的历史文化深深烙在学生心中,植入学生心中,让学生在旅游的过程中陶冶情操、增长见识,体验不同的自然和人文环境,获得综合素质的提升,这也顺应了立德树人的教育思想。

---

① 《鲁迅故居及纪念馆》,浙江省文化和旅游厅"诗画浙江"官网。详见 http://www.tourzj.gov.cn/zhuanti/RedTourism/details.aspx? leftType=jj&ID=13。

3. 以服务网络为景区研学旅游发展的行动策略

在进一步的研学旅游开发中,鲁迅故里景区做深做精"鲁迅作品研学旅游",加大旅游与教育的深度融合,打造一批示范性研学旅游精品线路,形成主题鲜明、精准定位的研学旅游产品体系和服务网络,扩大了研学旅游受众范围,突破目前大部分限于假期的研学旅游活动的开展局限,也突破大部分限于中小学生的群体局限,做到全年研学旅游,全员研学旅游。针对市场热点和需求,鲁迅故里景区提前策划、精心准备,通过电视台、报刊等传统媒体以及微博、微信、今日头条等网络平台宣传推介绍兴古城研学旅游,提高绍兴研学旅游品牌的影响力,吸引市场广泛关注,做大做强绍兴文化旅游。景区还在绍兴市旅委的组织下,赴江浙沪闽粤京及其他通过南京杭州中转的市场,拜访多家旅行社和学校、亲子教育机构,积极参加旅行商大会和绍兴全域旅游产品促销活动等,推介鲁迅故里研学旅游、兰亭书法研修游、兰亭书法博物馆之夜、名人故居成人礼等特色研学旅游产品。

(二)全国最大的研学服务中心——长兴太湖龙之梦乐园

太湖龙之梦乐园位于湖州市长兴县太湖之滨,是长兴县文旅发展,也是浙江省整体推进全省中小学生研学旅行试点工作的一个重大型旅游综合体项目。该项目基于动物世界、海洋世界、太湖古镇、快乐农场等多类型业态,打造了十大科普教育基地,将建成全国最大的研学服务中心。目前该中心已成功入选第二批"国家级中小学生实践教育基地"名单。

1. 前瞻科学的规划引领建设

长兴太湖龙之梦乐园,选址在浙江太湖之滨的长兴图影省级旅游度假区,对望上海迪士尼,它耗资 200 亿元,占地面积约 7.73 平方千米,有上海迪士尼乐园的两倍之大,约五个安吉 HELLO KITTY 主题公园那么大,拥有全国最大的马戏城、七个风格迥异的主题公园、高中低不同等级星级酒店群、全国最大的旅游景点购物中心等,是集休闲游乐、文化演艺、宴会会议、养老度假、亲子度假、研学旅游、婚庆摄影、餐饮购物等于一体的大型综合性旅游度假目的地项目。按照规划,整个乐园分为宴会会议中心片区、文化演艺中心片区、游乐中心片区、养老片区以及太湖药师文化园片区五个片区进行建设,酒店客房数、演艺席位数、停车位数量、宴会会议数均以万计。乐园合计拥有约 2.8 万间酒店客房、8 万个床位、7.5 万个演艺席位、2万停车位、20 万平方米宴会会议厅,建成后将具备全中国乃至全球最齐全的综合旅游接待水平。为响应国家大力发展研学旅行的号召,龙之梦乐园制定了自己的研学基地服务标准,即基础条件优、交通区位好、接待规模大、研学主题多、配套保障棒。龙之梦研学旅行服务中心拥有 2250 个房间、8000 个集中就餐餐位和 100

间教室,做到了科学规划、精细管理和安全适宜,全力打造全省乃至全国最大的研学旅行服务中心。

2.丰富多样的研学产品组合

龙之梦乐园体量庞大、业态丰富、配套齐全、功能综合、建筑设计颜值高均是其发展研学旅游的优势所在。其中最重要的是,根据《研学旅行服务规范》,针对不同年龄层次学生群体的特点和需要,乐园基于动物世界、海洋世界、太湖古镇等主题多样的旅游业态,打造了十大科普教育基地,突显了祖国的大好风光、民族的悠久历史、优良的革命历史以及现代建设的成就。太湖古镇以中华传统儒家文化、中华民族文艺、中国非物质文化遗产为核心开展传统文化展示、推广、传承和保护等课程。长三角最大的野生动物世界和海洋主题公园开展陆生动物科普保护和海洋动物科普保护等课程,这些均属于知识科普和文化康乐型研学旅游产品。中华盆景园,是全国最大的集旅游与交易于一体的盆景园,打造园林艺术科普教育基地;图影湿地公园为地质学、植物学科主题科普教育基地,这些均属于自然观赏型研学旅游产品。快乐农场,作为全国最大的农耕文化体验园积极发挥着农耕文化教育科普功能,是体验考察型研学旅游产品。欢乐世界作为中华五千年历史文化科普教育基地,则打造了文化康乐和励志拓展型产品。自然博物馆、古木博物馆、龙之梦博物馆更是丰富了科普教育内容和励志拓展体验项目。

3.研学旅游与学校课程的有机融合

龙之梦乐园深厚的研学教育内容基础和完善的配套接待设施设备为研学课程开发带来很大的选择和组合空间,增强了研学旅游产品服务的个性化、定制化、规模化发展。为打造合格的优质旅游产品,由县政府部门牵头,龙之梦乐园主动对接小学、初中、高中各阶段的学校教学计划,综合统筹考虑不同层次、不同对象、不同类型的实践教育活动需求,促进太湖研学活动和学校课程有机融合,科学设计具有针对性的研学旅游活动课程内容,并安排专人负责接待各中小学校每学年组织安排的研学旅游团队,逐步形成专业、完善的课程体系和研学教育方法。

二、以教育资源主导创新商业模式的典型案例

(一)职业技能实训实践的教育摇篮——浙江旅游职业学院

浙江旅游职业学院,作为具有旅游专业和旅游行业属性的高等院校,同样是浙江省研学旅游活动开发的先锋。其通过校园景区的建设,充分利用了其教育旅游资源,将学校丰富的教育旅游资源开发成研学旅游产品,解决了教育资源有限与浪费的问题,研学旅游的发展成为扩大高校社会服务功能的新途径。浙江旅游职业学院充分

利用校园内的烹饪实训室、品酒实训室等校内实训基地,开发西点 DIY 制作、美酒鉴赏等活动;利用茶文化实训室开展茶艺研习活动;利用四位一体模拟导游实训室开发全国重点景区虚拟旅游产品;利用浙江旅游博物馆、遂园地方文化展示馆、智慧旅游体验中心等场馆开发旅游博览产品。从旅游职业技能教育的摇篮,到国家级旅游景区和省级中小学生研学实践教育基地的延伸,浙旅院展现了产教研一体化发展风采,实现了现代教育的多元化发展,以及教育业和旅游业的融合化发展。

1. 以国家 4A 级景区为抓手打造研学基地

浙江旅游职业学院萧山校区,坐落于杭州钱塘江畔,是全国唯一一家 4A 级旅游景区的国家骨干高职院校。景区以浙旅院的国际教育旅游体验区为核心,占地约38.7万平方米,形成"一馆、两中心、五基地"的空间格局,充分利用现有的实训设施、功能设施、配套设施等教学资源优势和旅游专业教育学科优势,通过空间功能整合、产品创新设计等手段,开发以浙江旅游博物馆、遂园地方文化展示馆以及校园景观为核心的旅游文化博览产品;利用全国领先的虚拟导游实训室、浙江省智慧旅游体验中心、横店实验楼以及航空服务、烹饪、酒店管理、茶文化、雕刻艺术、陶艺、高尔夫、攀岩等实训基地开发各种研学旅游产品;以艺术系师生为主体,自编自导诗画山水旅游演艺产品。2019 年 2 月,景区成功创建集国内研学旅游体验、国际交流访问、浙江旅游文博、地方居民游憩休闲、高校校园社区游览等功能于一体的省级中小学生研学实践教育基地,旨在让广大中小学生和游客能够深入"触摸"历史文化、"感知"旅游文化、"接轨"国际文化,拓宽了高校文化传承、社会服务功能。

2. 以景区运营管理为基础打造实训平台

浙江旅游职业学院国际教育旅游体验区,由景区开发与管理专业的师生负责景区的总体运营管理工作,采取"定期开放、预约游览"的方式免费向社会开放,游客可通过校园景区的官方网站预约参观以及参与各项教育旅游体验产品,学院为游客提供免费导游讲解服务。同时,在 4A 级景区研学基地创建和运营过程中,浙江旅游职业学院为校内学生创造了一流的校内实训平台,提供了众多实习机会,例如景区的申报、台账资料的整理、景区的讲解、游客服务中心的管理、投诉处理等工作给相关专业学生积累校内实训经验提供机会,导游、休闲、烹饪、艺术等专业的学生在部分研学旅游产品中为游客提供相应服务,其专业技能得到了锻炼和提升。

3. 以研学旅游开发为途径打造院校品牌

浙江旅游职业学院通过创建 4A 级景区和研学基地,进一步促进了旅游教育高校的校园文化建设和院校品牌提升。首先,景区将校园文化、旅游文化、传统非遗文化等优秀文化植入各类旅游产品开发中,通过各项体验活动展示和传递给游客，同时在运营过程中不断提升学校的知名度和美誉度；其次，成功申报杭州市国际社会旅游资源访问点，先后接待几百批次的相关单位和旅游部门参观学习，显著提升学校的知名度；再者，利用景区和实训基地的模式，提前接待志愿报考浙江旅游职业学院的学生及其家长，提供专业教育和校园文化环境的实地体验，不仅可以给学生和家长留下美好的学院印象，也能够帮助他们提前深入了解相关职业的内容和发展方向。

（二）国内首家少儿社会体验教育场馆——"Do 都城"

"Do 都城"少儿社会体验馆位于杭州钱江新城市民中心的青少年教育发展基地，于 2008 年 10 月 1 日正式开业，由杭州市政府全额拨款筹建，为杭州青少年活动中心的重要组成部分，是国内首家、国际领先的少年儿童社会体验类教育场馆，也是科文教育类全国科普教育基地和浙江省首批中小学生研学实践教育基地。从全国首创到全国示范，"Do 都城"项目成功的商业模式创新，在于其有明确的价值主张和多样的营收方式，并注重资源的整合。

1.清晰的市场定位——少年儿童＋校外社会教育

通过对各少儿体验馆的定位分析可知，体验馆面向的人群集中在 3—15 岁之间，各体验馆在设计理念上的差异导致了在适宜人群上略有差异。杭州"Do 都城"将项目市场定位为专注 4—12 岁的少年儿童，以真实的社会生活世界为模板，设置有公共管理、文化创意、工商企业等六大类百余种职业体验项目，让孩子们像大人一样，在安全互动的环境中尝试各项工作、学习，体验求职应聘、创业工作、理财消费、依法纳税等社会生活情境。同时，场馆内部所有建筑、设施设备都是专门为少年儿童量身打造，缩小为原实物大小的十分之七，充分考虑和兼顾少年儿童活动场所的适用性和安全性，并且利用虚拟仿真技术升级模拟场景构建，以增加互动性和科技性，从而打造一个迷你版的真实社会。此外，所有的活动组织、课程设置、教育主题均考虑到少年儿童的特征，而有针对性地进行开设，做到新型教育与游乐的切实结合，旨在让少年儿童在玩乐中感知社会运行规则，体会城市生活精神，品味劳动的成果与快乐，提高对真实世界的认知与适应能力，为未来的健康成长和职业发展打下良好的认识基础。

2.多样的营收方式——散客门票＋研学营团＋公益项目

"Do 都城"体验项目自运行以来，以新颖的形式和丰富的内容受到了少年儿童的热捧，成为杭城最受学生喜爱的"第二课堂"活动基地。针对日常散客，馆内项目实行"一大一小"门票收费制与会员制模式，采用时间差别定价法和折扣优惠的手段引流部分高峰时段的游客量，以保证合理的空间承载量和舒适的游客体验感，另开设有现场售票、微信线上购票和电话购票等多种销售渠道，以提高便捷度。此外，城内还设置有三大饮食店，提供中餐、西餐和各种小吃，这不仅是出于人性化的出游考虑，而且是运营方的一大收入来源。针对团队游客，在长假期间，尤其是寒暑假，"Do都城"开设有热门主题研学营，以一日营的形式开展主题鲜明的研学实践体验活动。活动费用200—500元不等，含括午餐、点心、水果、保险等，团队招募人数以50人为上限，有专业的研学导师全程带领和指导，20人一组并配备2名副带队老师，保证儿童的安全。此外，体验馆始终坚持公益教育进行理念宣传和品牌打造，连续多年举办针对儿童家长教育活动的"氧气爸妈学院"和面向浙江省周边偏远地区学校的儿童素质教育的"Do益行"等公益项目，通过课堂学习、讲座聆听、亲子体验、公益活动等方式，开展多主题、多形式的免费教育活动。

3. 有效的资源整合——政府力量＋多方资源

社会体验馆作为一种内容涉及面广泛的项目，需要多方力量的有效参与为体验教育提供更广泛的可能性。"Do都城"在杭州市委市政府的高度重视和直接投入下建成，同时由政府部门和杭州青少年中心牵头，积极有效整合社会力量，探索多元资源介入和多元主体参与的合作机制，尝试与公安、财政、工商等公共管理部门和银行、报社、企业等合作，积极探索政府、企业、社会"三力合一"共同关注青少年社会体验教育的联动机制，努力营造"大社会"支持"小社会"的良好氛围。在体验馆建设和活动体验中，与各单位共建合作的内容主要包括：硬件及技术支持、体验活动研发、人员培训、公益活动开展、衍生社会实践、宣传互动等，多维一体的深入合作方式为体验项目的专业化和持续发展提供了保障。体验馆邀请专业人员优化体验活动设计，增强微城市的真实性和互动性，做到项目活动的定期热点追踪和有机更新，以保证整个项目的持续热度。此外，体验馆联合政府、企业、高校、城市学校发起大型公益活动，搭建教育体验资源共享平台，让企事业单位、城市高校等与偏远地区学校形成结对关系，将城市优质教育资源输送到偏远乡村地区，实现资源整合与共享。

第三节 融合视角下浙江省研学旅游商业模式创新的问题与对策

随着人们对研学旅游意愿的日渐强烈，"旅游＋研学"情势发展越发多样化。浙江全省各地依据区域出现了不同类型的旅游资源和教育资源，使多类型研学旅游产品如雨后春笋般冒出来,已经融合形成以旅游资源为依托的"旅游＋教育"和以教育资源为基础的"教育＋旅游"两大类研学旅游商业模式。在这融合发展过程中,浙江省商业模式创新也不免面临一些问题,还有部分企业处于非盈利状态,甚至是亏损状态,为此我们提出了几点对策建议。

一、融合视角下浙江省研学旅游商业模式创新的问题

研学旅游是旅游业与教育业的跨界交叉渗透融合。首先,要有丰富多样的研学旅游业态,更要针对不同学段的需要和特点设计不同的研学旅游产品。其次,要保证和提升研学旅游服务质量,保障研学旅游安全和品质。最后,还需要学校、政府、教育机构、旅行社、旅游企业等多方单位和人员的支持与合作。近年来,浙江省各地积极探索开展研学旅游,积累了不少经验;但在研学旅游融合过程中,仍在研学资源挖掘、人才队伍建设、研学旅游品牌打造、研学旅游资金保障等方面存在问题,制约了研学旅游进一步发展。

(一)研学旅游资源整合力度不足

研学旅游发展主要有旅游产业融入研学教育元素和研学教育产业中注入旅游元素两种发展模式。总体来说,旅游产业融入研学教育元素发展得较为广泛,这种模式中各种自然和人文旅游资源依旧是研学旅游的核心吸引物,但是产业融合程度不深,存在各旅游目的地未能充分利用自身有价值的旅游资源、研学教育功能发挥不充分、知识学习与创新能力有限、开发研学旅游经验不足、融合型产品创新能力急需加强等问题。而研学教育产业注入旅游元素的发展模式虽然运用得越来越广泛,但资源内涵挖掘不足,研学产品主题和课程内容丰富度有待提升,对不同年龄、不同背景、不同层次的游客市场有待进一步开发渗透。

(二)研学旅游品牌塑造意识不够

近五年,中国研学旅游企业数量逐年稳步递增,至2018年,我国研学旅游机构数量已达12000余家,市场竞争愈加激烈,但具有强大研学旅游品牌影响力的企业很少。部分旅游景区虽已开发研学旅游业务,但较少做专门的营销宣传,研学旅游业务开展时断时续,未形成品牌系列课程和活动,导致大部分学校和旅行社在选择研学旅游景区和目的地时,仍然由于消费惯性、交通距离等方面的原因,倾向于选择先开发研学旅游活动的企业或旅游知名度较高的旅游目的地和研学基地,后开发研学旅游的企业则不占优势。更重要的是,研学旅游的品牌打造讲究的是优质研学教育服务体系,而非一次性买卖。其中口碑营销发挥了重大作用,"叫得响"的研学旅游品牌必须要经得起市场检验,学校教师、学生团队以及家长对服务的反馈

评价和好评展示,直接影响着潜在客户的消费选择和自身在研学旅游市场中的认知度。综观研学旅游市场,还有不少旅游企业未能意识到做好这一环节工作的重要性。

(三)研学旅游人才队伍建设不全

旅游业与教育业的融合发展,凸显了专业研学旅游管理人才的重要性。整体来看,由于浙江省研学旅游仍处于发展初级阶段,一般的旅游专业管理人员和培训教育人员还不能很好地保证研学旅游的安全和品质,缺乏跨行业多元化的复合型旅游人才。研学旅游区别于其他专项旅游产品,其服务主体对象是中小学生,更加强调旅游活动的体验式教育和研究性学习,研学旅游一线服务人员的一言一行都直接影响着学生的成长,从而凸显了高素质研学导师的重要性,这决定了研学导师在知识储备、实务技能、安全管理、经验积累等各方面应有更高的素养。大量的研学产品还只是浮于旅游表面,并未真正地达到研学教育功能层次。在研学旅游的细分市场下,为了适应研学旅游市场变化,提高研学旅游从业人员的门槛,培养高素质旅游管理专业人才刻不容缓。

(四)研学活动经费保障落实不强

研学旅游已纳入中小学生日常素质教育体系,其倡导多元化的经费筹措机制,经费渠道来源有"家长自费""家长自费+教育经费""家长自费+教育经费+学校经费+社会公益补助"等几种方式。但研学旅游还处于由政府主导向市场主导的过渡阶段,目前绝大部分的研学旅游活动经费以家长自费为主。虽然越来越多家长的教育意识更加开放,但全部经费由家长支付将给广大低收入家庭带来更大的教育成本和费用负担,引起了家长对开展研学旅游真正意义的怀疑,大大降低了家长对孩子报名参加研学旅游的意愿,不利于研学旅游市场的开拓,尤其是偏远地区经济较落后的乡村学校,其教育资源和素质教育水平均比不上城市学校的发展,家长能够承担的教育成本更为有限,加剧了研学旅游活动开展的区域不平衡现象。

二、融合视角下浙江省研学旅游商业模式创新的对策

研学旅游正处在前景光明的机遇期,各地高度重视研学旅游发展,研学旅游发展意识强烈,研学基地、研学营地、研学机构等市场主体发展活跃。就浙江省研学旅游发展目前存在的问题,还应厘清并处理各个要素、主体、环节之间的逻辑关系,学习国际经验,从产品优化、品牌打造、人才建设、政策支持等方面不断改进和突破。

(一)充分利用各类资源,丰富研学旅游产品

加快推进中小学研学旅游发展,必须充分利用旅游资源和教育资源,丰富研学

旅游产品体系，满足不同需求层次的文化教育需要。首先，要根据不同的主题打造具有独特核心竞争力的产品，如文化研学旅游产品、职业体验研学旅游产品、高端科技研学旅游产品、红色教育与素质拓展类研学旅游产品，切莫跟风随流。其次，开发主体要由政府主导向企业主导，发挥教育集团、文旅企业、地产商的重要性，加强与体育用具公司、工业生产集团、科研实验机构等主体的合作，发展跨界研学产品，例如在地质公园、森林公园围绕自然主题，开展科普教育、安全教育、素质拓展培训等一系列横向产品。再次，要围绕同一产品，根据不同学段需求丰富产品层次，对研学旅游的课程内容、授课安排、讲解方式、体验内容、游览线路长短等都要进行专门设计，并且将产品质量、研学主题和研学功能发挥到极致。

（二）打造独特旅游品牌，开拓研学旅游市场

与其他旅游产品和旅游目的地相同，在研学旅游激烈的市场竞争环境下，旅游景区、旅游公司、文旅集团在开拓研学旅游新业务时，务必抢占先机，从主题内容、质量标准、优质服务等各方面来打造优质地区品牌，以品牌化策略抢占市场份额。一方面，根据标准要求，甚至是高于标准要求，申请认定省级、国家级"研学实践教育示范基地""研学实践教育示范营地"等称号。另一方面，旅游景区、教育机构和相关单位可以通过品牌跨界合作产生新的亮点，借助合作品牌的知名度和影响力共同打造企业研学旅游品牌，拓宽受众面，为双方品牌引流，不断提升研学旅游业务的综合吸引力和品牌认知度，从而在百花齐放的研学市场中脱颖而出。同理，互为客源地和研学目的地的地区之间也需要进行联动发展，以差异化产品为立身之本，寻找合作共同点，共同打造深度体验的精品研学旅游线路，一起开拓和共享研学旅游市场，共同服务好学生、社会。

（三）加大专业人才建设，保障研学旅游质量

完善研学旅游专业人才梯队建设，既要提高现有从业人员的业务水平，还要源源不断地补充由研学旅游细分市场发展需要的从业人员，以保障研学旅游产品中"游""学"功能的平衡和服务质量的提升。各级旅游部门要充分发挥对研学旅游目的地和研学实践教育基地、营地的服务质量指导作用，加大在人才培训方面的支持力度，积极组织培养研学旅游亟须的"既懂行、又会讲"的研学旅游专业人才。每年定期多次组织一线服务人员综合素质提升培训，包括增加研学导师的地方旅游文化知识、教育学基础知识、心理学基础知识和专业交叉知识储备。优化其研学教育讲解技巧、授课方法，加强所有研学旅游从业人员的安全教育和基本应急能力，并提高对其实务操作能力和行为操作规范的考核要求。另外，依托高校培养研学旅游定制班，特别是在旅游与教育人才培育中较杰出的浙江大学、浙江工商大学、浙

江师范大学、浙江农林大学等高校,除鼓励支持发展相关学科外,还应带头牵引各大高校形成人才培育联盟。

(四)加强特项优惠引导,落实研学旅游经费

为培育研学旅游消费市场,政府还要加强特项优惠引导,提高对研学经费的支持力度,加大教育经费的比例,加大对研学旅游相关单位的优惠力度,鼓励通过社会捐赠、落实门票减免、开放更多公益研学教育资源等形式开展研学旅游,完善政府、学校、家庭、社会共同承担的多元化经费筹措机制,争取广泛家长的理解、认同和参与,扩大潜在客户市场。同时,为避免素质教育的不平衡发展,相关政府部门尤其要加大对偏远经济较落后地区的支持力度,拿出优惠政策积极招商引资,鼓励和帮助当地有条件的地方建设开发研学旅游实践教育基地、营地,对接学校和研学旅游企业做好课程内容设计,既能让孩子们就近开展研学旅游活动,又能促进地区研学旅游产业发展,发展当地旅游经济。

本章小结

本章为研学旅游商业模式创新与案例研究。首先对研学旅游相关的国内外研究基础进行了文献梳理和概念界定,认为狭义的研学旅游,即研学旅行的定义更适合国内研学旅游市场发展现状,并以此展开下文的分析和研究。研学旅游是旅游产业与培训教育产业的融合结果,其融合的原因可从产业、市场、政策维度归结为旅游市场消费需求的升级、文化素质教育模式的补充、研学旅游政策环境的利好和产业融合效益的驱使等。由于研学内容的无边界性和研学旅游利用资源的广泛性,浙江省研学旅游的商业模式创新属于资源主导业务开拓型商业模式,主要有以旅游资源主导和以教育资源主导两大融合发展路径,前者为旅游产业融入研学元素与研学功能,提高旅游新的吸引力;后者则是教育产业以旅游为平台,提供和完善旅游服务功能。本章更是以绍兴三味书屋—鲁迅故里景区、长兴太湖龙之梦乐园和浙江旅游职业学院、杭州"Do 都城"少儿社会体验馆等研学旅游接待主体为例,详细解读了浙江省分别以旅游资源和教育资源为主导创新发展研学旅游的商业模式。此外,研究发现浙江省研学旅游融合发展还受困于资源挖掘、品牌打造、人才建设、经费落实等方面,故由此针对性地提出了要"充分利用各类资源,丰富研学旅游产品;打造研学旅游品牌,开拓研学旅游市场;加大专业人才建设,保障研学旅游质量;加强特项优惠引导,落实研学旅游经费"等若干对策。

总结展望篇

第十一章　融合视角下浙江省旅游商业模式创新

旅游融合推动了旅游产业转型升级,催生的多元商业模式改变了以往生产函数,创造了更大的社会、经济、文化等价值,使满足人们对高品质旅游的需求成为可能。浙江省旅游产业融合是全国旅游产业的引领者,特色小镇、乡村振兴等创新之举开辟了新的发展道路,多元创新融合模式带动全省大批产业焕发新活力,呈现"相融相盛"的局面。"旅游＋农业"打造出鲁家村田园综合体、莫干山民宿集群等乡村模式;"旅游＋工业"升级出达利丝绸、嘉善巧克力小镇等新业态;"旅游＋商贸"将海宁皮革城、义乌商贸城打造成国家 4A 级景区。培育旅游融合创新主体,发展多元商业模式,提升产业综合效益,是建设美丽浙江、提升浙江竞争力的重要举措。近年来,浙江省旅游产业融合得到了一定的发展,但在体制、资金、人才等方面发展不完善,导致产业综合效益低,难以满足人们对美好生活的需要。本章基于前文阐述,总结了浙江省旅游产业融合商业模式创新的经验和存在的问题,并进一步提出对策建议。

第一节　融合视角下浙江省旅游商业模式的经验总结

一、政府主导,顶层设计

浙江省各级政府高度重视旅游业,积极响应国家《关于促进全域旅游发展的指导意见》《关于实施乡村振兴战略的意见》等政策号召,推进一、二、三产业的融合发展,进行机制创新,构建旅游产业融合发展机制,推动旅游与农业、工业、商业、林业、海洋等融合发展,不断创新产品供给。

（一）党政统筹领导

浙江省旅游融合发展走在全国前列，这背后离不开省委省政府的统筹谋划和不断优化顶层设计。省领导多次直接批示旅游工作，并明确指出提升发展乡村旅游、民宿经济，加快发展海洋旅游、交通旅游，将浙江全面建成"诗画浙江"中国最佳旅游目的地。政府在省级层面创新性地建立旅游发展领导小组，并由省政府主要领导担任组长，建立"一事一议"的工作推进机制，将旅游业的发展纳入党政班子的考核内容，全力推进旅游产业发展。

杭州、绍兴、丽水、衢州、金华等市县成立了党政统筹抓旅游的领导小组，建立旅游发展联动工作机制，积极推进旅游融合发展中的难题。如鲁家村党支部书记朱仁斌被誉为浙江乡村振兴的"领头金牛"，带领村班子积极探索，建立家庭农场、民宿、乡土文化体验点等，加快提升旅游产业融合，将原本经济落后薄弱、旅游资源贫乏的村庄转变为国家级田园综合体。2018年浙江省近70%的市、县启动全域旅游创建工作，宁波等40多个市、县（市、区）高规格召开全域旅游推进大会。① 多数市县成立旅游委员会，由发改、交通、工商等多部门组成，有效整合政策、土地、资金等要素资源，助推旅游产业融合发展。

（二）政策宏观保障

为促进浙江省旅游产业融合的可持续发展，各级部门相继推出一系列推动旅游产业融合发展的新政策、新标准和新理念，为旅游产业深度、健康融合营造了良好的发展环境。《浙江省人民政府关于加快特色小镇规划建设的指导意见》指出，要重点培育100个左右的聚焦信息经济、环保、健康、茶叶、丝绸等产业的特色小镇。《浙江省特色小镇创建导则》提出建设特色小镇的具体要求。《浙江省人民政府办公厅关于旅游风情小镇创建工作的指导意见》提出，要在全省验收100个左右民俗民风淳厚、生态环境优美、旅游业态丰富的风情小镇。《浙江省旅游风情小镇认定办法》明确了具体考核标准。浙江省政府发布的《浙江省慢生活休闲旅游示范村创建工作实施办法》《浙江省工业旅游示范基地评定办法》《浙江省老年养生旅游示范基地评定标准》《关于推进中小学生研学旅行的实施意见》《关于大力发展体育旅游的实施意见》《关于加快推进交通运输与旅游融合发展的实施意见》等，促进了旅游业与农业、工业、养生养老产业、教育业、体育产业、交通业等产业融合，着力推进了旅游供给侧结构性改革。

---

① 《2018年全省旅游工作报告》，浙江省文化和旅游厅官网。详见 http://ct.zj.gov.cn/NewsInfo.aspx? CID=23968。

二、典型示范,精准发力

为推进旅游产业融合发展,浙江省采取了"明确重点、精准发力、以点带面"的策略,通过评估资源禀赋、发展前景,重点培育一批前行示范点,积极促成大企业的投资合作。浙江省紧抓大项目,以敢为人先、勇立潮头的精神开辟发展道路,积累产业融合的先进经验,用扎实的发展效益吸引更多的主体投身旅游产业创新发展。

(一)示范基地引领

浙江省不断探索发展,积极策划和培育新的旅游产业融合示范点,通过强化示范带动作用,推动旅游产业融合更好更快地发展。如浙江省中医药文化养生旅游示范基地、浙江省休闲农业与乡村旅游示范县、示范乡镇和示范点、省级生态旅游区、A级旅游景区、浙江省老年养生旅游示范基地、省级旅游度假区、国家生态旅游示范区等。2018年评定了90余个"旅游+"各类产业融合示范基地,评选了首批研学旅行示范基地54个、营地9个,浙江省充分发挥这些基地的区域辐射作用和示范带头作用,为浙江省旅游产业融合发展做出积极贡献。[①]

特色小镇是浙江省创新发展的"金名片",旅游类特色小镇围绕旅游功能、产业功能、文化功能、社区功能,构筑旅游产业融合的新高地。古堰画乡是2015年浙江省首批37个重点培育特色小镇之一,凭借文化遗产和"丽水巴比松油画"的独特优势,通过重点培育建设,促进了旅游与油画、民宿、基金、时尚等碰撞融合,小镇现已成为4A级景区、全省优秀特色小镇、浙江省特色小镇文化建设示范点、全国最美乡愁艺术小镇。在2018年浙江省级旅游行业特色小镇发展综合指数半年排行榜中古堰画乡位列第一。小镇已实现油画产值过亿元,接待写生创作人数再创新高。古堰画乡的成功提升了丽水市的知名度,促进了旅游、农业、文化的融合发展,为当地群众提供了就业机会,也为旅游产业融合发展起到指导和引领作用。

(二)大项目为抓手

浙江省全力推进旅游大项目建设,牵住产业融合发展的"牛鼻子",引导龙头企业转型升级,助推产业高质量发展。同时,浙江省着力搭建中国(宁波)—中东欧旅游合作交流会等特色平台,积极促成旅游融合项目投资建设,加快供给侧结构性改革,推动经济高质量发展。长兴龙之梦、海盐山水六旗、桐乡濮院等项目投资上100亿元,吸引并争取了浙旅、乌镇、宋城、开元等浙江省内重点旅游企业在本省投

---

① 《浙江省文化和旅游厅2018年工作总结》,浙江省文化和旅游厅官网。详见 http://ct.zj.gov.cn/NewsInfo.aspx? CID=350280。

资创业。[①] 以大项目带动大产业，精心打造一批国际旅游特色项目，抢占新一轮旅游升级发展的制高点。

例如，长兴龙之梦投资 251 亿元，致力打造集旅游、住宿、演艺、游乐于一体的全球超大旅游综合体。该项目在 2019 年春节期间广受游客欢迎，其中快乐农场梅园、《梦幻钻石》演艺秀、动物世界、太湖古镇、水乐园等创新业态提升了旅游供给质量。长兴县委政府授予太湖龙之梦"2018 年度功勋企业奖"。龙之梦的建设加速推进了旅游与文化、农业等产业的融合发展，给长兴带来大量的人流、物流，成为长兴旅游高质量发展的新引擎。

三、绿色发展，生态共享

浙江省贯彻落实党的十九大精神，坚持以生态发展理念为指引，落实环境治理，在旅游产业融合发展中兼顾生态效益、社会效益和经济效益，为实现"建设美丽浙江、创造美好生活"的目标努力。同时，浙江省依托山岳、湖泊、海洋、森林、田园等资源，创新性地开发了乡村、运动、养生等多元化旅游产品，将生态优势转化为经济优势。

（一）实施生态治理

为实现经济转型升级，改善生态环境，给乡村旅游、养生休闲等产业融合发展带来机会，2014 年以来，浙江省在全省范围内大力开展环境治理，革命性地打出"五水共治""四边三化""三改一拆""厕所革命"等"组合拳"。对于粗放型的工业发展模式，以"壮士断腕"的决心和"刮骨疗伤"的勇气，实施严格整治，取缔非法加工点、实施废水集中处理、分类回收垃圾、创新"河长制"管理模式，生态环境得到了明显改善，民众的幸福感和获得感得到提升。浙江实现了"目之所及皆是美景"的目标，也成为了生态旅游、乡村民宿等新经济新业态发展的沃土。

金华浦江通过"五水共治"实现了城乡美丽蜕变，民生村、新光村等乡村旅游脱颖而出。原先浦江以水晶加工产业为主，但水晶产生的废水导致浦江的山水遭到严重破坏，2013 年浦江县决心实施"五水共治"，通过三年治水拆违，全县劣 V 类支流被全部消灭，浦江获得"五水共治"最高奖——"大禹鼎"。此外，浦江已建立起县、乡、村三级联网"河长制"，每一条河都有责任人；又新建水晶集聚园区，实现集中治污，集聚发展。随着生态的改善，浦江乡村旅游也迎来了发展契机，示范基地廿玖间里成为青年创客的乐园，农家乐和民宿在这里也顺势发展，村民找到了一条

---

① 《2018 年全省旅游工作报告》，浙江省文化和旅游厅官网。详见 http://ct.zj.gov.cn/NewsInfo.aspx? CID=23968。

致富道路。

（二）发展美丽经济

绿水青山的优质环境为浙江省旅游产业改革创新打下了良好的生态基础。随着生活节奏的加快及居民健康意识的增强，大众渴望回归岁月静好的田园生活，卸下生活的压力，让身心得到放松。生态旅游的市场需求不断增加，为发挥生态资源的优势，促进旅游产业融合发展带来了机遇。对此，浙江省开展"上山下乡出海"行动，发挥七山优势，积极发展生态旅游、禅修养生、运动康体等新业态；发挥美丽乡村的建设成果，大力开展乡村休闲、体验旅游等旅游新产品；发挥海岛、海湾、海滩的优势，发展滨海旅游，真正实现美丽经济。

浙江省因地制宜，充分利用乡村资源，促进生态优势转变为经济优势。如丽水市松阳县发挥秀山丽水的天然禀赋，在大木山茶园中建设骑行赛道，为游客提供了集茶园观光、茶文化体验和运动休闲为一体的独特体验，促进了旅游与农业、体育的融合发展。浙江温州市洞头区借助海岛风光、石头屋、古街巷等渔村特色资源，以"外面五千年，里面五星级"为标准进行生态化改造，形成以民宿经济为引领，文化创意、健康养生、休闲运动等产业融合发展的格局，既丰富了游客体验，也带动了百姓致富，将"美丽风景"转变为"美好生活"。

四、区域协作，共赢发展

21世纪是经济全球化的时代，"唱独角戏"的模式已无法适应时代要求，浙江省积极主动提出倡议，拟定多项战略合作框架，加强区域及海内外协作，重点在交通体系、品牌推广、智慧共享等方面促进一体化发展，助力旅游产业融合发展，实现互利共赢。

（一）推进区域合作

浙江省全力推进旅游产业转型升级，打造优质旅游产品，同时采取多种举措加强长三角的战略合作，促进资源共享，将需求和供给相匹配，探索多元化的旅游商业模式。一方面，主动融入长三角，积极推进区域协同发展，形成多项战略合作方案。例如，签订《长三角地区高品质世界著名旅游目的地战略合作协议》，促进长三角旅游融合产品的精准营销。此外，浙江省牵头完成浙皖闽赣国家生态旅游协作区总体方案修改并上报国务院。另一方面，实施对口精准援建，开通诗画浙江高铁专列、空中包机等，促进长三角与其他地区的旅游合作。如，开通阿克苏及上海与浙江各市县专列，以及杭州—恩施、杭州—吉林等定期航线。

2018年12月，杭黄高铁正式开通，将杭州、富春江、新安江、千岛湖、黄山串联起来,促进沿线城市交流合作,实现旅游客源共享,形成了一条"世界级黄金旅游线"。巨大的客流及区域资源的共建共享,为长三角旅游发展带来新的机遇,促进旅游产业转型发展,同时对旅游产品的品质提出了新的要求。为深化长三角区域资源共建共享,杭州作为代表发起倡议,2019年4月成立杭黄高铁战略联盟,使沿线城市在自然资源、产业资源、智慧资源等方面实现深度合作,搭建起区域融合联动发展的平台。这一创新之举为浙江省旅游产业深度融合提供了人才、技术等资源。

（二）扩大海内外交流

旅游产业融合发展对标国际,高品质产品吸引了众多国际客源,浙江省加大海内外交流,构筑合作平台,促进浙江省旅游产业的宣传推广,提高浙江旅游的知名度和影响力,扩大了旅游产业融合发展的市场。其中,重点开拓欧美入境旅游市场,与国际旅游集团签订了一系列合作协议。如,与德国石荷州签订旅游合作备忘录,与德国途易集团、浙江长龙航空签署战略合作框架协议。在德国、瑞士、加拿大、毛里求斯等地开展多场旅游推介会,并成功举办世界乡村旅游大会,助力农旅融合发展。

2017年世界旅游联盟正式落户杭州,促进了世界范围内的旅游交流,加强世界旅游联盟和浙江省的紧密合作,有助于浙江旅游产业健康可持续发展。世界旅游联盟在浙江将举办一系列国际旅游活动,促进"诗画浙江"的旅游品牌宣传。同时,该举措将为浙江带来先进的国际旅游产业发展模式与经验,以及优秀的旅游人才,为浙江省旅游产业融合提供广阔的发展机遇。

第二节　融合视角下浙江省旅游商业模式存在的问题

新常态下,旅游产业融合呈现出创新化、产业生态化的发展趋势,政府引导市场需求、创新技术等措施有效推动了旅游融合的创新发展。但同时应意识到旅游产业在融合规模上、深度上发展还不够,面临着体制障碍、业态单一、内涵不足、人才缺乏等诸多短板,对旅游商业模式的创新造成影响和制约。

一、跨界融合机制不畅

旅游产业跨界融合机制不畅,主要原因是存在行业壁垒以及条块分割,具体来讲,旅游产业融合受到土地、环境、产权等诸多条件的限制,涉及环保、商务、国土、水利、林业等多个管理部门,各个产业以追求自身利益以及管理目标而制定各项制度,难以形成合力。且各产业间沟通不顺,各地的重视程度不同,相关管理部门难以实现统筹协调,导致产业间融合发展不平衡,旅游融合发展进程缓慢。如有些产业融合机构虽已成立,但其职能仍需要进一步整合。同时,多数旅游企业,尤其是景区多属国有企业,其管理机制市场化程度不高,缺乏完善的退出机制,旅游融合创新活力有待激活。

二、产业融合效益不高

整体上,浙江省旅游产业融合效益还不显著,有些旅游项目缺乏有效的市场可行性研究,盲目跟风,因此有些特色旅游小镇、文创园区经营状况不佳。"旅游＋"产业延伸不足,一方面旅游产业链条较短,旅游资源要素功能开发缺乏特色,产品附加值低、同质化倾向高、吸引力不足。另一方面,产业价值链之间衍生性不强,尤其是围绕康体养生、购物娱乐等价值增值环节的功能开发还较为薄弱。总体上"旅游＋"功能创新偏向单一性。

三、产品文化价值不显

旅游产业不仅具有经济属性,而且具有文化属性,文化是旅游产业的灵魂。在当今人们追求精神享受和高品质生活的趋势下,文化也成为旅游产业的经济增长点。目前浙江省产业融合旅游产品的文化价值没有得到充分的体现,更没有得到有效的开发和利用,产品内涵不足,大多停留在依靠产业资源发展观光产品的初级阶段,既无法与具有特色自然景色的旅游景区相比,又缺少产业发展中厚重的历史文化元素,多数景点"有景无文"。

四、人才智力支撑不足

旅游融合发展,产生了体育旅游、影视旅游、工业旅游等融合型产业,涉及了管理学、休闲学、生态学、影视学等方面的知识和技能。目前浙江省的院校主要培养旅游、酒店、农业等常规专业人才。融合产业对人才要求较高,既要求懂旅游,又要对融合的相应行业有所了解;而当前浙江省高校人才培养还未形成成熟的体系,急需加大力度培养创新型、复合型人才。

旅游产业涉及多方服务生产商,小到民宿管家大到整个特色小镇的运作,从业人员专业素质参差不齐,培训和专业教育不到位。能够深入理解产业融合理念以及具备融合发展思维的旅游行业复合型人才较为匮乏。这不仅会影响到旅游融合发展的可持续性,还会对整个产业的竞争力造成负面影响。

第三节　融合视角下浙江省旅游商业模式的对策建议

在优质发展背景下，旅游产业融合是实现产业转型升级的重要途径，因此，要创新旅游商业模式，深度开发产品，拓展旅游功能，创造更高的价值，培育新的经济增长点。当前，浙江省需要就旅游融合面临的问题，优化融合环境，加强产业引导，强化支撑体系，实现旅游产业健康可持续发展。

一、破除体制障碍，激发市场活力

（一）加大放管服改革

一方面，加快事业性旅游企业改革力度，尤其是混合所有制改革，积极引导民营企业参与旅游资源开发以及旅游企业混合，实行旅游资源管理权、所有权、经营权"三权分置"，建立健全国有旅游企业的法人治理机构和公司制管理体制，不断提高国有旅游企业的生产管理效率。同时，逐步建立和完善旅游市场的进入与退出机制，如设立负面清单，对那些产品同质化倾向严重、管理效率低、基础设施不完善的旅游企业应暂缓发展，积极引导旅游产业融合市场健康持续发展。完善产业融合优惠政策，提供良好的政策环境。

（二）推进部门联动

首先，树立"融合即是发展，发展需要融合"的理念，各级政府应充分认识到产业融合的重要意义。同时，树立"整体发展观念"，发挥在旅游产业融合中的主导作用，有效整合区域资源，打破各产业间的行政区划界限，做到相互促进、良性竞争。融合发展会衍生出新的产品、业务等，各地政府需要研制一体化发展标准，主动把旅游产业融合发展纳入经济社会发展全局，仔细分析、把握产业融合发展新趋势。同时，需要打破部门、行业、区域藩篱，创新旅游融合的理念、方式、手段，可以根据旅游产业融合的程度，采用改进型管制模式，即在当前管制模式上进行扩展；或采用分离性管制模式，即专门为两者融合提供一个新的管制途径，形成旅游产业与相关产业协同发力、相互促进、共同发展的体制机制。

二、深化文化内涵，延伸产业链条

（一）挖掘文化内涵

随着人们对精神文化需求的增加，原有的旅游产品已经无法满足游客的需求，在旅游与其他产业融合中合理嵌入文化成分,达到精神熏陶、文化教育的功能,不仅能满足客户的精神追求,也为其他产业的发展增添了内涵,促进传统文化得到更多的传承。浙江作为一个文化大省,拥有茶叶、丝绸、黄酒、青瓷等经典文化资源,也拥有丰富而优越的自然山水资源。文化是旅游产业融合发展的灵魂,也是区别各类旅游业态的核心要素,这在工业旅游和农业旅游融合发展中体现得尤为明显。浙江省应充分挖掘历史经典文化和山水文化,通过资源转化、嫁接、融合,最终实现旅游融合个性、创新发展,做到"人无我有,人有我优,人优我特",为浙江省旅游产业融合发展增添活力。

(二)深度开发产品

围绕"吃、住、行、游、购、娱"等方面,逐步加大新要素以及不同产业要素之间的创新融合力度,围绕发展健康养生旅游、研学旅游、休闲旅游、写生旅游等积极培育和发展新功能。其中,健康养生与养老相结合,可发展康复疗养院;地产旅游与养老相结合,可发展"候鸟式"养老地产旅游;体育旅游与养生相结合可发展温泉滑雪旅游;研学旅游与工业相结合,可发展工业文化走廊等业态。

以"旅游"为核心,进行"旅游+"主动式的产业融合,增强功能创新中的旅游化特色,同时也需积极探索跨行业、时空、区域、要素之间的融合力度,推进"+旅游"。构建以"旅游+"为主、"+旅游"为辅的旅游产业模式,促进旅游、研学、康养、生态等功能聚合,拓展丰富感、层次感、立体感强的旅游产业链,促进旅游产业融合全面发展。

三、加大市场培育,提高营销效率

旅游产业融合需要以旅游者为中心,进行产品创新开发。通过体验和宣传,提升旅游者对融合产业的认知,使其认识到"产业融合让生活更美好"。借助数字技术,提高营销效率,创新并优化商业模式,为消费者带来良好旅游体验的同时,得到更优的商业与社会价值。

(一)提升市场认知

提高客源市场的认知水平,打造专业化产业融合推介。对于新型旅游融合产业而言,如何让更多的人了解、认识、喜欢、热爱;如何开发出高质量、高品质的产品,满足旅游市场的需求;如何让旅游融合产业发扬时代精神……这些都是旅游产业融合发展的主要推动力。浙江省应提高旅游融合产品质量,线上和线下相结合,加大宣传力度,以大众喜闻乐见的方式普及相关知识,使越来越多的人喜欢上新型旅游产业,从而不断扩大旅游融合产业的市场需求。尤其是工业旅游,需要以达利丝绸、农夫山泉、歌斐颂巧克力小镇等龙头企业为依托,利用多种途径加强工业旅游的科普宣传,包括传统工业技术展示、工业文化传承、质量检测、最新科技成果运用等。要加深游客对工业旅游的认知,结合当下流行风尚,激发游客的兴趣,不断扩大工业旅游市场。此外,茶旅融合中,应加大对中国茶道的宣传,深化茶文化体验,让更大范围的群体喜茶、爱茶、喝茶。

（二）创新营销策略

充分利用微信、微博、抖音、直播平台等新媒体扩大宣传,开展系列主题活动,提高平台关注度,并通过互联网技术实现旅游营销管理的科技化。如借助固网终端、移动 APP、物联网等平台,利用大数据、云计算等方式对旅游数据资源进行挖掘、开发,从而校准、完善旅游营销方式,提高旅游营销管理的效率。

加强与携程、同城、驴妈妈、途牛网等在线旅游服务商的战略合作,线上线下强强联手,合力开拓旅游市场。大力发展电子商务营销模式,开设旅游产业融合产品天猫官方旗舰店,打造优质、快捷、多元的智慧旅游产品和服务,全方位提高旅游体验。同时,推出虚实结合体验旅游,如农耕农事体验游、浪漫赏花游,丰富的场景使游客休闲活动不受时空限制。筛选一批有规模、有特色且符合相关标准的特色生产基地,利用高科技实现特色农产品、工艺品的线上生产体验和线下销售,如龙井茶、丝绸、藕粉、雨伞,为游客带来全新的购物体验。

四、突出科技创新,助力供给改革

（一）落实"最多跑一次"

深化推进"最多跑一次"改革,围绕与企业发展紧密相关的营商环境优化工作,精简办事材料,打造宽松的准入门槛,高效的项目审批,合理的运营成本,建设一流的营商环境,提升企业获得感。推进办事指南的编制工作,并对浙江政务服务网后台权力事项库的内容进行完善,更新相关办事指南、办理流程信息,确保线上线下融合。进一步做好减少办事环节、减少申报材料,整合办事流程,实现"一窗受理、集成服务"。按要求做好"一号问、一网答、一网查"工作,在浙江政务服务网平台不断完善办事流程内容,包括基本信息、受理条件、办理材料、办理流程、收费标准、法定依据、常见问题解答等。

（二）推进智慧旅游

技术创新能够加快旅游与不同行业之间的融合速度,打破时间、空间限制,为游客提供智慧化服务,满足消费者多样化需求。技术创新还能够提高旅游企业管理的效率,加强旅游管理的科学性和有序性,节省人力成本。同时,在旅游产品的设计和推介营销中技术创新能提供更加便利的条件,减少旅游消费市场的供给与需求之间的信息不对称问题,加速旅游者、旅游服务者、旅游开发者之间的互动,提高旅游产品供给的精准性,降低企业运营的成本,提高旅游者互动的效率,从而推动区域旅游产业的发展。

五、拓宽融资渠道,共享发展成果

(一)优化融资环境

政府需要对旅游产业的融合环境进行优化,为社会资本的进入提供便利。旅游产业融合发展中,以政府投入引导为基础,以企业运作为主体,形成多元化的投资体系。政府应加大对旅游产业融合的引导性投入,积极建立旅游产业融合创新发展基金,加大政府财政金融支持力度,建立旅游新产业创新专项基金,以 PPP 模式进行项目制管理,将符合旅游产业创新的企业和项目纳入各类专项资金支持范围,积极引导、鼓励社会资本参与旅游产业融合创新。

(二)创新融资模式

旅游产业优化升级需要吸引更多社会资本投入产业建设,探索多元投资主体的融资模式。应用 PPP 融资模式,促进政府和社会资本合作。同时,借助互联网的优势,推行"互联网＋金融"模式,应用网络平台筹措资金。通过税收优惠、职业培训、融资渠道等方面的扶持,积极引导社会资本流向旅游产业融合建设中。通过完善政、银、企合作机制,支持旅游企业以经营权、收费权等作为抵押获得金融机构授信,并积极鼓励有条件的旅游企业上市直接融资。多举措并行积极解决旅游产业融合发展中的资金问题,培养一批有实力的多元化旅游融合企业。

六、构建人才体系,夯实人力基础

旅游产业转型升级,人才培育是关键。浙江省在旅游融合过程中,需要重视旅游人才的培育,出台人才鼓励政策意见,构筑良好的人才发展环境,引进国内外优秀人才,汇聚智慧力量,同时加大本土人才培育力度,优化院校培养模式。通过多措并举培养复合型、创新型旅游人才,为浙江省旅游产业的可持续发展提供有力的保障。

(一)优化人才环境

将复合型旅游人才纳入浙江省紧缺人才,给予安家、创业、科研等方面的政策倾斜。进一步落实中共中央《关于深化人才发展体制机制改革的意见》,人才管理相关职能部门要科学地制定改革的目标和内容,建立人才有效发挥作用的体制机制,合理有效地配置人才,科学有效地推进改革方案的实施,助力政策真正落地。注重人才管理责任体系和责任评价标准,进一步完善人才选用机制、评价机制、激励机制,实施个性化的人才管理,创新特色的人才聚集制度。营造人才发展环境,根据行业具体情形,通过提高薪资待遇,提供住房和子女教育等多种方式,营造良好的个人发展空间和环境,吸引并留住旅游人才。

（二）引进、培育人才

依托浙江工商大学、杭州师范大学、浙江旅游职业学院等浙江省的高等院校,融合农业、工业、旅游管理等专业,加大专业建设力度和投入,创新培养模式,通过校企合作培养复合型人才。同时,鼓励政府和高校面向社会开展职业培训,提升从业人员的复合知识和技能;积极创造机会,鼓励企业员工走进国内外示范机构转型进修。

旅游产业和其他产业要实现更大程度的融合,迫切需要人才力量,需要经验丰富、视野开阔、理念先进、协调能力较强的高素质旅游人才。为实现此目标,应当引进复合型、高层次、高素质的旅游人才。另外,积极落实人才战略,加强旅游教育,注重旅游产业实践和旅游教育体系间的有效衔接,教学中要坚持实践和理论相互结合的原则,培育出更多适应当前旅游发展的高素质高水平人才,为旅游产业融合发展既输血又造血,为旅游发展提供创意来源。此外,还需加大对旅游智库的建设力度,通过政府采购课题研究,开展旅游创意大赛等多种方式,鼓励全社会积极探索旅游产业融合创新发展的新思路,鼓励和支持全社会积极进行旅游产业融合创新。

本章小结

本章就浙江省当前旅游产业融合的先进经验、面临困境及对策建议进行梳理,为今后融合发展厘清思路,为其他区域的融合发展提供了借鉴。就经验来说,一方面,政府积极出台相关政策,不断优化发展环境,鼓励产业融合。坚持规划先行,做好顶层设计,构建融合发展布局,增加创新发展的科学性。同时,践行"绿水青山就是金山银山"的发展理念,坚持绿色发展,将生态理念在旅游产业融合中深入贯彻落实。另一方面,各产业充分发挥能动性,勇于探索,敢于创新,依托自身资源禀赋和产业特点,创新多元发展模式,以期成为全国旅游产业融合发展的领军者和标杆。同时,引入社会资本,积蓄更多力量,推动大项目投资建设,推进产业融合发展。就融合问题来说,主要体现在体制机制不健全,表现为专业人才储备不足,配套设施不完善,统筹协同能力弱等方面。此外,存在市场定位不明确,品牌形象模糊,客源市场对新兴产业认知度低,"旅游+"功能开发不足和智慧旅游建设不完善等问题,这些制约了旅游产业融合发展的进程。在对策部分,结合浙江现实问题,提出具有较强针对性的六项对策建议,助力浙江省旅游产业融合背景下商业模式创新发展。

第十二章 基于融合视角的旅游商业模式创新

本书从产业融合视角切入,研究产业融合大背景下旅游创新商业模式,全书成文逻辑为"研究综述—机理提出—典型例证—对策总结",本书章节内容可分为三大板块:基础部分、实践部分、总结部分,旨在通过学术推演和现状研究结合的方式研究旅游产业融合问题,提出融合机理。本章主要分为两部分:结论篇与展望篇。结论部分基于本书现有研究成果,高度提炼出旅游产业融合背景下商业模式创新的综合性研究结论,集中展示本书的研究贡献。展望部分主要针对在商业模式研究过程中发现的很多问题和局限,结合一些优秀融合案例,提出未来旅游产业融合的新思路、新方向。

第一节 基于融合视角的旅游商业模式创新研究结论

本书在理论方面丰富了与旅游产业融合相关的理论研究,界定了旅游产业融合的内涵、战略价值与旅游产业融合的模式。在实践方面,创造性地总结了浙江省旅游产业融合发展的已有成果,提出浙江省在旅游产业融合方式上更注重生态性,发展内核上更凸显文化性,融合模式更偏向复合式的三大结论。

一、理论层面

(一)旅游产业融合内涵:产业间相互渗透、交叉、重组

产业融合(Industry Convergence)的概念在学术界已经有了一致的结论,是指不同产业或同一产业不同行业相互渗透、相互交叉,最终融合为一体,逐步形成新产业的动态发展过程。在旅游产业融合的内涵研究方面,前人不断丰富融合内涵研究。厉无畏等(2007)指出,旅游产业融合的基础是一些以无形要素为主要驱动

要素的产业,如旅游产业,其边界呈现不确定性,因而表现出易与其他产业融合的特征。[①] 张凌云(2011)认为,旅游产业融合是指旅游业与其他行业相互影响、相互交叉、相互渗透,产生新的产业要素和产业形态的动态过程。[②] 本书在现有研究的基础上,将旅游产业融合中产业渗透、产业交叉、产业重组三类融合层次进行深度解读,丰富了旅游产业融合内涵的相关研究。我们认为,旅游产业融合中表现出的产业间相互渗透、相互交叉、相互重组,具有相互关联、层层递进的关系。旅游产业渗透是指旅游业与其他产业结合,使不同产业或同一产业不同环节带有旅游功能,是最浅层次的融合。旅游产业交叉是指旅游业通过产业间互补延伸实现融合,一般利用"旅游十"的形式,将游览、住宿、体验等旅游功能与其他行业进行交叉的过程。旅游产业重组是旅游与其他产业结合程度最深的一种形式,旅游产业重组更多地是指旅游与其他产业在多个环节融合,并且已经形成了完整的新产业链,已经具备了一个新产业的所有要素。

(二)旅游产业融合的战略价值:产业与市场价值的驱动

结合前文研究成果,这里从行业端与市场端两个层面概述旅游产业融合的必要性。首先,旅游产业融合的必要性从行业层面来看:一是优化了旅游产业结构。从旅游业来看,我国旅游业发展起步较晚,旅游产品类型较为单一,过去的旅游产品多围绕观光游开展。旅游产业融合极大地丰富了旅游内涵,出现了乡村旅游、体育旅游、影视旅游、工业旅游等丰富多彩的旅游类型。二是提升了不同产业活力。从其他产业来看,不同产业通过加入旅游功能、旅游元素,有利于提升产业活力。如工业企业增加旅游功能更能够宣传企业文化,激活老工业企业活力。体育运动与旅游结合能够提升体育运动、体育赛事的持续性,助力体育事业可持续发展。影视基地注入旅游元素,能够提高影视基地知名度,增加影视基地收入,延长影视作品的时效。

从市场需求来看:一是旅游消费者对旅游产品丰富度提出新要求。随着中国经济不断的持续发展,人们的旅游观念也发生了重大改变,越来越多的人已经厌倦了单一的观光旅游形式,转而开始追求多样化的旅游产品。现阶段,年轻消费者开始主导旅游市场,其消费偏好推动了旅游市场的深刻变革,推动了避暑旅游、冰雪旅游、夜间旅游、房车旅行、邮轮旅行、山地旅游、博物旅行、体育旅游等新时尚旅游消费的发展。二是旅游消费市场对旅游产品品质提出新要求。市场需求是产业发

---

① 厉无畏,王慧敏,孙洁:《创意旅游:旅游产业发展模式的革新》,《旅游科学》2007年第6期,第1—5页。

② 张凌云:《旅游产业融合的基础和前提》,《旅游学刊》2011年第4期,第6—7页。

展的决定性因素。随着国民生活水平的提高和人民对美好生活的向往，消费者旅游品位不断提升，开始由传统低层次的观光型旅游向复合型旅游转化，主动参与、积极体验逐渐成为人们出游的主导需求，而产业融合后的新型旅游产品更加符合当代新消费观的需求。如：体育旅游迎合了游客重视体验、关注健康的潜在需求，研学旅游符合当代年轻人求知求学的内在需求，休闲度假旅游迎合了上班族放松精神和身体的需要。

（三）旅游产业融合发展路径："旅游＋"与"＋旅游"

产业融合的结果是新业态的产生，因此旅游产业融合的最终结果也应是新业态。旅游产业融合发展模式有两种，一种是其他产业融入旅游产业，另一种是旅游融入其他产业，即"旅游＋"与"＋旅游"。"旅游＋"主要是旅游产业改变其他产业，在旅游产业改变其他产业的融合过程中，以旅游产业为基础，主要是旅游产业的无形要素基于资源基础不断延伸服务功能，形成新型旅游产品，最终形成新业态。如浙江宁海，这里是徐霞客游历中国的起点，是国务院批准的第一批沿海对外开放地区之一。这里经济发达，交通便利，具有丰富的旅游资源，先后被授予"中国生态旅游强县""全国生态示范区"等荣誉称号。宁海在发展旅游的基础上，创新地加入了"体育元素"，建设了中国第一个符合国家标准的登山健身步道"宁海步道"，总长超过 500 千米，极大地带动了慢跑、登山、马拉松等体育运动项目和体育赛事的发展。"＋旅游"主要是其他产业改变旅游产业，在其他产业改变旅游产业的融合过程中，以其他产业为基础，主要是其他产业的无形要素基于共用平台应用于旅游产业的某一功能模块，随着创新的应用和发展最终形成新型产业。如浙江安吉鲁家村，开创性地实施家庭农场集群模式，利用本村的 2.67 平方千米低丘缓坡，建设 18 个各具特色的家庭农场，凭借着扎实的农业基础和先进的管理经验，村里通过社会招商吸引外部资本和专业机构投资运营，在农业中加入旅游元素，将鲁家村建设成为国家级田园综合体。

（四）旅游商业模式创新的本质：形成新的价值创造逻辑

商业模式创新是改变企业价值创造的基本逻辑，是提升顾客价值和企业竞争力的关键。商业模式创新既可能包括多个商业模式构成要素的变化，也可能包括要素间关系或者动力机制的变化。基于融合视角的旅游商业模式创新可以定义为通过旅游与其他产业间融合，衍生出一种产业间更为深入的合作方式，以此来改变企业原有的生产方式、成本结构、收入结构、合作关系、分销渠道等，产生融合新价值。因此，旅游产业融合下的商业模式创新，本质是形成更高效的价值创造逻辑。新的价值创造逻辑主要体现在两个方面：一是优化企业间合作方式，创造新价值。

企业合作是指不同的企业之间通过协议或其他联合方式共同开发产品或市场,共享利益,以获取整体优势的经营活动。在旅游发展的过程中,旅游企业和其他产业的合作方式相对单一,旅游投资回报周期往往较长,通过产业融合可以有效地将旅游产业与其他产业进行有机联动,在产业融合的多个领域与不同类型的企业达成合作共识。具体地讲,在体育旅游前期投资阶段,融合产品具有更强的吸引力,可吸引更多的旅游或其他产业企业加盟;在融合项目实施阶段,可以引入其他行业人才智力,形成人才合作模式;在融合产品打造阶段,可以借助其他行业的技术,打造更加优质的旅游产品,如联合定制的运动器械、研学旅游课堂等。二是优化成本收入结构,提升企业盈利能力。成本结构是工厂成本中各个成本项目的数额占全部工厂成本数额的比重,收入结构是指企业的主要收入方式和收入来源。旅游产业融合最终的目标是通过商业模式的创新来改变企业的收入成本结构,提高企业盈利能力。事实上,产业融合也确实能够起到改变收入成本结构的作用。首先,产业融合能够增加旅游收入来源,例如影视旅游,从单一的场地租赁收入变为影视基地门票、主题周边售卖、主题体验活动等多种收入来源与收入形式。其次,产业融合能够降低投入成本,旅游与其他产业融合,本身已经具备发展旅游的基础,如工业旅游。工业旅游依托工业资源发展起来,因为工业品牌或产品已经在市场中具有知名度。因此,顺势发展工业旅游会节省大量的营销宣传费用。此外,可将其他产业的已有产品,如农产品、工业产品、体育装备等进行二次加工包装,打造新的旅游产品。

(五)旅游产业融合的成功标志:商业模式创新

商业模式是否可盈利、可持续、可复制是衡量旅游产业融合质量和效果的主要标准。旅游商业模式创新一般可表现为该模式的业态创新、价值主张升级,消费者目标群体、分销渠道、客户关系、价值链、收入成本结构优化,核心竞争力提升等。本书对浙江省的旅游产业融合进行深入研究,提出了不同旅游融合路径下相对成熟、可复制、可持续的商业模式,形成了丰富的结论:在农业与旅游融合部分,以农业与旅游业产值比重为划分依据,将农旅融合创新模式划分为以农促旅型和以旅兴农型两类,并提出"村落观光＋文化传承"型,"乡村民宿＋休闲度假"型,"农业博览＋科普教育"型,"田园风貌＋生态观光"型等创新商业模式。在工业与旅游融合部分,基于工业资源的不同,将融合路径划分为"工业遗产遗迹型"和"现代工业企业型"两类,前者以"遗产＋"为核心形成横向拓展商业模式,后者以"工业产业链"为核心,形成沿产业链延伸的纵向递进商业模式。体育与旅游融合部分,以旅游资源的性质为划分依据,将体育与旅游的融合路径划分为"体育资源驱动型"和"体育活动驱动型"两类,并在不同路径下提出"体育赛事型""体育节庆型""休闲体育型"等不同的商业模式。养生养老与旅游融合部分,以养生养老资源为划分依据,将养生养老旅游的商业模式分为依托资源优势的"休闲度假养生养老商业模式"和多功能复合叠加的"综合立体式养生养老商业模式"。商业与旅游融合部分以目的主导为核心,模块嵌入为手段,阐述了"商务考察型""奖励旅游型""会展旅游型"等商务旅游的创新商业模式。影视与旅游融合部分,按照影视旅游核心吸引物的不同,分为以"影视拍摄为基础""影视 IP 为基础""影视演艺为基础"三类,并分别提出"综合影视基地模式""影视主题乐园模式""影视外景地模式""旅游演艺模式"等多种影视旅游的创新商业模式。研学与旅游融合部分,以主导资源的性质为划分依据,将研学与旅游的融合路径划分为"旅游资源主导型"和"教育资源主导型"两类,并分别提出"生态观光＋自然课堂"型,"文化感受＋场景体验"型,"场地租借＋文化输出"型,"场所参观＋职业课堂"型,"共享开放＋专业讲座"型等创新融合商业模式。

二、实践层面

基于前文案例研究成果,总结旅游产业融合在现实层面的三个融合结论,即融合方式上更注重生态性,发展内核上更凸显文化性,融合模式更偏向复合式。

(一)利用生态型融合方式,创造绿色经济

党的十九大对绿色发展的认识达到新的高度,从国家战略层面进一步强调了良好生态环境是最公平的公共产品,改善生态环境就是发展生产力。浙江省在旅游融合过程中,充分重视绿色生态发展,采用绿色集约的发展方式,积极践行"绿水青山就是金山银山"的生态发展理念,具体表现在:一是旅游产业融合生态化由理念转向实践。旅游产业融合必须要正确客观地审视推动旅游产业发展的自然环境,直面资源过度开发、环境严重污染不断扩大等危机与挑战,在尊重自然、保护环境、传承文明的基础上推动旅游产业发展。在国家政策引导与约束的前提下,我国旅游生态化开发效果日益明显,已经由原来的学习生态理念逐渐转变为进行生态实践。首先,地方政府能够立足旅游资源规划、开发、管理的全链条,全面落实绿色发展理念,强化约束与激励相容的政策机制,实现旅游产业发展与不可再生资源消耗、历史文化遗存破坏、污染物排放的全面脱钩。其次,融合产业主体能够更加重视履行企业社会责任,主动在旅游基础设施建设、旅游产品开发等方面实施和推广绿色标准,减少自然人文资源损耗,修复生态环境系统。最后,社会公众也逐渐树立绿色消费的理念,提升绿色旅游素养,减少自身旅游行为对资源环境的消极影响,并通过志愿服务等参与绿色旅游环境的营造。二是旅游产业融合绿色供应链的应用。在产业融合过程中,绿色供应链的应用日益广泛。旅游产业融合的绿色供应链旨在通过引入低碳、环保元素,以及改善供应链各环节的连接机制,提高产业融合后新供应链的效率。首先,采购旅游产品和物资的低碳化运作。要求在开发生产旅游产品、经营旅游景区的过程中要遵守低碳理念,依托相关技术,进行环保材料以及能源的推广和使用,旅游地产品应当彰显相应的特色生态,反映生态文化。其次,最小化旅游供应链运营成本。我国许多景区都在积极建设旅游绿色供应链,对现有旅游供应链进行优化与改造,设计更优的旅游线路,改变交通链接方式,采用环保技术,如景区短途改用电瓶车接驳。另外,景区可以通过强化旅游商品的配送和管理,建设统一物资转运平台,优化配送线路,采用集中采购或是协同采购的办法降低采购成本。最后,加深供应链智慧化程度。供应链的智慧化是整合旅游资源、提高经营管理效率的有效措施,现有智能技术、智能终端大量地渗透到旅游供应链的各个环节,大大提升了景区的服务质量和旅游者的旅游体验质量。

(二)突出产业融合内涵,创造新文化价值

推动文化产业与旅游产业融合发展,是党中央、国务院做出的重大决策部署,是推动两大产业转型升级、提质增效的重要途径,推动文化产业与旅游产业深度融合具有重要的意义。产业融合的内涵化发展,是指在文旅融合的大背景下,文化元素渗透到旅游中,提升旅游品位,使得旅游产业融合更具有文化内涵。通过文化和旅游的融合发展,能够推动供给侧结构性改革,更好地满足人民日益增长的美好生活需要,是一个重要的时代命题。旅游融合不仅是产业间的融合,更是产业与文化的融合。目前,我国旅游产业融合内涵化发展表现在:一是创新创意引领文化与旅游融合发展。全国各地在《国务院关于推进文化创意和设计服务与相关产业融合发展的若干意见》指导下,采取切实有效措施,推动更多文化创意和设计服务与旅游业更好融合,提升旅游产品开发和旅游服务设计的人性化、科学化水平。深入挖掘山水文化、丝路文化、历史文化、民俗文化、养生文化、军垦文化、冰雪文化、边境文化、红色文化等文化内涵,创新载体和表现形式,打造新的旅游热点和旅游形态。二是通过跨界整合实现文化与旅游融合发展。全国各地都在产业融合的过程中,不断加强现有文化旅游资源的整合、包装、提升力度,激活存量资源,打造文化旅游新天地。全国范围内全面提高城区人文、历史、自然以及商业、康体、娱乐等各类资源的开发利用水平,各市县推动城市公园、体育场馆、科普基地、公共博物馆、纪念馆、美术馆、文化馆、图书馆、科技馆、青少年宫等基层文化活动中心的建设与提升改造,提高旅游开发力度。工业文明、影视资源、乡村文明等都通过旅游的方式,将产业文化内涵传播出去。三是依托载体平台推动文化与旅游融合发展。浙江省坚定不移地实施大项目带动战略，坚持"高品位规划、高档次建设、高水平经营管理"的方针，打造文化旅游融合新亮点。积极打破地方保护主义，破除行业壁垒，推动文化旅游企业做多、做大、做强，使文化旅游要素向各类资本全面开放、自由流动，着力培育大型文化旅游企业集团和小微企业发展，形成"既有高峰、又有群山"的文化旅游企业发展新局面。

（三）打造"旅游＋X"复合式融合发展样本

产业融合的复合化发展，是指旅游产业不是单一地和某个或是某些产业相加，而是在原有产业叠加的基础上不断丰富业态，出现的多产业融合的复合化发展局面。本书虽然立足实践提出"旅游＋农业""旅游＋工业""旅游＋研学""旅游＋影视""旅游＋体育"等产业融合形态，但是细看各形态，我们不难发现旅游产业的融合并不会局限于这些产业，而是会产生"旅游＋X"的融合模式，并且随着旅游融合模式的成熟与旅游开发程度的深化，融合的产业会越来越多。目前，我国旅游产业复合化发展主要表现在：一是研学元素广泛渗透到旅游产业融合中。目前，随着国内旅游质量的提升和旅游需求的改变，研学元素已经渗透到产业融合的方方面面。按照资源地类型划分，研学旅行的内容可以包括非遗传承研学旅游、古村古建研学旅游、湿地公园研学旅游、地质公园研学旅游、森林公园研学旅游、农场体验研学旅游、美丽乡村研学旅游、特色小镇研学旅游、营地拓展研学旅游、红色研学旅游、主题公园研学旅游、影视演艺研学旅游，等等。按照教育资源类型，又可以分为高校研学旅游，科技馆、博物馆研学旅游。不论是工业遗址、影视基地、会议会址还是美丽乡村点都可以开展研学活动，注入研学元素。二是绿色元素深入融入旅游产业融合中。产业融合需要在中国经济发展阶段转换、结构调整和发展方式转变的大背景下，不断更新和丰富发展内涵。浙江省反复强调树牢生态观念，将绿色生态与休闲农业、体验农业、文化农业等结合，发展绿色农业旅游；将工业遗产开发与保护、环保工业展示与体验等结合，发展绿色工业旅游；将绿色信贷、绿色债券等绿色金融产业与旅游产业融合，发展绿色旅游金融工具和交易产品，构建系统综合、融合发展的"绿色大旅游"产业体系，提高生态产品供给能力、提升生态环境价值、促进经济社会发展等多重效益。三是产业融合呈现"旅游＋X"复合式发展。旅游产业融合在因地制宜原则的基础上，开发者往往会根据市场导向进行产业间融合发展，实现多产业相融，如浙江省安吉县天荒坪镇余村森林特色小镇。小镇明确提出"夯实一产，做强二产，三产融合"的产业发展策略，重点突出森林旅游业的发展，结合小镇森林旅游资源特点，因地制宜地开发森林休闲旅游产品，融合生态、休闲、养生、保健等产业,创新发展森林旅游新业态。再如,"中国温泉之城"浙江武义,武义充分发挥旅游产业的联动效应,秉承"温泉＋"产业发展模式,大胆推进以温泉养生为龙头的旅游业与工业、农业、体育产业、文化产业、健康医药产业等产业融合,衍生出"温泉＋生态＋古村落＋养生文化＋体育＋农业＋工业"的集新产品、新业态的旅游商业模式,大大提升了游客的体验感和获得感。武义不断丰富旅游产品供给,丰富特色产业业态,增强旅游功能,实现功能叠加、产业互补效应。

第二节　基于融合视角的旅游商业模式创新研究展望

基于理论与实践的综合研究,本书提出了多种创新性的旅游商业模式,丰富了产业融合视角下旅游产业的发展模式。随着旅游产业的快速发展,旅游市场竞争日益激烈,旅游企业之间相互竞争以追求经济利益最大化。本书基于文献分析与实践案例研究,总结提出旅游商业模式创新的路径机理,找到旅游商业模式得以不断创新的原因,并在实践篇中提供多个案例以供读者思考,为旅游企业提高经济效益提供了新的发展思路。虽然本书的研究取得了一定的成果,但仍有许多问题未充分考虑到,产业融合视角下的旅游商业模式创新还需要进一步的研究以不断完善,本书的课题还需要从多角度开展全面、系统和深入的研究。

一、文旅融合,明确融合视角下旅游商业模式创新的研究方向

习近平总书记强调:"旅游集物质消费与精神享受于一体,旅游与文化密不可分。"文化是旅游的灵魂,旅游是文化的载体,继续推动文旅融合的广度和深度是不断满足人民群众美好生活需求的主要途径之一。文旅融合的旅游商业模式创新,是未来旅游产业融合发展中最为重要的研究方向。

(一)紧跟时代脉搏,加快融入国家旅游发展战略

随着文化和旅游部的组建,各地文化和旅游机构改革也陆续完成,文旅融合体制机制进一步理顺,中央及各地对文旅融合的推动力度加大。浙江省需要通过文化和旅游的融合发展,推出更多文化和旅游精品,创造更加舒适、便利的旅游环境,实现安全旅游、文明旅游,推动中外人文交流。在此背景下,推动文旅融合发展中旅游商业模式创新发展的相关研究,成为旅游界学术和实践研究的大课题、新任务。旅游界的专家学者需要准确理解新时代背景下文旅融合发展的深刻内涵,注重前沿性、服务性、专业性和综合性,以新时代重大理论和现实问题为课题研究导

向，使课题研究服务于党和国家工作大局；主动担起咨政建言责任，为政府决策提供有力的智力支撑，将服务决策和服务社会结合起来，产出并固化高质量的推动文旅融合发展的研究成果。

（二）立足实践创新，探索文旅融合发展的新路径

文旅融合给文化"加码"，更为旅游"赋能"，推动文化和旅游的深度融合、和合共生，将会产出"1+1＞2"的效果。在今后文旅产业融合发展的过程中，行业内学者更应立足文旅融合的实践与创新，就文化旅游发展政策、法规、行业标准、项目建设等事项提出对策、意见和建议，为各地文化和旅游的融合发展决策提供科学依据。同时，还可以结合行业内旅游企业和学界专家的实践知识与学术理论优势，开展乡村旅游、红色旅游、旅游演艺、国家文化公园等多个主题的交流研讨活动，打造文化旅游融合发展的交流平台，兼顾公益性和产业性，形成政、产、学、研、金融等多位一体的融合研究团队。在今后的旅游研究领域中，应把握当前文旅融合的大好机遇，从浙江省文化旅游融合发展入手挖掘典型案例，聚焦浙江省文化和旅游融合发展示范区的建设，进而形成对文化旅游业的商业模式创新具有借鉴价值的研究成果，扎扎实实为国内文旅产业高质量发展提供智力支撑。

（三）政府结合市场，推动文旅融合发展落地生根

2019年3月30日国声智库举行了"文化旅游融合发展课题组"讨论会，会上来自多个领域的智库专家就"文旅融合"议题展开深入探讨，多数学者专家认为人民群众的消费需求是推动"文旅融合"持续发展的基础。[①] 在当前旅游消费需求日益多元化、个性化的大环境背景下，传统旅游产业产品业态结构单一，创意旅游产品开发滞后于现实需求，导致整个旅游产业附加值较低。因此推动旅游产业优化升级，无疑是未来旅游业最为重要的任务之一。此外，中国社会科学院旅游研究中心专家也表示："各地政府在搭建文化和旅游产业融合发展的平台时，应当从满足人民美好生活需要出发，以供给侧结构性改革为主线、以产业发展和公共服务为两翼，加以推进。"[②]总而言之，政府在为文化旅游融合发展赋能的同时，要结合旅游市场需求，推动文旅项目建设，积极带动传统文化活化和产业化，寻找文旅融合的突破点和新的增长点，同时对接国家区域发展战略，切实保障文旅融合发展落地生根，培育旅游发展新亮点。

---

① 《聚焦文旅融合发展国声智库"文化旅游融合发展课题组"开题》，央视网。详见 http://news.cctv.com/2019/04/01/ARTI8CmhoSmWw6CWjQKz3axl190401.shtml。

② 《文旅融合引领旅游产业再升级》，中国人民共和国文化和旅游部。详见 https://www.mct.gov.cn/whzx/whyw/201901/t20190114_836916.htm。

二、跳出浙江,扩展融合视角下旅游商业模式创新的研究区域

习近平总书记在党的十九大报告中明确提出,要"实施区域协调发展战略",建立更加有效的区域协调发展新机制。从旅游层面看,未来关于旅游商业模式的研究应该跳出浙江,立足各省市旅游资源、文化特色等,研究全国不同地区多元化、差异化的旅游产业融合背景下旅游商业模式的创新。

(一)因地制宜,创新驱动不同地区差异化发展

本文只研究了产业融合视角下的浙江省旅游创新商业模式,而在实践发展中,由于不同地区旅游资源条件、资本、人才等要素配置不同,融合发展的商业模式必有所不同。因此,未来的旅游产业要尊重产业融合发展的区域集聚规律,因地制宜地探索与其他产业融合的差异化创新发展路径。具体而言,要统筹兼顾,科学谋划,因地、因时、因人制宜,在研究中要充分考虑不同地域自然特色、交通条件、文化底蕴等旅游资源,深入考虑不同地区的投入与回报等因素;要明确宏观的发展战略与目标,搞好顶层设计,实现不同地区差异化发展。

(二)主动接轨,积极融入周边地区协作化发展

在促进旅游产业融合发展的过程中,在精准定位、找准自身发展目标的同时,要进一步发挥浙江省旅游资源的区位优势,主动接轨周边地区,积极参与地区交流与合作。例如,要积极主动对接长三角一体化发展战略、浙皖闽赣国家生态旅游协作战略,抓住机遇推动浙江省旅游行业的进一步发展,不断提高浙江省旅游行业对内对外开放水平。未来地区间旅游产业融合视角下旅游商业模式创新的研究需要从以下三个角度展开:一是研究省内外各地市的旅游产业与其他产业之间的配套与互补现状。浙江省内各地市、省内与省外地市之间的旅游产业发展有梯度和差异,可以在产业融合发展过程中形成一种既配套协作、又优势互补的关系,拓展相互的腹地和市场,形成一体化的产业链。二是研究周边各地市之间的竞争与合作的关系。市场经济条件下,竞争不可避免,但应该合作多于竞争,通过良性竞争推进各省市旅游业发展合作共赢。三是研究融合视角下旅游商业模式较为成熟的城市对周边旅游地市的辐射与带动作用。推动浙江省旅游商业模式发展核心城市主动辐射、积极带动周围城市旅游商业模式创新发展,共同推进全国旅游产业融合视角下旅游商业模式创新,推进旅游行业均衡一体化进程。

三、全链融合,拓宽融合视角下旅游商业模式创新的研究对象

旅游与多产业融合,不仅包括旅游景区在内的旅游目的地层面上的商业模式

创新,还有旅游景区上下游的旅游相关主体例如旅行社、旅游投融资公司,在未来研究中,需要拓宽思维,将融合视角下的商业模式创新研究主体拓宽到酒店、在线OTA、旅行社等行业中去,从而实现旅游上下游产业链的深度融合发展,为融合发展中的旅游商业模式创新赋能。

（一）产业融合,找准对接点促进业态和产品融合

由于旅游产业边界的宽泛性,不同产业与旅游产业融合发展过程中,要积极寻找两条产业链条各环节的对接点,发挥各自优势,形成新增长点。如现阶段浙江省文旅融合以旅游业态和产品融合为着力点:在旅游业态层面,统筹推进文化生态保护区和全域旅游发展,以促进传统技艺、表演艺术等非遗项目门类建设工程为抓手,不断推进文化和旅游两产业融合发展,形成新的旅游业态与旅游产品,满足人民群众对美好的文化和旅游的需求。此外,推进红色旅游、旅游演艺、文化遗产旅游、主题公园、文化主题酒店等现有融合发展业态提质升级,是实现旅游产业与其他产业融合发展的一个重要途径之一,未来研究中需要加大对文化资源和旅游资源普查、梳理、挖掘力度,以文化创意为依托,推动更多资源转化为旅游产品。最后,文化和旅游综合体的开发也是未来推动旅游商业模式创新,实现旅游业态与产品融合发展的一个重点方向,以后的研究中要加大支持开发集文化创意、度假休闲、康体养生等主题于一体的文化旅游综合体,推出更多研学、寻根、文化遗产等专题的文化旅游线路和项目,从而进一步拓宽旅游产业融合发展的研究对象。

（二）服务融合,推动旅游行业公共服务转型升级

协同推进各产业的公共服务和旅游公共服务,为居民服务和为游客服务,体现出综合效益,是深化旅游与多产业融合发展的重要内容。具体而言,未来研究主要从四个方面展开:一是研究复合型旅游综合服务设施的发展,探索建设、改造一批复合型旅游综合服务设施,推动各行业公共基础设施和旅游景区的厕所同标准规划、建设、管理。二是研究文化在旅游公共服务中的应用,在旅游公共服务设施修建、改造中增加文化内涵,彰显地方特色;利用各行业机构平台,加大旅游产业融合发展的宣传力度、推动公共服务进旅游景区、旅游度假区。三是研究旅游产业集聚区的文化基础设施建设,尝试探索在游客聚集区积极引入影院、剧场、书店等文化基础设施。四是研究旅游服务融合发展现状,在多元化产业与旅游融合发展的同时,为其注入文化灵魂,统筹构建一批多样化旅游服务融合发展的惠民项目。通过以上手段,推进旅游行业与其他行业的公共服务融合发展,从而实现多产业之间的深度融合发展,创新旅游商业模式。

（三）市场融合，为旅游产业融合发展提供基础保障

统一有序、供给有效、富有活力的市场是旅游融合发展的重要基础。要以旅游综合执法改革为契机，推动各产业与旅游市场培育监管工作一体部署、一体推进。具体而言，一方面，要鼓励不同产业机构和旅游企业对接合作，支持旅游跨界企业做优做强，推动形成一批以"旅游＋"为主业、以融合发展为特色、具有较强竞争力的领军企业、骨干企业。优化营商环境，促进创新创业平台和众创空间服务升级，为文化和旅游领域小微企业、民营企业融合发展营造良好的政策环境。另一方面，对融合发展的新业态要及时加强关注、引导，不断更新监管理念。建设信用体系，实施各类专项整治、专项保障活动，开展重大案件评选、举报投诉受理、证件管理等工作，要将旅游市场统一考虑、一并研究。

四、内容拓展，丰富融合视角下旅游商业模式创新的研究内容

（一）加快旅游行业综合效益提升机制建立

旅游业是兼具经济功能、社会功能与生态功能，集传统与现代、生产性与生活性等特征于一体的现代服务业。正如前文所提到的，旅游产业融合发展是旅游业优化产业结构、转变增长方式、提升质量和水平的必要发展路径。我国旅游经济快速增长，产业格局日趋完善，市场规模品质同步提升，旅游业已成为国民经济的战略性支柱产业。但是，随着大众旅游时代的到来，我国旅游有效供给不足、市场秩序不规范、体制机制不完善等问题日益凸显。本书的研究主要从旅游融合发展的模式及案例经验展开，关于旅游业与多产业融合发展后的经济、社会、生态效益尚未进行研究论证与分析，无法为旅游产业经济、社会、生态效益机制建设的提升提供理论支持。未来的研究应更多地关注旅游融合发展的效益提升机制，为旅游和其他产业相关部门提供借鉴经验，提升旅游业综合效益，进一步促进旅游产业融合发展。

（二）聚焦旅游产业融合程度评价指标体系建设

由于发展时间较短，所以目前对旅游产业融合的学术研究还处于初步探索阶段，主要聚焦于概念内涵的研究、发展模式的探讨、各地区旅游发展策略的探寻等，并对旅游产业融合发展路径提出碎片化的建议。但由于等级、地域、资源环境等的差异，不同的行政区在多产业与旅游融合发展过程中的要求和标准也有区别，尚未形成较为科学规范的统一评价标准和考核指标，或者现有的评价标准中缺乏对地域差异、旅游目的地不同价值的挖掘，不利于旅游产业融合的特色发展。此外，有些验收标准在一定程度上还存在强化 GDP 贡献、某些标准时效性较强等问题。因

此，聚焦旅游产业融合发展程度的评价指标体系建设，将成为今后一段时间内旅游产业融合发展的重点之一。这对推动旅游产业融合发展价值的实现将有较强的现实意义。

五、方法创新，扩充融合视角下旅游商业模式创新的研究方法

（一）加强旅游产业融合研究的跨学科化

旅游产业融合是一个综合体，在旅游产业融合的发展过程中，必须结合经济、社会等因素，因此旅游产业融合在内容和方法上需要经济学、社会学和旅游学等多学科、多领域的介入。[①] 旅游进行跨学科的目的主要在于通过超越以往分门别类的研究方式，实现对旅游产业融合这一问题的整合性研究。就其深刻性而言，跨学科研究本身也体现了当代科学探索的一种新范型。通过跨学科研究，借鉴经济学、社会学、管理学等学科的理论进行学科间知识互动，促进融合视角下旅游商业模式创新的研究向已经成熟学科靠近，或成熟学科向旅游产业融合的相关研究渗透与扩张，从而构建科学合理的旅游产业融合发展的理论研究体系。在研究中，注重以较大的问题为中心展开的多元综合研究，保证研究中既有纯粹为研究客观现象而实现的多领域综合，也有探讨重大理论问题而实现的多学科综合，更有为解决重大现实疑难而实现的各个方面的综合，这将成为今后旅游产业融合研究领域需要重点关注的研究课题之一。[②]

（二）推进旅游产业融合研究国际化

为全面了解我国旅游产业融合发展的研究成果与发展动态，今后要从旅游产业融合的基础理论、旅游市场与产业发展模式、旅游与各产业融合衍生的案例等方面进行系统归纳和总结，我国旅游产业融合研究现存的主要问题是理论基础较薄弱、研究方法单一、研究水平较为不足、研究深度有待提高等。为了进一步推进和发展我国旅游产业融合研究工作，业界需要借鉴国外先进经验，加强旅游产业融合的国内外比较研究和国际化合作，充分利用和借鉴国际上产业融合的研究视野、研究内容和研究方法，在归纳总结前人研究的基础上，发现问题，分析原因，解决问题，不断提升自主分析解决问题的能力，加强基础理论体系的构建，推进旅游产业融合研究国际化。

[①] 程锦，陆林，朱付彪：《旅游产业融合研究进展及启示》，《旅游学刊》2011年第4期，第13—18页。

[②] 刘啸霆：《当代跨学科性科学研究的"式"与"法"》，2006年8月16日，详见中国民俗网。http://www.chinesefolklore.org.cn/web/index.php? newsID=2389。

（三）注重旅游产业融合研究定量化

以描述为主的定性方法是国内外旅游研究最常用的方法。这是因为旅游是具有深刻历史、文化、艺术、自然内涵的活动形式,不少内容适合用描述性方法进行分析,在观察、访谈的基础上对旅游融合现象进行思考、描述、判断,以揭示其内在逻辑关系。[①] 然而描述性分析带有较强的主观色彩,需要数据分析的支持。今后在旅游产业融合相关研究中,要注重数据的采集和收集,加大对定量研究、定性与定量研究相结合的方法应用。由定性研究为主转向定性与定量研究相结合。国内研究主观描述和演绎推理较多,缺乏深入的实地调研和创新的技术手段,今后应更多地通过深度访谈、问卷调查、参与观察等多元调查方法获取数据,并加强先进数理模型和质化研究方法的运用,提升研究成果的科学性。

[①]　朱梅,魏向东:《国内外文化旅游研究比较与展望》,《地理科学进展》2014年第9期,第1262—1278页。

参考文献

(一)专著

[1] 韩飞,林峰.游在农家:沪地"农家游"模式解读[M].北京:中国社会出版社,2008.

[2] 李美云.服务业的产业融合与发展[M].北京:经济科学出版社,2007.

[3] 史清华.农户经济增长与发展研究[M].北京:中国农业出版社,1999.

[4] 陶婷芳.旅游业可持续发展问题研究——基于新业态的增长方式研究[M].上海:上海财经大学出版社,2013.

[5] 易开刚,等.旅游产业转型升级理论与实践研究——基于浙江省的考察与实证[M].杭州:浙江工商大学出版社,2017.

(二)报告

LINDER J,CANTRELL S. Changing business models：Surveying the landscape [R]. Accenture Institute for Strategic Change,2000.

(三)报纸

[1] 刘啸霆.当代跨学科性科学研究的"式"与"法"[N].光明日报,2016-08-10.

[2] 王昆欣.依托高校教育资源开发研学旅游产品——以浙江旅游职业学院校园4A级景区建设为例[N].中国旅游报,2015-04-01(10).

[3] 杨劲松.旅游让工业遗产活起来[N].中国旅游报,2018-12-03(3).

(四)期刊

[1] AMIT R,ZOTT C. Value creation in e-business[J]. Strategic Management Journal,2001,22(6/7):493-520.

[2] CAFFYN A,LUTZ J. Developing the heritage tourism product in multi-ethnic cities[J]. Tourism Management,1999,20(2):213-221.

[3] CASTELLANI V,SALA S. Sustainable performance index for tourism policy development[J]. Tourism Management,2010,31(6):871-880.

[4] CHATTERJI T,MCINTYRE G J, LINDGARD P A. Anti-ferromagnetic phase transition and spin correlations in Ni O[J]. Physical Review B,2009,79(17):172-403.

[5] CHESBROUGH H. Business model innovation: it's not just about technology anymore[J]. Strategy&Leadership,2007,35(6):12-17.

[6] COAMIN L,SCHNEIDER,MARTIN, et al. Ambiguous Business Cycles [J]. The American Economic Review,2014.

[7] CONNELL J. Toddlers, tourism and Tobermory: Destination marketing issues and television-induced tourism[J]. Tourism Management,2005,26(5):763-776.

[8] GIESEN A,SPEISER J. Fifteen Years of Work on Thin-Disk Lasers: Results and Scaling Laws [J]. IEEE Journal on Selected Topics in Quantum Electronics,2007,13(3):598-609.

[9] GUNZEL F,HOLM A B. One size does not fit all—understanding the front-end and back-end of business model innovation[J]. International Journal of Innovation Management,2013,17(1):1024-372.

[10] JOSEP K. Inaugural address-sports tourism international council[J]. Journal of Sport & Tourism,1993,1(1).

[11] KAPPA T,KOCAK T,NEUERBURG C,et al. Reliability of radio-graphic signs for ace-tabular retro-version[J]. International Orthopaedics,2011,35(6):817-21.

[12] LEE T H. Influence analysis of community resident support for sustainable tourism development[J]. Tourism Management,2013,34(2):37-46.

[13] MEDLIK S. Dictionary of Travel,Tourism & Hospitality (3rd ed.)[J]. International Journal of Contemporary Hospitality Management, 2003, 15(7):413-414.

[14] MORRIS M,SCHINDEHUTTE M,ALLEN J. The entrepreneur's business model: toward a unified perspective[J]. Journal of Business Research,2005,58(6):726-735.

[15] MPRABITO V. Trends and Challenges in Digital Business Innovation[J]. Foresight,2014(6).

[16] OSTERWALDER A, PIGNEUR Y, TUCCI C L. Clarifying Business Models：Origins,Present,and Future of the Concept[J]. Communications of the Information Systems,2005,15：1-43.

[17] REITER,SHARMA,CASOLI,et al. Thin film instability induced by long-range forces[J]. Langmuir,1999,15(7)：2551-2558.

[18] SANDDULLI F D,CHEABROUGH H. The Two Sides of Open Business Models[J]. USSR Electronic Journal,2009,22(22)：12-39.

[19] SARASVATHY S D, Dew N, VELAMURI S R, et al. Three Views of Entrepreneurial Opportunity[J]. Social Science Electronic Publishing,2016.

[20] SHAFER S M,SMITH H J,LINDER J C. The power of business models [J]. Business Horizons,2005,48(3)：199-207.

[21] SIGGELKOW, NICOLA. Misconceiving Interactions Among Complements and Substitutes：Organizational Consequences[J]. Management Science, 2002,48(7)：900-916.

[22] SPIETH P, SCHNEIDER S. Business model innovativeness：designing a formative measure for business model innovation[J]. Journal of Business Economics,2016,86(6)：671-696.

[23] VENKATESH V,MORRIS M G,DAVIS G B, et al. User acceptance of information technology：toward a unified view[J]. Ms Quarterly,2003,27 (3)：425-478.

[24] ZAVATTIERI P. D, RAGHURAM P. V, ESPINOSA H. D. A computational model of ceramic micro-structures subjected to multiracial dynamic loading[J]. Journal of the Mechanics & Physics of Solids,2001,49 (1)：27-68.

[25] 白长虹,王红玉.旅游式学习:理论回顾与研究议程[J].南开管理评论,2018, 21(2):192-198.

[26] 白长虹,王红玉.以优势行动价值看待研学旅游[J].南开学报,2017(1): 151-159.

[27] 昌晶亮,徐虹.体育旅游与相关概念辨析及其概念界定[J].成都体育学院学报,2006,(5):24-26.

[28] 常明秀,忻展红."免费"商业模式对企业可持续发展的影响研究[J].北京邮

电大学学报(社会科学版),2013,15(3):74-80.

[29] 陈前虎,龚强,董翊明,等.浙江特色小镇战略背景与空间组织——以嘉善巧克力甜蜜小镇为例[J].浙江工业大学学报(社会科学版),2017,16(1):10-16.

[30] 成莎,缪园园.体育旅游概念界定的研究综述及展望[J].体育科技文献通报,2017,25(07):41-42+55.

[31] 程锦,陆林,朱付彪.旅游产业融合研究进展及启示[J].旅游学刊,2011,26(4):13-19.

[32] 刘大可.大型活动的旅游效应与旅游概念延伸[J].旅游学刊,2009,24(3):6-7.

[33] 代俐.联合开发电影旅游产业[J].电影评介,2006(11):75-76.

[34] 丁玉梅,丁志鹏."互联网+全域旅游"背景下产业融合发展研究——以甘南州为例[J].科技创业月刊,2019,32(3):49-51.

[35] 郭焕成.我国休闲农业发展的意义、态势与前景[J].中国农业资源与区划.2010,31(1):39-42.

[36] 郭列侠,包志毅.休闲观光农业与城市发展关系探讨[J].农场经济管理,2007(3):59-61.

[37] 郭文,黄震方,王丽.影视旅游研究:一个应有的深度学术关照——20年来国内外影视旅游文献综述[J].旅游学刊,2010,25(10):85-94.

[38] 韩鲁安,杨春青.体育旅游学初探[J].天津体育学院学报,1998,13(4):61-64.

[39] 郝秀清,张利平,陈晓鹏,等.低收入群体导向的商业模式创新研究[J].管理学报,2013,10(1):62.

[40] 何建民.我国旅游产业融合发展的形式、动因、路径、障碍及机制[J].旅游学刊,2011,26(4):8-9.

[41] 胡斌,朱海森,孙柯.我国发展奖励旅游初探[J].桂林旅游高等专科学校学报,2002(3):70-73.

[42] 花建.论文化产业与旅游联动发展的五大模式[J].东岳论丛,2011,32(4):98-102.

[43] 金单.义乌购物旅游与香港购物旅游发展差距及对策分析[J].商业经济,2015(03):65-67.

[44] 荆浩,贾建锋.中小企业动态商业模式创新——基于创业板立思辰的案例研究[J].科学学与科学技术管理,2011,32(1):67-72.

[45] 匡林.香港商务旅游前景的喜与忧[J].经济论坛,1996(6):43-44.

[46] 郎富平,徐云松.工业旅游发展的"达利"模式研究[J].浙江工商大学学报,2013(03):85-91.

[47] 李峰.新时期企业政工管理方式创新的探讨[J].东方企业文化,2013(14):231-231.

[48] 李凯娜,朱亚成,金媛媛,等.中国体育旅游研究综述[J].体育科技文献通报,2018,26(2):5-10.

[49] 李雷.生态体育旅游及其内涵[J].当代体育科技,2019,9(08):234-236.

[50] 李丽莎.论城镇化对产业结构与就业结构的影响[J].商业时代.2011,(18):15-16.

[51] 李美云.论旅游景点业和动漫业的产业融合与互动发展[J].旅游学刊,2008,23(1):56-62.

[52] 李平生.商务旅游产业组织创新[J].北京工商大学学报(社会科学版),2006,21(2):100-104.

[53] 李树民.旅游产业融合与旅游产业协整发展[J].旅游学刊,2011,26(6):5-6.

[54] 李太光,张文建.新时期上海推动旅游业转型升级的若干思考[J].北京第二外国语学院学报,2009,31(3):44-49.

[55] 李伟,王莉.体育与旅游产业融合的创新机制研究[J].山东体育学院学报,2016,32(6):28-31.

[56] 梁强,李津,王欣.创意产业人才短缺及其激励机制设计[J].职教论坛,2009(6):25-28.

[57] 梁淑芬.浙江省歌斐颂巧克力旅游小镇国际化的成功经验与启示[J].对外经贸实务,2018(4):32-35.

[58] 刘滨谊,刘琴.中国影视旅游发展的现状及趋势[J].旅游学刊,2004,19(6):77-81.

[59] 刘杰.论体育旅游[J].哈尔滨体育学院学报,1991,9(1):23-26.

[60] 刘青.体育旅游的概念界定研究[J].现代商业,2009,(6):99.

[61] 刘淑娟.文化产业与旅游产业融合发展研究——以浙江为例[J].价值工程,2019,38(8):96-98.

[62] 刘祥恒.中国旅游产业融合度实证研究[J].当代经济管理,2016,38(3):55-61.

[63] 刘晓明.产业融合视域下我国体育旅游产业的发展研究[J].经济地理,2014,34(5):187-192.

［64］刘宇.中西生态旅游差异化发展模式的比较研究［J］.江苏商论,2008(05):
83-84.

［65］刘志学,王东良.国民体质、健康干预的构想［J］.甘肃联合大学学报(自然科
学版),2007,21(2):98-102.

［66］卢志坚,彭剑斌,张智龙,等.高校场所资源借用共享平台探讨［J］.中国教育
信息化,2015(13):48-49.

［67］陆林.旅游产业发展的新模式——产业融合［J］.旅游学刊,2011,26(05):
6-7.

［68］罗文标.基于供应链协调的在线旅游企业商业模式创新研究［J］.物流技术,
2014(23):40-42.

［69］罗艳玲.浅析乡村旅游开发与社会主义新农村的建设［J］.高等函授学报(自
然科学版),2006(8):45-50.

［70］麻学锋,张世兵,龙茂兴.旅游产业融合路径分析［J］.经济地理,2010,30(4):
678-681.

［71］马跃如,余航海."互联网＋"背景下社群旅游的兴起、特征与商业模式构建
［J］.经济地理,2018(4):193-199.

［72］孟铁鑫,袁书琪.我国影视城的旅游开发研究［J］.资源开发与市场,2006,22
(3):273-275.

［73］潘丽丽.影视拍摄对外景地旅游发展的影响分析——以浙江新昌、横店为例
［J］.经济地理,2005,25(6):928-932.

［74］乔红学.特色小镇与全域旅游融合发展路径研究——以绍兴为例［J］.产业与
科技论坛,2018,17(22):87-89.

［75］任唤麟,马小桐.培根旅游观及其对研学旅游的启示［J］.旅游学刊,2018(9):
145-150.

［76］任宣羽,杨淇钧.以旅游视角更新利用资源枯竭型城市的工业废弃地［J］.旅
游学刊,2013,28(5):11-12.

［77］沈国斐.关于乡村旅游的发展探讨［J］.生态经济,2005(12):95-98.

［78］石洪斌.开展研学旅游的意义和对策研究综述［J］.江苏商论,2018,408(10):
90-91.

［79］史灵歌,郑月月.在线旅游商业模式创新路径研究［J］.河南牧业经济学院学
报,2016(5):20-24.

［80］宋会涛.浅析体育旅游的概念、分类及特征［J］.现代妇女(下旬),2014(8):
365-366.

[81] 宋杰,孙庆祝,刘红建.基于 WSR 分析框架的体育旅游系统影响因素研究[J].中国体育科技,2010,46(5):139-145.

[82] 苏胜楠.浙江省工业旅游竞争优势分析及发展对策研究[J].旅游纵览(下半月),2012(10):31-33.

[83] 孙楚.浅谈体育特色小镇建设[J].当代体育科技,2018,8(36):213-214.

[84] 孙延旭.中国体育旅游安全保障体系构建研究[J].现代商业,2012(34):70-72.

[85] 谭白英,邹蓉.体育旅游在中国的发展[J].体育学刊,2002,9(3):22-25.

[86] 陶友华.基于文化旅游资源的研学旅行[J].品牌(下半月),2015(10):263-264.

[87] 田冬晓.我国工业旅游发展路径分析[J].经贸实践,2016(22):48-49.

[88] 王军,夏健.传统村落保护的动态监测体系建构研究[J].城市发展研究,2016,23(7):58-63.

[89] 王昆强.我国商务旅游产业发展问题探讨[J].商业经济研究,2016(7):190-191.

[90] 王玲,史斌.山水生态型旅游地健康服务业优化升级研究——以杭州千岛湖地区为例[J].经济师,2018(9):181-182.

[91] 王敏,江冰婷,朱竑.基于视觉研究方法的工业遗产旅游地空间感知探讨:广州红专厂案例[J].旅游学刊,2017,32(10):28-38.

[92] 王青峰,栾群.工业遗产"六种玩法"增强实体经济体验性[J].中国工业和信息化,2018(12):12-14.

[93] 王一帆,吴忠军,高冲.我国乡村旅游发展模式对农民增收的比较研究——基于桂、黔、滇三省区案例地的研究[J].改革与战略,2014,30(11):50-54.

[94] 王瑛.城乡统筹下的乡村旅游发展政府作为研究[J].改革与战略,2011,27(2):33-36.

[95] 王莹,许晓晓.社区视角下乡村旅游发展的影响因子——基于杭州的调研[J].经济地理,2015,35(3):203-208.

[96] 王玉玲,冯学钢,王晓.论影视旅游及其"资源—产品"转化[J].华东经济管理,2006,20(7):23-26.

[97] 吴吉林,刘水良,周春山.乡村旅游发展背景下传统村落农户适应性研究——以张家界4个村为例[J].经济地理,2017,37(12):232-240.

[98] 吴婕妤,刘洪林,董媛.发挥区位优势,打造中小学生地方研学旅行基地研究——以陕西西安为例[J].旅游纵览(下半月),2018,275(7):24-25.

[99] 吴金梅,宋子千.产业融合视角下的影视旅游发展研究[J].旅游学刊,2011, 26(6):29-35.

[100] 吴丽云,侯晓丽.影视旅游者旅游动机研究——铁岭龙泉山庄旅游者实证分析[J].人文地理,2006,21(2):24-27.

[101] 吴普,葛全胜,席建超.影视旅游形成、发展机制研究——以山西乔家大院为例[J].旅游学刊,2007,22(7):52-57.

[102] 吴尹.全域旅游之主客共享——以浙江千岛湖为例[J].旅游纵览(下月), 2018(5):124-125.

[103] 吴颖,刘志迎,丰志培.产业融合问题的理论研究动态[J].产业经济研究, 2004(4):64-70.

[104] 徐虹,范清.我国旅游产业融合的障碍因素及其竞争力提升策略研究[J].旅游科学,2008,22(4):1-5.

[105] 徐菊凤.论旅游的边界与层次[J].旅游学刊,2016,31(8):16-28.

[106] 徐柯健,Horst Brezinski.从工业废弃地到旅游目的地:工业遗产的保护和再利用[J].旅游学刊,2013,28(8):14-16.

[107] 徐林强.产业融合视角下浙江省旅游小镇发展路径研究[J].现代城市, 2015,10(3):1-3.

[108] 徐依娜.聚力前行——2018中国会议行业调查[J].中国会展(中国会议), 2019(2):42-49.

[109] 严晓青,董文海.企业的一张品牌名片[J].企业管理,2009(11):46-49.

[110] 杨强.体育旅游产业融合发展的动力与路径机制[J].体育学刊,2016,23 (4):55-62.

[111] 杨颖.产业融合:旅游业发展趋势的新视角[J].旅游科学,2008(4):6.

[112] 姚宏.发展中国工业旅游的思考[J].资源开发与市场,1999(2):53-54.

[113] 殷俊海,贺达.体育产业融合发展的机理分析[J].北京工业职业技术学院学报,2018,17(3):110-112+117.

[114] 于秋阳,刘青.创意转化下的都市工业旅游模式创新与标准优化[J].上海经济,2018(5):33-41.

[115] 于素梅.小康社会的体育旅游资源开发研究[J].体育科学,2007,27(5): 23-35.

[116] 原磊.商业模式体系重构[J].中国工业经济,2007(6):70-79.

[117] 张佰瑞.产业融合与北京旅游业的发展[J].城市问题,2009(9):69-72.

[118] 张海燕,龙丽羽.基于互联网的民族地区文化旅游商业模式创新研究[J].贵

阳学院学报(自然科学版),2016(4):60-66.

[119] 张建刚,王新华,段治平.产业融合理论研究述评[J].山东科技大学学报(社会科学版),2010,12(1):73-78.

[120] 张凌云,朱莉蓉.中外旅游标准化发展现状和趋势比较研究[J].旅游学刊,2011,26(5):12-21.

[121] 张永贵.投资新领域:城郊休闲农业[J].中国投资与建设,1998,14(6):48-49.

[122] 章德三,徐高福,彭方有,等.千岛湖户外休闲运动总体规划探析[J].林业调查规划,2015,40(4):113-118.

[123] 赵黎明.经济学视角下的旅游产业融合[J].旅游学刊,2011,26(5):7-8.

[124] 植草益.信息通讯业的产业融合[J].中国工业经济,2001(2):24-27.

[125] 周波,周玲强.国外智慧旅游商业模式研究及对国内的启示[J].旅游学刊,2016,31(6):8-9.

[126] 周晶.电影外景地的旅游吸引力[J].陕西师范大学学报(自然科学版),1999(1):143-146.

[127] 朱竞梅.体育旅游项目问题初探[J].体育与科学,2000,21(2):25-27.

[128] 朱梅,魏向东.国内外文化旅游研究比较与展望[J].地理科学进展,2014,33(9):1262-1278.

[129] 朱晓辉.基于产业融合理论的舟山健康旅游发展研究[J].江苏商论,2018(10):76-80.

[130] 庄速珍.谈儿童社会体验馆的运行策略——以"Do都城"少儿社会体验馆为例[J].科学中国人,2014(6):130-131.

(五)学位论文

[1] 陈浩亮.番禺区乡村旅游发展中政府行为研究[D].广州:中山大学,2010.

[2] 付琦.旅游产业融合动因与过程研究[D].开封:河南大学,2014.

[3] 哈斯.基于So Lo Mo的特色体验旅游商业模式构建[D].秦皇岛:燕山大学,2015.

[4] 李娟.农业生态旅游中主要法律问题研究——以保护农民环境权为视角[D].武汉:华中农业大学,2012.

[5] 刘祥恒.旅游产业融合机制与融合度研究[D].昆明:云南大学,2016.

[6] 陆蓓.中国旅游产业融合研究[D].杭州:浙江大学,2011.

[7] 彭飞.我国工业遗产再利用现状及发展研究[D].天津:天津大学,2017.

［8］彭蜜.乡村旅游对农户增收的影响研究［D］.昆明:云南师范大学,2009.

［9］史郭松.商业模式创新视角下传统旅游景区的发展模式研究［D］.南京:东南大学,2015.

［10］孙娜.TS 公司冒险体育旅游商业模式研究［D］.北京:对外经济贸易大学,2017.

［11］孙万珍.工业旅游开发模式研究［D］.济南:山东大学,2008.

［12］王莹.携程网商业模式创新的影响因素研究［D］.北京:北京交通大学,2017.

［13］吴杨.上海工业旅游发展的动力机制与模式研究［D］.上海:华东师范大学,2016.

［14］杨驰.浙江宁海国家登山健身步道项目的社会效益研究［D］.上海:上海体育学院,2013.

［15］夷俊丞.全域旅游视野下影视文化与旅游产业融合发展研究［D］.恩施:湖北民族大学,2018.

［16］张果果.贵州乡村旅游发展模式探索［D］.贵阳:贵州大学,2008.

［17］郑明高.产业融合发展研究［D］.北京:北京交通大学,2010.